"十三五"普通高等教育
金融学科规划系列教材

商业银行经营实务

SHANGYE YINHANG

JINGYING SHIWU

苏立峰　王东明／主编

立信会计出版社
LIXIN ACCOUNTING PUBLISHING HOUSE

图书在版编目(CIP)数据

商业银行经营实务/苏立峰,王东明主编. —上海:
立信会计出版社,2019.2

"十三五"普通高等教育金融学科规划系列教材

ISBN 978-7-5429-6052-8

Ⅰ.①商… Ⅱ.①苏… ②王… Ⅲ.①商业银行—经
营管理—高等学校—教材 Ⅳ.①F830.33

中国版本图书馆 CIP 数据核字(2019)第 019667 号

责任编辑 王斯龙
封面设计 南房间

商业银行经营实务

Shangye Yinhang Jingying Shiwu

出版发行	立信会计出版社			
地 址	上海市中山西路 2230 号	邮政编码	200235	
电 话	(021)64411389	传 真	(021)64411325	
网 址	www.lixinaph.com	电子邮箱	lxaph@sh163.net	
网上书店	www.shlx.net	电 话	(021)64411071	
经 销	各地新华书店			
印 刷	常熟市梅李印刷有限公司			
开 本	787 毫米×1092 毫米	1/16		
印 张	12			
字 数	253 千字			
版 次	2019 年 2 月第 1 版			
印 次	2019 年 2 月第 1 次			
印 数	1—2100			
书 号	ISBN 978-7-5429-6052-8/F			
定 价	30.00 元			

编写委员会

总　序

自 20 世纪 50 年代诞生以来，以投资学和公司金融为主要内容，以资产定价、风险管理和时间价值为核心的现代金融学，取得了长足的发展。不少金融学研究者获得了若干诺贝尔经济学奖。例如，现代货币主义理论的创始者米尔顿·弗里德曼（1976），金融经济学的集大成者詹姆士·托宾（1981），创立 MM 定理的弗兰克·莫迪利阿尼（1985）和默顿·米勒（1990），现代资产组合理论之父哈里·马科维茨（1990），现代公司金融理论大师、资本资产定价模型的创立者威廉·夏普（1990），被称为现代金融学理论领域的牛顿、共建 B-S-M 期权定价模型的罗伯特·默顿（1997）和现代期权理论之父迈伦·斯科尔斯（1997），欧元之父罗伯特·蒙代尔（1999），因对资产价格的实证分析而获奖的尤金·法马、拉尔斯·彼得·汉森和罗伯特·席勒（2013），行为金融学奠基者理查德·塞勒（2017）等，都对金融学的发展作出了突出贡献。这些诺贝尔奖获得者及其成果在货币需求、企业融资、投资组合、市场有效性、资产定价、市场理性等宏观、微观领域进行了分析，不断创新金融学学科体系，扩展研究边界，深化学术内涵，创新研究方法，显示了金融学在社会科学中的独特地位，对金融学的发展起到了巨大的促进作用，也激励着一代代学者在金融学领域不断探索。高山仰止，正本清源，追根问底，知其所然，这些诺贝尔奖级的成果，必将成为金融学科发展过程中的一座座丰碑，引导后来者去追攀金融学科的高峰，也必然对金融学科体系的构建、金融学系列教材的编写和金融专业人才培养具有重要的指导意义。

上海立信会计金融学院金融学院，具有 67 年的悠久办学历史，培养了一大批活跃在各大金融机构的高素质人才，被誉为"未来金融家的摇篮"。其金融学、国际金融专业均为全国最早创设的专业之一。1994 年，国际金融专业被命名为"中国人民银行总行重点专业"；2001 年，国际金融专业被命名为"教育部教改示范专业"；2005 年，国际金融保险学院成为"上海金融保险教育高地重点建设单位"；2008 年，金融学科成为"上海市教委重点学科（第五期）建设学科"，金融学成为"国家级特色专业""上海市教育高地",国际金融教学团队被评为"上海市优秀教学团队";2010 年,金融理财实验教学团队被评为"上海市优秀教学团队";2012 年,金融学成为"上海市综合改革试点专业",以金融学为核心的应用经济学成为"上海市高校一流学科培育学科";2015 年,金融学成为首批上海市属高校应用型本科试点专业;2018 年,"服务上海国际金融中心的金融学一流本科专业群建设"入选首批上海高等学校一流本科建设引领计划建设项目,"新金融及其风险管理"入选上海市高原学科 II 类。这些学科、专业、团队、平台的建设成就,对于提升金融学院的海内外声誉,促进其金融学科各专业的可持续发展,起到了重要作用。

为了进一步全面落实 2018 年全国教育大会精神,以立德树人为宗旨,坚持以本为本,促进"四个回归",为上海建设"五个中心"(特别是国际金融中心)、打造"四大品牌"培养高水平、应用型金融人才,我们组织编写了"十三五"普通高等教育金融学科规划系列教材。该套教材在金融学、国际金融学、金融市场学、信用管理学、公司金融、金融伦理、商业银行经营、金融合规与反洗钱、金融投资分析、大宗商品价格分析、金融实验等领域试图系统、集中地体现金融学科发展趋势,结合专业课程开发、知识模块构建和能力素质塑造,将学生培养成为应用型、创新型、复合型、国际化的高层次金融人才。通过此套教材,试图让学生具备以下能力和素质:

(1) 掌握金融学原理与基础知识,熟悉金融业运作规律,涉猎商业银行学、国际金融学、金融市场学、投资学、公司金融、信用管理学等金融学主要领域,培养金融学基本素养,构建金融学知识框架体系。

(2) 掌握投资分析、信用分析、财务分析、金融创新、风险管理、合规监管、反洗钱、银行管理等实践手段与分析技能,实现知识的吸收转化与融合创新。

(3) 追踪金融学前沿、动态的知识演进轨迹,客观看待现实世界中经济金融事件的货币运行特征与信用活动规律,掌握经济金融的内在逻辑与本质特征。

(4) 形成良好的职业道德和素养,具有良好的业务素质和品德规范。

为达到以上目的,该套教材具有以下几方面特点。

1. 体现了最新的金融业发展趋势

互联网、信息技术、大数据、区块链、人工智能等新兴技术,促进了金融业的技术革新与飞速发展,科技金融、普惠金融、绿色金融等,赋予了金融业新的业务模式与服务内涵;金融创新、混业经营、宏观审慎监管、人民币国际化、金融风险防范、金融业改革与开放等,为金融业发展带来新的机遇与挑战;中国作为世界第二大经济体,改革开放进入深水区,金融业发展受到各种外来冲击,金融产品有待开发,金融机构尚不发达,金融市场亟需完善,金融体制机制尚未理顺,金融制度建设仍显滞后,金融人才结构性缺口巨大,这些都为金融学科发展提出了新的命题,也为金融理论发展提供了千载难逢的试验、锤炼、验证和创新的机会。出版本套教材,有利于系统总结金融领域发展的最新成果,为系统构建金融知识体系、创新金融知识内涵、总结金融发展规律提供可能。

2. 反映了金融学科发展的必然要求

金融学科是整个社会科学中的热门学科,被誉为社会科学皇冠上的钻石,学科体系庞大,涉及面广,发展速度快,理论和应用成果丰硕,对金融业及经济发展具有非常重要的指导意义。特别是近年来,有关资产管理、审慎监管、风险管理、危机预警、金融科技、金融创新、现代支付、普惠金融、绿色金融、科技金融、行为金融、大数据征信等相关问题的研究,深化了金融学科内涵,促进了学科的不断发展。因此,在此丛书中,必然要体现金融学科的发展趋势,面向金融业发展的现状和未来提供有价值的学术引领和知识规范。

3. 体现了应用型、创新型、复合型、国际化金融人才培养的需要

教材是育人之本,其根本目的是通过知识的系统梳理与更新,实现高标准、全方位育人。一本好的教材使学生受益终身。本套教材以立德树人为宗旨,以培养应用型、创新型、复合型、国际化的高层次金融人才为根本任务,力求简洁高效、深入浅出,通过对金融学基本原理、方法、体系的介绍,以及基本能力素质的培养,使学生系统掌握金融学基础知识、分析方法和运用能力。同时在教材中贯穿课程思政的内容,加强职业道德修养的培养,体现课程育人、思想育人、文化育人的本质内涵。

4. 是长期一线教学经验、资源与信息的积淀与升华

该套教材的各位主编、副主编和参编人员均为金融学院骨干教师,长期从事本科一线教学,绝大部分为名校博士毕业,有着丰富的教学经验,深谙金融人才培养之道,也积累了大量的教学资源、案例和素材,许多作者曾在金融实务部门工作,或多年承担专业建设、课程开发、人才培养方案制定、教学管理等任务。编撰此套教材,是学院骨干教师教学经验、资源和信息积淀的集中反映与系统升华,对于夯实课程基础、理顺知识结构、促进专业建设、创新人才培养具有重要意义。

5. 反映了高水平、应用型高校开展专业建设与学科发展的需要

按照上海市教委的统一部署,上海立信会计金融学院正全力开展高水平、应用型地方高校试点建设,并取得了初步成效。金融学作为学校的核心专业,理应在专业建设和学科发展中起到主导作用。人才培养是高校的第一使命,也是高水平、应用型高校最核心的功能。人才培养的基础是课程与教材建设。一套为高水平、应用型财经类高校金融学类专业精心打磨、量身定做的好教材,能使学生深受其益。

6. 集中体现了高校课程建设与教学改革的需要

课程建设是高校人才培养的重要基础。教学改革是高校人才培养的不竭动力。这套教材既是课程建设的成果升华与集中体现,又是为师为学者授业传道的载体工具。教材中的新内容,反映了教学改革重思想引领、重学科逻辑、重知识模块、重消化吸收、重产教结合、重教学相长的特点,适应了人才培养的根本需要,适应了高水平、应用型财经类高校教学改革的基本趋势。

这套教材的编写,是众多主编、副主编和参编人员辛勤付出的结果,得到了上海立信会计金融学院校领导的亲切指导,得到了立信会计出版社窦瀚修社长、戎其玉副社长、王斯龙编辑等人员的大力支持。在此深表谢意!

许文新　刘晓明

2019 年 2 月

前　言

　　经过亲身实践和理论总结，编者终于完成了呈现在大家面前的这本"小书"——《商业银行经营实务》的初稿。说它是本"小书"，主要是因为它的篇幅不长，仅有四章。在最早的编写计划中，编者设计了六章的内容，但由于编者能力所限，以及在日常工作中总是难以挤出足够的时间来写作，最后完成的书稿就成了目前这个样子。唯一值得欣慰的是，本书尽管只有四章，但基本上自成体系，也能够较好地反映我国商业银行在当前阶段所从事的主要业务类型。

　　最早产生编写一本关于我国商业银行经营实务的教材的想法是在 2015 年 9 月，起因是编者在 2015 年 2 月受学校派遣到上海浦东发展银行（简称浦发银行）总行进行为期 6 个月的全脱产的产学研践习。产学研践习主要涉及总行业务部门中的零售、对公和市场交易业务三大板块，通过学习，编者对总行的其他部门也有所了解。在践习过程中，编者认识到银行的经营实务原来还可以这么有意思，绝不是理论型教科书中干巴巴几句话就带过的那种描述。虽然在此之前编者已经对商业银行经营管理的理论课讲授过数年近 10 个轮次，但实务践习带给编者的冲击还是很大，这可能和编者博士毕业之后直接进入高校教书而并无金融业界的实践经历有关吧。践习结束之后，编者就产生了把当前我国银行业实务编写成书的想法。

　　有了大致想法之后，编者便开始查找当前是否有类似的教材面世。市面上关于商业银行经营管理的理论型教科书非常多，内容也大致雷同；有一些理论型教科书尽管也列举了一些经营实务，但一般是浅尝辄止，且不成系统；名称中包含"实务"两字的商业银行教材也有一些，但这些实务教材的一个共同特点是其内容以银行业务的柜台操作为主，或者是涉及诸多细节的操作性业务，这些业务与编者在浦发银行各部门践习时所接触的经营实务完全不同，仔细思考下来，编者觉得称这一类教材为"实验"教材更为贴切，与"实务"型教材并不相同；也有一些教材涉及商业银行经营中的某一类具体业务,一般对这类业务的描述和分析也足够深入和详细,但其缺点是不够全面,只见树木,不见森林。在了解这些现状之后,编者更感到有必要把一本相对全面介绍我国商业银行经营实务的教科书呈现给财经类专业的高校学子。

多数的以财经类专业为主的地方主管普通高校,其在人才培养模式定位上的目标之一就是"重应用",在教学体系设置上也大力突出实务教学或实验教学的地位。但是,据了解,在实施过程中,这类高校往往偏重于实验教学,而相对忽视实务教学。以编者所在高校的"商业银行经营管理"课程为例,当前该课程的教学基本上以"理论教学+实验教学"的模式进行。其中,理论教学以课堂教学为主,间或涉及案例教学,主要是讲授商业银行经营管理的理论和主要业务;实验教学以在实验室上机操作的形式为主,主要是对商业银行部分前台业务进行模拟操作。这种教学模式存在两方面的问题:一方面,现在的教学体系中缺少紧密联系中国银行业实际业务的相关内容;另一方面,当前该课程的实验教学内容设计与商业银行的岗前培训内容存在着较大的重复度,且实验教学的效果难以达到银行岗前培训的效果,因为该课程的实验教学在内容和系统上均落后于中国商业银行的实际情况,其教学和实验效果也就可想而知。

编者认为,高校财经类专业的应用型教学应该与对口行业企业的岗前培训有所分工,这样既能避免教育资源的重复建设,又能提高大学的教育教学效率。根据高校和对口行业企业不同的比较优势,高校内的应用型特色教学应该充分发挥高校教师理论水平高、研究能力强的优势,在加强对对口行业的最新实践和实务内容进行研究的基础上,在日常的教学中向学生传授基于行业实践和需求的、偏于理论性归纳的实务内容。这样的教学模式既避免了传统实验教学存在的问题,又能够打开学生的职业上升空间,因此,以实务教学为主要手段会使应用型人才培养的效果变得更好。

但是,为何某些高校的应用型人才培养多以实验教学为主要手段呢?缺少自成体系、内容丰富的实务型教材可能是其中一个重要原因。如前所述,商业银行经营管理领域目前还没有较为全面介绍商业银行实务的教材,希望本书的编写和出版能在这个方面做出有益的探索。

商业银行的业务分类,在理论上是从其资产负债表入手,将其业务划分为负债业务、资产业务和中间业务,但在实务中并非如此,往往是从服务对象和服务内容进行细分的。银行服务对象一般可分为个人、小微企业、大中型企业、政府部门和事业单位。按照这种划分方式，银行业务一般分为主要服务于个人与小微企业的零售银行业务和面向大中型企业与其他机构单位的批发银行业务。在我国商业银行内部，批发银行业务一般称为对公业务或公司银行业务。除这两大类业务外，编者在浦发银行践习的过程中还意识到，银行从事的金融市场交易类业务也很重要。这类业务有的银行称之为同业业务，有的称之为机构金融业务。实际上，这类业务的指向对象并不仅限于金融机构同业，也包括一部分个人和企业客户。这类业务的共性可以从其开展目的来看，即商业银行通过在国内外金融市场上进行本币、外币资金的投资、融资运作与交易，满足客户和商业银行自身的投资、融资、交易与避险需求。在本书中，我们将其称为金融市场交易业务。

本书的第二章至第四章分别介绍商业银行的零售银行业务、公司银行业务和金融市场交易业务三大块内容，这也是编者在浦发银行践习时重点关注的三个板块。除此之外，本书既然是介绍中国商业银行的经营实务，就有必要介绍中国银行业的概况。尽管在一些理论型教科书中也有涉及描述中国银行业概况的内容，但鉴于其多数语焉不详，且不是从银行经营实务的视角来编写的，因此，本书的第一章对中国银行业概况进行了介绍，其内容包括中国银行业的发展与改革、中国银行业的类型及其概况、中国银行业监管体系和中国商业银行业务体系。

本书在编写体例上加入了大量的银行业务实例，这些业务实例大部分直接来自我国各家商业银行实际经营业务的描述，少部分是编者根据银行实务进行的编撰。这些业务实例有助于读者更加形象地认识和了解银行经营实务。本书每一章后都设计有复习思考题，这些复习思考题注重对银行经营实务的描述、分析和理论性概括，进一步延伸和丰富了教材内容，有助于拓宽学生的思路和视野。

本书的编写分工如下：全书由苏立峰设计内容框架和编写大纲；第一章由苏立峰和王东明共同编写；第二章由王东明编写；第三章、第四章由苏立峰编写。全书的校对、审核由苏立峰完成。

本书的编写工作从 2015 年 9 月份开始，持续了近 3 年时间才基本完成。编者希望"慢工出细活"，希望我们的辛勤努力能够给高校财经类专业的学子带去一本更好、更全面的介绍中国商业银行经营实务的教科书。

本书出版之际，编者要感谢浦发银行总行各业务部门的领导和老师，与他们交流及向他们学习使编者获益匪浅，这促成了本书的写作与出版。本书的编写得到了上海立信会计金融学院教务处和金融学院的资助，以及"王楚明名师工作室"的支持，编者在此一并表示感谢！在本书的出版过程中，立信会计出版社的王斯龙编辑做了大量细致耐心的工作，编者深表谢意，并对出版社其他为本书出版付出辛勤劳动的编辑老师表示感谢！

由于编者水平所限，书中错误和纰漏在所难免，希望广大读者批评指正。

苏立峰

2019 年 2 月

目 录

第一章 中国银行业概况

依据《中华人民共和国商业银行法》对商业银行的定义，商业银行是按照我国公司法设立的吸收公众存款、发放贷款、办理结算等业务的企业法人。由此可见，商业银行作为现代金融体系重要的金融中介机构，其主要业务是存款、贷款业务和支付结算等。在我国，虽然商业银行的历史还不到200年，但是其形态和业务范围随着社会、政治、经济形态的演变和发展而不断地变换和拓展，对其进行的监管也在不断地变化。20世纪90年代初期，中国开始了社会主义市场经济建设，之后才开始有了真正意义上的现代商业银行，其逐渐在金融体系中发挥着越来越重要的作用。

本章将首先介绍中国银行业的发展与改革，其次结合我国银行业当前的实际情况介绍中国银行业的主要类型及其概况，再次介绍我国银行业的监管体系，最后介绍中国商业银行业务体系。

第一节　中国银行业的发展与改革

一、中国近代银行业的出现和发展

商业银行的产生是和贸易活动(特别是国际贸易)的发展密切联系的。商业的繁荣使得人们对货币兑换和存储产生了需求,由此产生了货币兑换和存储机构。若从类似银行借贷功能机构的出现算起,我国类银行机构的产生可追溯到公元 5 世纪南北朝时期的寺庙。当时的佛教寺庙由于王公贵族的崇信和捐献而拥有大量财富,许多寺庙开始拿这些钱财进行借贷以谋利。唐宋时期又出现了以收取实物作为抵押进行放款的机构——质库。到明清时期,当铺、钱庄、票号等金融机构一度繁荣,其主要业务包括兑换、汇兑、存放、借贷等,已经较为接近现代意义上的商业银行。然而,由于封建社会经济自给自足的特点和发展的缓慢,以及政治上的歧视、压榨和社会动乱,这些机构未能转变成为银行,而在民国初期逐步退出了历史舞台。

中国近代银行业是随着西方列强的入侵而产生的。第一次鸦片战争以后,英国的丽如银行于 1845 年在香港和广州设立了分行,1848 年又在上海开设分行,此为外资银行在中国营业之发端。此后十几年间,英资的汇隆银行、阿家剌银行、有利银行、麦加利银行、汇川银行等也都在中国境内设立了分行。1865 年,由众多英国商人合股成立的汇丰银行其全名是"香港和上海银行公司",它在中国境内的许多大城市都设立了分行,成为外资银行在华最重要的银行之一。继英资银行之后,其他国家也纷纷在中国设立银行或开设分行,如德国的德意志银行和德华银行、俄国的华俄道胜银行、日本的正金银行、法国的巴黎贴现银行、比利时的华比银行、荷兰的荷兰银行、美国的花旗银行等。外国银行在中国从事着发行货币、贸易汇兑、吸收资金、发放贷款等业务,这种情况刺激了许多中国的有识之士,很快就有人提出中国自己办银行的主张,但短期内都未能实施。

1897 年,时任督办铁路总公司事务大臣的盛宣怀在上海成立了第一家中资银行——中国通商银行,该行是官督商办银行,股份全部来自国内私人认购。中国通商银行参照当时的外商银行设置董事会,并在全国各地开设分支行。1904 年,清政府决定创立作为国家银行的户部银行,次年正式开业,并于 1906 年改名为大清银行。在此之后,浙江兴业银行、交通银行、四明商业银行等中资银行陆续创立。民国元年(1912 年)3 月,原大清银行改组成为中国银行。民国初期,随着民族工商业的崛起和西方列强入侵的放缓,私营银行快速发展,中国的银行体系开始形成。至民国七年(1918 年)年底,全国性中资银行共有27 家,其中,官商合办银行 2 家(中国银行和交通银行),商办银行 22 家,中外合办银行 3家。至同年底,各省还有新设或改组而来的 29 家地方性银行,大部分也为商办银行。但这段时期中资银行的资本规模与外资银行还远不能比,通常只为后者的几分之一甚至是十几分之一。

20世纪20年代前后,除中国银行和交通银行两大行之外,中国的银行体系中还包括由民族工商业资本创立的有着"北四行""南三行"称呼的多家银行。"北四行"是北方的金融集团,是中国盐业银行、金城银行、大陆银行和中南银行的合称。"南三行"是南方的金融集团,是浙江兴业银行、浙江实业银行和上海商业储蓄银行的合称。不管是"北四行"还是"南三行",在这些银行的资金运用中,对民族工商业的放款占有不小的比例。"北四行"在华北金融业务上具备仅次于中国银行和交通银行两行的操纵力。"南三行"的掌权人物多为江浙金融巨子,且从经济上支持以蒋介石为首的"南方政治势力"。1927年之后的国民政府时期,官方资本对银行业的介入逐步加深。由国民政府创立或有官方资本参股而控制的"四大行"是当时中国银行体系的主要组成部分。"四大行"中除中国银行和交通银行之外,还有1928年国民政府建立的中央银行和1935年成立的中国农民银行。在抗日战争全面爆发期间,整个国家金融系统遭到严重破坏,少部分银行随国民政府内迁西南,大部分则破产倒闭。1942年6月,国民政府财政部颁布《统一货币发行办法》,将原来分散在众多商业银行的货币发行权集中于中央银行,并由中央银行经理国库、集中存款准备金、调节市场金融秩序和办理集中票据清算等,这标志着中国中央银行和商业银行并存的二元银行制度的建立。

二、改革开放前新中国的银行业

新中国成立前后,外商银行逐渐退出了中国大陆,到改革开放前,新中国银行业发展可分为两个阶段:第一阶段是1949—1956年新中国银行体系的建立和银行业的社会主义改造;第二阶段是1956—1978年"大一统"体制的形成和金融体系的重大挫折。

1949—1956年,新中国成立后,完全推倒了旧中国的金融经济体系,国家金融产权被赋予唯一存在的中国人民银行(1948年12月成立)。在取消私有制和资本主义的时候,取缔了官僚资本主义控制的商业银行,取消了外资银行在国内经营的特权,并对一些商办银行和合营银行进行社会主义改造,将原来的多数私人银行和钱庄等统一到公私合营银行。到1956年,大部分公私合营银行被并入中国人民银行储蓄部。同时,中国银行被合并,新设立的中国人民建设银行和中国农业银行也被合并。此时,全国实际上只有中国人民银行一家银行,由其同时行使央行和商业银行的职能,"大一统"的金融体系开始运作。这一时期的中国银行体系是典型的单一银行体系,中国人民银行在负责货币发行、金融管理等央行职能的同时,又进行信贷、结算、外汇等商业银行业务。

1956—1978年,随着"大一统"金融体制的形成,中国人民银行统一进行全国货币发行、信贷业务、金融管理等事项,并根据计划经济的安排制订财政预算、现金及信贷计划和外汇交易计划。这一时期,中国呈现出一种非常典型的"大政府、弱社会"的社会结构形态和"大财政、弱金融"的财经格局,而时时出现的极"左"思潮对银行业也带来严重的破坏,商业信用被取消,银行信用被极大削弱,中国人民银行实际上成为财政部的二级机构,是"大钱库＋大出纳",中国金融体系的发展实际上遭受了重大挫折。

三、改革开放后银行业的改革

1978 年十一届三中全会之后,计划经济制度下的"大一统"银行体系开始向现代化银行体系过渡。这一时期中国银行业体系的改革和发展可以分为以下四个阶段。

(一)专业银行的恢复建立阶段(1979—1984 年)

1978 年 1 月,中国人民银行从财政部独立出来。1979 年 2 月,国务院决定恢复中国农业银行,由其负责农村金融业务;3 月,专营外汇业务的中国银行从中国人民银行分设出来;8 月,中国人民建设银行(即后来的中国建设银行,简称建设银行)从财政部分离出来,行使基本建设财务管理的财政职能,并于 1983 年正式成为专业银行。1983 年 9 月,国务院决定由中国人民银行专门行使中央银行职能,负责领导和管理全国的金融事业。1984 年 1 月,中国工商银行(简称工商银行)成立,专门从事原中国人民银行的工商信贷和储蓄业务。自此,经历了 6 年时间,中国农业银行(简称农业银行)、中国银行、建设银行和工商银行先后从中国人民银行的母体中分立出来,成为四家国有专业银行,中国银行业形成了中国人民银行与四家国有专业银行各司其职的二元银行体制。四大国有专业银行在专业分工的基础上,吸收存款、办理储蓄、发放贷款和支付结算,同时执行政府部门规定的政策性业务。

(二)多层次银行体系的构建阶段(1985—1994 年)

在这一阶段中,银行体系的发展主要体现在两个方面:一是单一国有金融产权的专业银行在经营上从专业化向商业化过渡;二是多种金融产权形式银行的成立。1984 年 5 月,在对国有企业的"拨改贷"改革之后,四家国有专业银行承担起为国企提供资金的重任。1985 年之后,四家专业银行之间的业务限制开始被打破,央行允许其在彼此的专业领域适当竞争。在银行内部管理上,四家专业银行开始推行责、权、利相结合的企业化管理改革,以追求利润作为经营目标之一,自主经营、自负盈亏、自我发展,开始了向企业化管理方式的过渡。但这一阶段,银行仍然过多地承担着执行国家产业政策、进行经济调控的职能,各级政府对银行经营的行政干预很多,自主经营权实际上并不存在。1987 年之后,由于国家财政困难,专业银行的指令性贷款仍然是国有企业建设资金的主要来源。一直到 1993 年,尽管对专业银行性质和改革方向的探索处于正确轨道上,但其向商业化、市场化方向的转型并不顺利。

中国改革开放政策的持续推进使得大批集体企业、私营企业、中外合资企业等非国有经济形式获得了迅速发展,这促进了新的金融产权形式银行的出现。1986 年 7 月,第一家全国性股份制银行——交通银行恢复设立,打破了专业银行垄断市场的格局。1987年,中国人民银行提出要建立以中央银行为领导,各类银行为主体,多种金融机构并存和分工协作的社会主义金融体系。20 世纪 80 年代末至 90 年代上半期,招商银行、中信实业银行(现为中信银行)、深圳发展银行、福建兴业银行、广东发展银行、光大银行、华夏银行、上海浦东发展银行、民生银行等一批全国性股份制商业银行先后成立。这些全国性股份制银行的产权大多为地方政府财政部门、部委机构、企业法人等所有,其中,民生银行的股东全部为民营企业法人,在所有制形式上独树一帜。与四家国有专业银行相比,股份制商业银行初步建立起了公司制的法人治理结构,实现了所有权和经营权的分离,较早地按照国际同业经验推行资产负债比例管理、风险管理等。股份制商业银行基本上是按照市场原则组建的具有竞争力的银行,在产权结构和经营机制上具有更多的灵活性和优势,这提高了银行体系的专业化、市场化经营程度。

20 世纪 80 年代中后期,为城市私营企业、个体经济提供服务的城市信用合作社开始迅速发展,它们由市县的地方财政、企业、居民等投资组建,大多采取股份制或股份合作制的产权组织形式。城市信用社的发展虽然没有明确的政策指引,但随着民营企业和个体经济的迅速发展,其业务范围不断扩大。到 1994 年前,城市信用社已经在全国各地遍地开花,形成了一股独立于四大国有专业银行和股份制商业银行的金融势力。

(三)银行商业化改革的全面推进阶段(1994—2004 年)

1992 年 10 月,党的十四大正式确立了建立社会主义市场经济体制的战略目标。1993 年 11 月,十四届三中全会上确立了建立"产权清晰、权责明确、政企分开、管理科学"的现代企业制度的国有企业改革方向;12 月,国务院发布《关于金融体制改革的决定》,提出要"把国家专业银行办成真正的国有商业银行"。1994 年开始后,银行商业化改革进入了全面推进阶段。1994 年,3 家政策性银行——国家开发银行、中国进出口银行和中国农业发展银行先后成立,接手工商银行、农业银行、中国银行、建设银行四大银行(以下统称四大银行)的政策性业务,政策性金融与商业性金融开始分离。1994 年 7 月,《中华人民共和国公司法》正式实施。1995 年 5 月,《中华人民共和国商业银行法》颁布,将四大银行定位为国有独资商业银行,明确国有银行要以效益性、安全性、流动性为经营原则,实行自主经营、自负盈亏、自担风险、自我约束。1995 年之后,四大银行的专业分工进一步淡化,业务交叉和市场化竞争进一步发展,国有银行的商业化改革开始展开。

四大银行长期以来一直肩负着双重目标,承担着双重功能:一是通过银行自身的业务活动向社会提供金融产品和服务,追求利润最大化;二是贯彻国家政策和政府意图,为经济发展和社会稳定等提供资金支持,追求社会效益的扩大。双重目标之间难以兼容,致使四大银行既有经济责任,也有政治责任;既有利润目标,也有政策目标。各级政府仍然把银行贷款当作"第二财政资金",使大量信贷流向同样脱胎于计划经济体制的、运营机制同样僵化的、经营效益同样低下甚至连年亏损的国有企业。因此,四大银行在商业化改革初期显得步履蹒跚。据研究,1995 年四大银行的资本充足率分别仅为 3.0％、3.3％、4.8％和 2.1％,远低于国际同业 8％的监管标准,而不良资产比率平均为 21.4％。到 2000 年,四大银行经调整后的平均不良贷款率高达 55％,而有些境外投资银行和评级公司甚至宣称,四大银行在技术上已经破产。

1997 年 7 月亚洲金融危机爆发,我国政府部门才意识到中国银行业体系存在着严重的系统性风险。在同年 11 月召开的全国金融工作会议上,四大银行资本金严重不足、不良贷款比例过高的问题得到了重视。清理整顿和加快国有银行商业化改革,成为防范和化解金融风险的首要内容。1998 年,财政部向四大银行定向发行 2 700 亿元特别国债,所筹资金全部作为其补充资本金。1999 年,新成立华融、长城、东方、信达四家资产管理公司,按账面价值定向收购四大银行总计 13 939 亿元的不良贷款(包括国家开发银行 1 000 亿元的不良贷款)。2001 年年底,中国加入世界贸易组织(World Trade Organization,WTO)。在国内金融市场逐步开放的环境下,国内商业银行将逐渐面临来自外资银行的竞争。注资和剥离不良贷款并未解决国有银行的体制机制问题,旧的包袱没能完全卸掉,新的风险还在不断产生,国有商业银行的经营面临着更为严峻的挑战。2003 年 12 月,中央政府动用 450 亿美元外汇储备向中国银行和建设银行分别注资 225 亿美元,以补充其资本金,并同时核销了两家银行共 1 969 亿元人民币损失类贷款。

除了注资与不良贷款剥离,四大银行的商业化改革也在逐步推进。1997 年 11 月的全国金融工作会议要求银行进一步改革内部稽核体制,建立权责明确、激励和约束相结合的内部管理体制,引入国际先进的贷款风险识别和管理理念,推行贷款五级分类试点。1998 年 1 月,中国人民银行进一步取消了对国有商业银行贷款限额的控制,实行“计划指导、自求平衡、比例管理、间接调控”的新管理体制。2002 年召开的全国金融工作会议提出,把国有独资商业银行改造成治理结构完善、运行机制健全、经营目标明确、财务状况良好、具有较强国际竞争力的现代金融企业。2003 年 4 月,中国银行业监督管理委员会(以下简称银监会,现已改组为中国银行保险监督管理委员会)成立,开始承担银行的分业监管责任。

然而,由于历史包袱沉重和体制机制僵化,风险管理机制和内部控制机制没有形成,商业银行的深层次问题并未得到根本解决。2001—2004 年四大银行经调整后的平均不良贷款率虽然有所下降,但到 2005 年上半年仍然有 36％。在扣除掉注资因素后,四大银行的资本充足率也是趋于下降,而如果国家允许用资本金和利润冲减账面损失,则四大银行实际上是资不抵债的,即其资本充足率实际为负数。这一时期,国家在不改变国有金融产权边界的前提下,对银行业进行了一些改革和救助,但实质性、深层次改革的进展不大。

同一时期,全国部分城市信用社也积极改制改组为城市商业银行,少数农村信用社也开始改制成为农村商业银行。2001 年之后外资银行进入中国的步伐也开始加快。至此,我国基本形成了由中国人民银行、三大政策性银行(包括国家开发银行、中国农业发展银行和中国进出口银行）、五大国有商业银行（包括四大银行和交通银行）、十二家全国性股份制银行（包括中信银行、中国光大银行等）、几百家城市商业银行、外资银行、农村商业银行和农村信用社所构成的现代银行体系。

（四）商业银行的股份制改革和经营转型攻坚阶段（2004 年至今）

随着我国市场经济体制建设的深入，政府和市场的边界进一步厘清，尤其是加入 WTO 后，面对国际银行业的直接竞争，我国商业银行竞争力差、不良贷款比率高、资本充足率低等问题，成为我国商业银行面临的严峻问题。我国必须抢在加入 WTO 的 5 年过渡期结束前基本解决国有商业银行问题，这已经成为我国加入 WTO 后金融改革的当务之急。因此，我国需要从根本上对国有商业银行进行革新，由真正市场化的"商业银行家"取代"政治银行家"来指导中国银行业的现代化发展。

早在 20 世纪 90 年代初期，学术界就有应该对国有企业进行股份制改革的声音出现，到 21 世纪初，对国有银行进行股份制改革、实现所有权结构多元化的观点在学界、业界和政界基本达成了共识。股份制改革可以在一定程度上明晰银行的产权关系，解决所有权和经营权难以分离的问题，改善公司治理结构，明确界定银行利益相关各方的权、责、利，完善银行内部管理，促进外部的市场竞争，开拓多元化的银行资本金补充渠道，降低银行的不良贷款率，从而提高银行的运营效率。

2003 年 12 月，中央汇金投资公司（简称汇金公司）设立，由其运用国家外汇储备向试点银行注资，并作为国有资本出资人代表。汇金公司的成立对国有商业银行长期存在的产权主体虚位局面在一定程度上做出了改善。随后，包括国有独资商业银行、股份制商业银行和城市商业银行在内的各家商业银行纷纷开始引进国外的战略投资者，并于 2004 年正式进入商业银行的股份制改革和转型攻坚阶段。其中，交通银行于 2004 年 8 月引入汇丰银行；建设银行于 2005 年 4 月引入美国银行；2005 年 10 月份，中国银行与苏格兰皇家银行集团、新加坡淡马锡控股有限公司、瑞士银行集团和亚洲开发银行四家战略投资者签订战略投资协议；工商银行于 2006 年 1 月引入美国高盛集团。根据银监会的统计，截至 2006 年年底，共有 29 家境外金融机构投资入股 21 家中资银行，入股金额为 190 亿美元。战略投资者的引进不仅增强了中国银行业的资本实力，丰富了股权结构，还带来了国外金融同业先进的经营理念和运营经验，对中国商业银行的股份制改革进程具有重要意义。

在经历了政府注资、不良资产剥离和引进战略投资者之后，以国有控股商业银行为代表的中国商业银行增强了实力，甩掉了包袱，引入了先进的经营管理智慧，纷纷开始了改制上市的进程。先是交通银行于 2005 年 6 月在香港上市发行股票，随后建设银行于同年 10 月在香港上市，中国银行则分别于 2006 年 6 月和 7 月几乎同步在香港和上海证券交易所上市。2006 年 10 月 27 日，工商银行在香港和上海证券交易所实现了同步上市，募集资本金共 219 亿美元，创造了全球有史以来最大规模 IPO 的记录。2007 年 9 月，建设银行回归上海 A 股市场，发行股票筹资 571 亿元。五大国有商业银行中股份制改革最晚的农业银行于 2008 年 11 月获得了汇金公司 190 亿美元的外汇储备注资,并于 2010 年 7 月在香港和上海两地上市,共募集资本金 221 亿美元,刷新了工商银行的 IPO 记录。五大国有商业银行上市发行股票之后,国有股比例在 80% 左右,机构投资者和社会公众持股比例在 20% 左右。2004 年之后,处于银行业体系第二梯队的全国性股份制商业银行中的大多数也在境内外资本市场上完成了 IPO 或新一轮次的股票增发,所筹集资金全部用来补充资本金。

2005—2012 年,我国银行业步入高速发展的黄金期,商业银行经营规模不断扩张,营业网点快速增加,盈利快速增长。在这一时期内,银行业金融机构的总资产从 37.5 万亿元增长到 133.6 万亿元,年度复合增长率达 20%;税后利润则从 2007 年的 4 467 亿元增长到 2012 年的 15 116 亿元,资本利润率从 16.7% 增加到 19.0%,而四大银行的平均资本利润率更是高达 22% 以上。2010—2012 年,银行业金融机构的资本充足率维持在 12%以上,不良贷款率则在 2% 以下,国有大型银行的这两个指标则要更优,即使与 2008 年全球金融危机之前西方发达国家商业银行相比也毫不逊色。但是,在此期间,商业银行的盈利主要是依靠存贷利差,利差收入在五大国有商业银行的盈利中占 80% 左右,在中小银行中的占比更是高达 90% 以上。3% 以上固定利差的存在使得银行通过简单的规模扩张就可以实现盈利,而银行业对实体经济所提供服务的品类和数量仍然不足。

这一时期中国银行业整体经营绩效大幅度上升的原因有三:一是得益于股份制改革之后内部各项经营管理制度的完善,改革的红利逐渐释放,政府的干预逐渐减少,开始真正按照商业化、市场化的要求来开展业务;二是得益于中国实体经济在加入 WTO 之后持续 10 年的高速增长,各行各业产销两旺;三是得益于在银行业市场准入没有放开情况下的垄断地位,以及在存贷款利率还存在管制的情况下对存款客户和贷款企业双方利益的挤占。2011 年年底,有银行的管理者公开表示已经"赚钱赚得不好意思公布"了,一些学者、媒体和社会公众开始批评银行业的"暴利"现象,中国银行业又一次处于舆论的风口浪尖,经营模式的进一步转型不可避免。

2012 年 7 月,中国人民银行开始允许金融机构存款利率浮动区间的上限调整为基准利率的 1.1 倍。2014 年 11 月至 2015 年 5 月,中国人民银行分三次将存款利率浮动区间扩大到基准利率的 1.2 倍、1.3 倍和 1.5 倍。2015 年 11 月,中国人民银行表示不再设置存款利率上限。利率市场化的加速,使得商业银行短期内存贷利差不断收窄,银行利润增速下降。与此同时,居民投资理财渠道的多元化和互联网金融的兴起进一步推动了金融行业的市场化,显著分流了居民储蓄存款,抬高了银行的负债成本。2013 年之后,中国经济发展开始步入"新常态",经济增速开始下台阶,实体经济的多数行业则面临着产能过剩、财务杠杆高企的困境,收入和利润开始下滑,这也给商业银行的资产经营带来很大压力,不良资产余额和比率开始上升,净利润增速大幅度下滑。2013 年 11 月,中共十八届三中全会的公报中提出"允许具备条件的民间资本依法发起设立中小型银行等金融机构"。2015年有 5 家民营银行获批设立,截至 2016 年年底,银监会共批准设立 17 家民营银行。

可以预期的是,利率市场化的完成、金融业市场化程度的提高、宏观经济形势的下行以及银行业牌照管制的放松等因素将会加剧银行业市场竞争,给其未来的经营带来很大压力。

一言以蔽之,改革开放之后,我国银行业的改革在前期进展缓慢,过多的行政干预阻碍着银行向商业化、市场化方向转型,并产生了诸如资本不足、不良贷款比重过大等一系列问题。21世纪初,在开始股份制改革之后,银行业开始理顺内部经营管理机制,并借助加入WTO之后中国经济高速增长的过程而迅速做大规模。在未来中长期内,随着金融业进一步地对内和对外开放,以及中国经济发展形势的变化,商业银行的改革和发展转型将始终处于进行时。商业银行必须减少对存贷款利差和传统中间业务收费的依赖,进行业务和经营的转型,从提供产品到提供服务,从规模扩张到集约经营,从同质化竞争到差异化发展,提升内部管理水平,抓住国内经济转型提供的新机遇,丰富产品结构,扩大经营范围,增加营业收入,这样才能在日益激烈的市场竞争中获得一席之地。

第二节 中国银行业的类型及其概况

根据银监会对国内银行业金融机构的分类标准,我国国内银行业金融机构可以划分为政策性银行、大型商业银行、股份制商业银行、邮政储蓄银行、外资银行、城市商业银行、农村商业银行、民营银行、农村合作银行、农村信用社、新型农村金融机构等类型。《中国银行业监督管理委员会2016年报》中披露的数据显示,截至2016年年底,我国银行业金融机构包括1家国家开发银行、2家政策性银行、5家大型商业银行、12家股份制商业银行、134家城市商业银行、1 114家农村商业银行、8家民营银行、40家农村合作银行、1 125家农村信用社、1家邮政储蓄银行、4家金融资产管理公司、39家外资法人金融机构、1家中德住房储蓄银行、68家信托公司、236家企业集团财务公司、56家金融租赁公司、5家货币经纪公司、25家汽车金融公司、18家消费金融公司、1 443家村镇银行、13家贷款公司以及48家农村资金互助社。截至2016年年底,我国银行业金融机构共有法人机构4 399家,从业人员409万人。[①]

截至2016年年底,我国银行业金融机构总资产为232.3万亿元,约为当年中国GDP的3.1倍;银行业金融机构总负债为214.8万亿元。从分机构类型看,资产规模较大的依次为:大型商业银行、股份制商业银行、农村中小金融机构和城市商业银行,占银行业金融机构资产的份额分别为37.3%、18.7%、12.9%和12.2%。

下面将依据上述分类方法,简要介绍几种主要类型银行的发展概况。

[①] 如无特别说明,本章中关于银行业总体和各类型银行的相关数据均来源于《中国银行业监督管理委员会2016年报》。

一、国家开发银行和政策性银行

政策性银行是由政府设立的银行类型的金融机构,主要是贯彻国家产业政策、区域协调发展政策,在特定领域从事政策性投融资活动,为政府发展经济进行宏观调控和促进社会进步服务。其经营管理不同于商业银行,其资金来源于财政拨款,在经营上不以盈利为最终目标。1994年,我国为推进金融改革,先后成立了国家开发银行、中国农业发展银行和中国进出口银行。这三家政策性银行分别从事基础设施、基础产业和支柱产业,农产品收购和专项储备,机电产品和成套设备等进出口领域的政策性信贷业务。这三家政策性银行的成立,在一定程度上加快了政策性金融与商业性金融的分离,为国有商业银行向现代商业银行转变创造了有利条件。同时,政策性银行为基础建设提供了大量的急需资金。

国家开发银行成立于1994年,早期也是三家政策性银行之一,但于2008年12月改制为国家开发银行股份有限公司,国务院于2015年3月明确把国家开发银行定位为开发性金融机构,这使得其与另外两家政策性银行有所不同。国家开发银行主要通过开展中长期信贷与投资等金融业务,为国民经济重大中长期发展战略服务。截至2017年年底,国家开发银行的资产总额为15.96万亿元,贷款余额为11.04万亿元,净利润为113.6亿元。国家开发银行是全球最大的开发性金融机构,中国最大的对外投融资合作银行、中长期信贷银行和债券银行。国家开发银行目前在中国内地设有37家一级分行和3家二级分行,境外设有中国香港分行和开罗、莫斯科、里约热内卢、加拉加斯、伦敦、万象等国家代表处;全行员工9 000余人;旗下拥有国开金融、国开证券、国银租赁、中非基金和国开发展基金等子公司。[①]

中国农业发展银行是我国唯一的一家农业政策性银行,主要职责是按照国家的法律、法规和方针政策,以国家信用为基础筹集资金,承担农业政策性金融业务,代理财政支农资金的拨付,为农业和农村的经济发展服务。中国农业发展银行为保障国家粮食安全、保护农民利益、维护农产品市场稳定、促进城乡发展一体化做出了重要贡献。中国农业发展银行主要经营范围包括办理粮食、棉花、油料、食糖、猪肉、化肥等重要农产品收购、储备、调控和调销贷款,办理农业农村基础设施和水利建设、流通体系建设贷款、办理农业综合开发、生产资料和农业科技贷款,办理棚户区改造和农民集中住房建设贷款,办理易地扶贫搬迁、贫困地区基础设施、特色产业发展及专项扶贫贷款,办理县域城镇建设、土地收储类贷款以及办理农业小企业、产业化龙头企业贷款等。截至2016年年底,中国农业发展银行全系统共有31个省级分行、339个二级分行和1 816个县域营业机构,员工5万多人,服务网络遍布中国大陆地区。2016年年底,中国农业发展银行的总资产为5.62万亿

---

① 本节数据来源于国家开发银行网站及其2017年年度报告。

元,贷款余额为 4.09 万亿元,净利润为 162.1 亿元。[①]

中国进出口银行是由国家出资设立、直属国务院领导、支持中国对外经济贸易投资发展与国际经济合作、具有独立法人地位的国有政策性银行。中国进出口银行依托国家信用支持,积极发挥其在稳增长、调结构、支持外贸发展、实施"走出去"战略等方面的重要作用,加大对重点领域和薄弱环节的支持力度,促进经济社会持续健康发展。中国进出口银行主要业务范围包括办理配合国家对外贸易和"走出去"领域的短期、中期和长期贷款,含出口信贷、进口信贷、对外承包工程贷款、境外投资贷款、中国政府援外优惠贷款、优惠出口买方信贷等,办理国务院指定的特种贷款,办理外国政府和国际金融机构转贷款(转赠款)业务中的三类项目及人民币配套贷款等。截至 2016 年年底,中国进出口银行在国内设有 29 家营业性分支机构和香港代表处,在海外设有巴黎分行、东南非代表处、圣彼得堡代表处、西北非代表处。2016 年年底,中国进出口银行的资产总额为 3.33 万亿元,贷款总额为 2.38 万亿元,净利润为 50.2 亿元。[②]

三家政策性银行成立以后,在业务拓展上取得了一定的成绩,有效地贯彻了国家经济建设政策,促进了社会发展。由于我国政策性银行目前仍存在市场定位不准、发展前景不明确等问题,尤其是在立法、资金筹集、风险管理等方面存在显著问题,严重影响了政策性银行职能的发挥,暴露了我国政策性银行在体制上存在的缺陷。今后政策性银行需借助商业化改革,利用自身的政策优势和快速发展的中国市场,逐步增强自身的核心竞争力,保障国家的金融安全,并帮助所服务领域的企业和个人客户获得更好的金融服务。

二、大型国有商业银行

大型国有商业银行是指工商银行、农业银行、建设银行、中国银行和交通银行。因此,四大银行与交通银行也合称为"五大银行"。四大银行在建立或恢复业务之初分别承担原来中国人民银行办理的不同领域的信贷和储蓄业务,但在经过三十多年的发展之后,当前其业务领域交叉重合程度很高,没有太大差异。经过改制和上市后,五大银行均成为国有控股的大型股份制商业银行。例如,工商银行作为中国最大的商业银行,其前两大股东分别为国有独资的汇金公司和财政部,2017 年年底,两者分别持有工商银行 34.71% 和 34.60% 的股份,处于绝对控股地位。其他四家大型国有商业银行的股权结构与工商银行类似。一直以来,五大银行在我国银行业占据着主导地位。按照资产份额划分,2003 年大型国有商业银行在我国银行业资产总额中占比 55%,但是随着商业银行业竞争的加剧,2016 年占比降到 37%。2016 年年底,五大银行的总资产分别为 24.14 万亿元、20.96 万亿元、19.57 万亿元、18.15 万亿元、8.40 万亿元,2016 年度营业净利润分别为 2 791亿元、

---

① 本节数据来源于中国农业发展银行网站及其 2016 年年度报告。
② 本节数据来源于中国进出口银行网站及其 2016 年年度报告。

2 324 亿元、1 841 亿元、2 224 亿元、861 亿元。五大行的盈利能力依然很强，2016 年合计盈利为 10 041 亿元，占整个行业盈利的近六成。

然而，随着我国银行业黄金期的结束，五大银行也面临经营管理的巨大压力，具体表现在利润增速下降和不良率、不良贷款额继续"双升"。以资产质量为例，2016 年年底，五大银行账面不良贷款余额达 7 761 亿元，不良贷款率平均为 1.68%。大型商业银行在面临经济下行、去库存、去产能等供给侧改革的压力下，如何通过完善公司治理和风险管理来应对市场环境变化，成为当前五大银行改革转型的重点问题。这要求大型国有商业银行发挥集团化和专业化优势，加快系统建设，开展压力测试工作，推动资本管理高级方法的实施运用，提高全面风险管理能力和风险处置能力。例如，交通银行积极探索具有中国特色的大型国有商业银行公司治理机制，深化内部经营机制改革，推进经营模式转型与创新，对于其他银行的发展转型具有借鉴意义。

三、股份制商业银行

股份制商业银行共有 12 家，具体包括中信银行、中国光大银行、华夏银行、中国民生银行、招商银行、兴业银行、广发银行、平安银行、上海浦东发展银行、恒丰银行、浙商银行和渤海银行。股份制商业银行中最早成立的是招商银行，成立于 1987 年。其后，中信银行、深圳发展银行（2012 年被平安银行合并）等陆续成立，直到 2005 年渤海银行成立。这些银行之所以被称为股份制商业银行，是由于这些银行从设立之初便引入了多元化的股东，包括地方政府财政部门、地方国资委、国有企业法人等，后期也先行引进了外资金融机构法人股东。与国有独资的大型商业银行相比，股权多元化的股份制商业银行经营机制更加灵活，已经成为我国商业银行体系中一支富有活力的生力军，成为银行业乃至国民经济发展中不可缺少的重要组成部分。截至 2016 年年底，12 家股份制商业银行中，中信银行、招商银行、上海浦东发展银行、中国光大银行、中国民生银行、兴业银行和平安银行 7 家银行实现上市。2016 年年底，按资产总额排序为招商银行、中信银行、上海浦东发展银行、中国民生银行、中国光大银行、平安银行、华夏银行，资产规模最大的招商银行其资产总额为 5.94 万亿元，远低于四大银行 20 万亿元左右的规模，也低于交通银行 8.40 万亿元的规模。

全国股份制商业银行从成立之初就扮演着中国金融"改革尖兵"的角色，其经营管理体制相对于五大银行更为灵活。经过三十多年的迅速发展，股份制商业银行已经成为中国金融市场十分活跃的力量，成为推动我国国民经济发展的一支生力军。然而，由于我国银行业是典型的高门槛、低竞争行业，使得无论大型商业银行还是股份制商业银行，基本上都依赖于吸收存款和发放贷款两个业务，从存贷利差中赚取高额利润。在这种得天独厚的条件下，各家银行特色不足、股份制银行间的差异较为模糊。从银行业的发展来看，银行最终会走差异化、专业化、特色化之路。尤其是当前应对利率市场化、金融脱媒、互联网金融等多重挑战,股份制商业银行应改善金融服务的薄弱环节,大力支持"大众创业,万众创新";积极拥抱互联网,创新多元化服务渠道;开展特色业务创新,走差异化发展道路。

四、邮政储蓄银行

中国邮政储蓄业务是在 1986 年中国经济出现比较严重的通货膨胀形势下开始恢复并开办的。1986 年,中国人民银行与邮电部联合下发了《关于开办邮政储蓄的协议》,邮政储蓄业务获准开办。最初的邮政储蓄业务实际上是邮政部门代理中国人民银行经办储蓄,操作程序为:邮政储蓄部门扣除必要库存现金后,把收储资金额上缴中国人民银行,中国人民银行对其按月支付代办费用。1989 年 11 月,中国人民银行与邮电部再次联合下发《关于进一步办好邮政储蓄的通知》,规定从 1990 年 1 月 1 日起,邮政储蓄由邮政部门代中国人民银行办理吸收存款改为自办,与中国人民银行的关系由缴存改为转存,邮政储蓄收入由代办费改为利差。自此,中国人民银行对邮政储蓄的高额补贴作为固定关系沿袭下来。

中国邮政储蓄银行自称是"全国领先的大型零售银行",将其自身定位于服务社区、服务中小企业、服务"三农"的银行,并致力于为中国经济转型中最具活力的客户群体提供服务。近年来,邮政储蓄业务取得了良好的发展。截至 2016 年年底,中国邮政储蓄银行拥有营业网点近 4 万个,ATM 机 4 万多台,服务个人客户超过 5 亿人,拥有本外币账户数逾 12 亿户,提供电话银行、网上银行、手机银行、电视银行等电子服务渠道,服务触角遍及广袤城乡。2016 年,中国邮政储蓄银行总资产规模达 8.27 万亿元,总负债 7.92 万亿元,均居全国银行业第六位。然而,邮政储蓄业务由于经营模式受限、业务品种和业务管理滞后、人员素质较低等因素,从而制约了邮政储蓄的发展。邮政储蓄积极进行改革探索,并取得了阶段性的成果。

2007 年 3 月,中国邮政储蓄银行有限责任公司在北京正式成立,成为独立法人,并于 2012 年变更为中国邮政储蓄银行股份有限公司。2015 年,中国邮政储蓄银行引入瑞银集团、中国人寿等 10 家境内外战略投资者。2016 年 9 月,中国邮政储蓄银行在香港联合交易所上市发行股票,股权结构得到优化,公司治理机制得到完善,风险管控能力得到提升,为下一步向现代商业银行转型打下良好基础。[①]

五、外资银行

1979 年,日本输出入银行获准在北京设立首家代表处。1981 年,南洋商业银行在深圳设立第一家外资银行营业性机构,标志着外资银行开始进入我国金融市场。此后,外资

---

① 本节数据来源于中国邮政储蓄银行网站及其 2016 年年度报告。

银行在我国发展较为迅速,尤其是 2001 年我国加入 WTO 以后,外资银行加快了"抢滩"中国市场、拓展业务的步伐,从资本、业务、技术、人才及管理上与中资银行展开多方位激烈竞争。

截至 2016 年年底,14 个国家和地区的银行在华设立了 37 家外商独资银行(下设分行 314 家)、1 家合资银行(下设分行 1 家)和 1 家外商独资财务公司;26 个国家和地区的 68 家外国银行在华设立了 121 家分行。另有 44 个国家和地区的 145 家银行在华设立了 166 家代表处。外资银行在我国 27 个省份的 70 个城市设立营业机构,形成了具有一定覆盖面和市场深度的总行、分行、支行服务网络,营业网点达 1 031 家。

截至 2015 年年底,38 家外资法人银行、86 家外国银行分行获准经营人民币业务;31 家外资法人银行、31 家外国银行分行获准从事金融衍生产品交易业务;6 家外资法人银行获准发行人民币金融债;4 家外资法人银行获准开办信用卡发卡业务;1 家外资法人银行获准开办信用卡收单业务。2016 年年底,在华外资银行资产总额 2.93 万亿元,负债总额 2.56 万亿元,其中,各项贷款余额 1.11 万亿元,各项存款余额 1.66 万亿元,实现净利润 127.97 亿元,这些指标大多出现同比下降。加入 WTO 之后的十几年来,外资银行在我国银行业总资产规模中的占比很低,早期略多于 2%,近年来有逐渐下降的趋势,2016 年年底仅为 1.29%。外资银行市场份额低的主要原因是网点少、境内存款少、筹资成本高以及部分业务的开展仍然受监管部门的限制等因素。

六、城市商业银行、农村商业银行和民营银行

(一)城市商业银行

城市商业银行来源于城市信用合作社,是中国经济改革的产物,是随着中国经济的发展而不断发展壮大的。1984 年,中共十二届三中全会的《中共中央关于经济体制改革的决定》引导着中国经济改革重心由农村转移至城市。随着城市经济的改革和发展,各类经济主体的金融服务和融资需求急剧增加,特别是"两小经济"(集体经济和个体私营经济)的开户难、结算难和融资难问题尤为突出。在此背景下,城市信用社应运而生,当时的业务定位是为中小企业提供金融支持,为地方经济搭桥铺路。1995 年,全国第一家城市商业银行——深圳城市合作银行成立。此后,城市商业银行历经二十多年的探索与变革发展,成为中国普惠金融的生力军。截至 2016 年年底,北京银行、宁波银行、江苏银行、南京银行、贵阳银行、杭州银行、上海银行等城市商业银行已顺利由 A 股市场上市,天津银行则在 H 股市场上市。

城市商业银行坚持服务本地的功能定位,围绕服务地方经济、城镇化、小微企业、城乡居民开展业务,是城市普惠金融服务的主要提供者。2016 年年底,全国 134 家城市商业银行资产总额达到 28.24 万亿元,总负债 26.40 万亿元,不良贷款余额 1 498 亿元,不良贷

款率仅 1.48%，低于行业平均水平，主要监管指标均符合监管要求。

（二）农村商业银行

农村商业银行是在原农村信用社基础上改组而成的一种金融组织形式，其发展与农村信用社的发展和改革历程紧密相关。农村信用社是由辖区内农户、个体工商户和中小企业入股组成的社区性地方金融机构。2010 年，银监会表示在未来 5 年，农信社股份制改革将全面完成，为此银监会将不再组建农村合作银行，现有农村合作银行也要改制为农村商业银行。

农村商业银行坚持支持"三农"和普惠金融的服务定位，为改善农村基础金融服务发力。2008 年以后，我国农村商业银行的总资产规模不断扩大，在银行业金融机构总资产中的比重逐年上升。2016 年年底，农村商业银行的总资产为 20.27 万亿元，占银行业金融机构资产比重为 8.73%。

（三）民营银行

2015 年，我国首批试点的 5 家民营银行全部开业，总体运行平稳，公司治理机制和内部控制水平不断提升，各项业务逐步开展，包括天津金城银行、上海华瑞银行、浙江网商银行、温州民商银行、深圳前海微众银行。截至 2015 年年底，5 家民营银行资产总额 794.32 亿元，各项贷款余额 236.04 亿元，负债总额 650.90 亿元，各项存款余额 199.43 亿元。

天津金城银行致力于特色化、差异化经营，坚持以"公存公贷"为主的业务模式，以"做价值银行创造者、做细分市场领先者"为战略愿景，以产业供应链上的中小企业为主要服务对象。

上海华瑞银行大力推进改革创新，明确战略定位，积极服务小微大众、科技创新、上海自贸区改革，打造面向互联网的资产管理型银行。上海华瑞银行充分利用自贸试验区内法人银行的优势，加快自由贸易（FT）账户服务体系建设，强化跨境金融专业能力建设，积极运用信息新技术，切实满足企业融资需求。

浙江网商银行由阿里巴巴集团旗下蚂蚁金服公司所创立。浙江网商银行利用互联网技术、数据与渠道创新，有效对接实体经济，特别是电子商务市场的融资需求，重点面向网上客户、小微客户及农村市场推动"小贷"业务发展。浙江网商银行积极探索线上运营模式，形成了系统批量化、低成本的流水线式信贷审批放款模式，为线上客户提供"310"金融服务体验（即 3 分钟审贷、1 秒钟到账、0 人工干预）。

温州民商银行立足本地市场，坚持服务小微企业的市场定位；着力推进"一带一群、一带一圈、一带一链"批量营销模式，推出"旺商贷""商人贷""益商贷""信惠贷"等特色金融产品；积极树立"客户不费时""费用不收取""审批不等待"的良好品牌形象；确立了"家庭稳固、经营稳定、投资稳健"的客户准入标准，采用"问人品、问流量、问用途"的信贷调查模式，强化信贷业务管理。

深圳前海微众银行隶属腾讯集团,其立足于"普惠金融为目标、个存小贷为特色、数据科技为抓手、同业合作为依托"的战略定位,服务于工薪阶层、自由职业者、进城务工人员以及小微企业和创业企业。深圳前海微众银行搭建国内首家"去 IOE 化"自主可控的科技平台,开创资金、客户、产品等资源共享的同业合作模式,推出多款惠及社会大众和小微企业的互联网金融产品,形成零售信贷类"微粒贷"、代销理财类"微众银行 APP"和嵌入生活服务场景的平台金融三大产品主线。

当时,由银监会监管的银行业金融机构还包括金融资产管理公司(华融、长城、东方和信达四大资产管理公司)、农村合作银行(共 71 家)、三种类新型农村金融机构(村镇银行、农贷公司和农村资金互助社)等。

第三节　中国银行业监管体系

金融是经济的核心,而银行又是现代金融体系的核心机构。考虑到银行的重要性、银行风险的易传染性和银行危机的破坏性,如何完善银行业监管、促进银行高效稳健经营、维护金融安全,一直以来都是经济学界和监管当局关注的重大课题。

我国金融业的发展经历了从混业经营管理到分业经营管理的过程。改革开放以后,实行混业经营,银行可以经营信托、证券等业务。自 1992 年下半年起,房地产热和证券投资热引发了大量信贷资金入市,严重危及金融安全。于是,1993 年 7 月,政府开始整顿金融市场秩序,并在同年年底正式提出实行分业经营。1997 年亚洲金融危机后,我国的金融监管取得了长足进步,逐步形成了中国人民银行主要负责宏观调控、金融改革、金融市场发展和金融稳定,银监会、证监会、保监会分别负责银行业、证券业、保险业微观监管的分业监管格局。它对维护金融体系安全稳定、保护金融消费者合法权益、创造公平竞争的金融市场环境发挥了重要保障作用。2018 年 4 月,中国银行保险监督管理委员会(简称银保监会)正式挂牌,不再单设银监会和保监会。

一、银行业监管的含义和具体模式

银行业监管实质上就是银行监督(Bank Supervision)和银行管制(Bank Regulation)两个名词的合称,它是指一个国家或地区的监管当局依据国家法规制度的授权对银行市场运行状况进行全面系统监测,以维护市场秩序和防范市场风险,同时对银行机构实施全面的、经常性的检查和督促,并以此促进银行稳健高效地运营。从国际银行业监管的实践来看,银行业监管的具体方式有四种:一是政府对银行采取的外部监管;二是银行机构的自控监管,即银行建立起自我约束的管理机制;三是行业自律监管;四是社会监管,即依靠社会机构,包括审计事务所、工商事务所、税务师事务所、律师事务所、会计师事务所等和社会公众及社会舆论对金融机构进行的检查监督。一般我们讨论的银行业监管,多数是指第一种,就是政府对银行的外部监管,其他监管方式只是作为补充。

在世界范围内,银行业监管有着共同的标准——《巴塞尔协议》。《巴塞尔协议》是国际清算银行(BIS)的巴塞尔银行业条例和监督委员会的常设委员会——巴塞尔委员会于瑞士的巴塞尔通过的一系列关于统一国际银行的资本计算和资本标准的协议的简称。该协议第一次建立了一套完整的、国际通用的、以加权方式衡量表内与表外风险的资本充足率标准,有效地扼制了与债务危机有关的国际风险。1988 年 7 月推出的《巴塞尔协议Ⅰ》和 2004 年 6 月推出的《巴塞尔协议Ⅱ》一度被国际银行业监管者作为监管实践的标杆,然而其缺点也在 2008 年全球金融危机中暴露无遗。基于此,巴塞尔委员会提出了一系列修订方案,于 2010 年 12 月推出《巴塞尔协议Ⅲ》,并于 2011 年正式实施。《巴塞尔协议Ⅲ》旨在从银行个体和金融系统两方面加强全球金融风险监管。在单个银行实体(微观审慎)层面,意图提高银行及其他金融机构在市场波动时期的恢复能力,使银行能够更好地抵挡经济金融风险的压力。其主要内容包括对原有资本监管要求的完善和流动性标准的建立。在整个金融体系(宏观审慎)层面,力求减少具有潜在系统重要性的银行对整个金融业的影响,以对全球长期金融稳定和经济增长起到支持作用。

我国自 2003 年银监会成立以来,积极参照巴塞尔协议精神和要求,不断完善银行监管。2007 年,银监会发布了《中国银行业实施新资本协议指导意见》,制定了分类实施、分层推进和分步达标的实施原则,表明我国在银行业监管上已和国际接轨。在《巴塞尔协议Ⅲ》颁布以后,为紧密结合国内银行业改革发展和监管实际,我国于 2011 年 5 月正式颁布《中国银行业实施新监管标准指导意见》,被业内称为"中国版巴塞尔协议Ⅲ",由此确立了中国银行业实施新监管标准的政策框架。该监管政策框架按照宏观审慎监管与微观审慎监管有机结合,监管标准统一性和分类指导统筹兼顾的总体要求,在资本充足率、杠杆率、流动性、贷款损失准备等方面提出了具体审慎的监管指标要求,并根据不同机构情况设置差异化的过渡期安排。总体来看,无论是抵御预期损失的拨备、抵御非预期损失的资本,还是杠杆率监管标准,中国的监管标准要求都要高于国际监管准则。

二、银行业监管的法律法规

银行业监管的目的主要是维护金融秩序的稳定、保障金融体系平稳运行、保护相关人权益等。要达到这些目标,完善、有效的法律体系是不可缺少的,是监管目标实现的有力保障。依法监管是银行业监管的重要原则。

经过多年的努力,我国在银行业监管方面制定了许多法律、法规和规章制度,这在一定程度上保障了银行业监管的合法性和有效性。目前,我国银行业监管领域的法律、法规包括《中华人民共和国中国人民银行法》(以下简称《中国人民银行法》)、《中华人民共和国银行业监督管理法》(以下简称《银行业监督管理法》)、《中华人民共和国商业银行法》(以下简称《商业银行法》)、《商业银行不良资产监测和考核暂行办法》《金融机构反洗钱规定》等。除此之外,我国银行业还有行业自律规范、司法解释和国际金融条约对法律、法规进行补充,如《商业银行合规风险管理指引》《股份制商业银行公司治理指引》等,使得银行业监管涵盖的范围更加广泛。

虽然我国目前关于银行业监管的法律、法规不少,但是存在相关法律、法规的操作性较差、立法层次较低等问题。例如,《中国人民银行法》和《商业银行法》对监管职权的规定过于原则化,缺乏可操作性。具体来讲,在《商业银行法》中的第五十九条、第六十条和第六十一条三个条文涉及银行内控制度的问题,但其规定过于原则化,且未对内部专门性的稽核检查途径予以规定,导致这些规定在实际的运行过程中无法落到实处。

李克强总理在 2016 年《政府工作报告》中提出:"加快改革完善现代金融监管体制,提高金融服务实体经济效率,实现金融风险监管全覆盖。"完善现代金融监管体制,核心是构建完善的监管法律体系和框架。今后,我国需从市场准入、信息披露、内部控制和市场推出等多方面进行相关法律、法规的完善,注重法律、法规的实施细则的制定,真正做到"有法可依、有法必依",提高我国银行业监管的有效性。

三、监管目标、监管原则与监管措施

(一)监管目标

《银行业监督管理法》的第一条指出,制定《银行业监督管理法》是为了"防范和化解银行业风险,保护存款人和其他客户的合法权益,促进银行业健康发展"。其第三条指出:"银行业监督管理的目标是促进银行业的合法、稳健运行,维护公众对银行业的信心。银行业监督管理应当保护银行业公平竞争,提高银行业竞争能力。"这两条都可以看作是对银行业进行监管的目标。

(二)监管原则

银行业监督管理机构对银行业实施监督管理,应当遵循的监管原则一般包括以下五个方面。

第一是依法、公开、公正和效率的原则。

依法原则是指银行业监管机构的监管职权源于法律,并应严格依据法律行使其监管职权,履行监管职能。

公开原则是指对银行业的监督管理行为除依法应当保守秘密的以外,都应当向社会公开的原则。这一原则主要包括两方面内容:一是信息的公开披露,这些信息包括监管立法、政策、标准、程序等方面的信息,银行业金融机构依法应当向社会公开的信息,必须公

开的金融风险信息,监管结果的信息,等等;二是监管行为的公开,即监管机关的监管行为、行政执法行为都应当按照法定程序公开进行。

公正原则是指所有依法成立的银行业金融机构具有平等的法律地位,监管机关应当依法监管,平等地对待所有的被监管对象的原则。这一原则既包括实体公正也包括程序上的公正。

效率原则是指监管机关在监管活动中应合理配置和利用监管资源,提高监管效率,降低监管成本,并在法律规定的期限内完成监管任务的原则。

第二是独立监管原则。

独立监管原则是指银行业监督管理机构及其监管工作人员依法独立履行监督管理职责,受法律保护,地方政府、各级政府部门、社会团体和个人不得干涉。在我国现阶段的社会文化和政治、经济体制下,坚持这一原则尤为重要。

第三是审慎监管原则。

审慎监管原则是各国银行业监管实践的通行原则,是指银行业监督管理机构应当以认真谨慎的态度对银行的资本充足性、流动性、风险管理、内部控制机制等方面制定标准并进行有效的监督和管理的原则。

第四是协调监管原则。

协调监管原则是指在中央银行、银行业监管机构、证券业监管机构、保险业监管机构之间建立协调合作、互相配合的机制。参与协调监管的各方就维护金融稳定、跨行业监管、重大监管事项等问题定期进行协商,目的在于衔接和协调货币政策以及对银行业、证券业、保险业的监管政策,避免出现监管真空和重复监管,提高监管效率,从而维护整个金融体系的稳定、效率和竞争力。坚持这一原则对于我国目前的金融监管实践具有重要意义。

第五是跨境合作监管原则。

跨境合作监管是为了确保所有跨境银行都能得到其母国和东道国监管当局的有效监管,并且,跨境银行的母国和东道国监管当局之间应当建立合理的监管分工和合作,就监管的目标、原则、标准、内容、方法以及实际监管中发现的问题进行协商和定期交流。

(三)监督管理措施

银行业监督管理机构进行银行监管的措施主要有五项:市场准入、非现场监管、现场检查、监管谈话和信息披露监管。

1. 市场准入

银行业金融机构的市场准入主要包括三个方面:机构、业务和高级管理人员。机构准入是指批准金融机构法人或分支机构的设立和变更;业务准入是指批准金融机构的业务范围以及开办新的产品和服务;高级管理人员准入是指对金融机构董事及高级管理人员的任职资格进行审查核准。

2. 非现场监管

非现场监管是指银行业监督管理机构根据审慎监管的要求,通过收集与银行业金融机构经营管理相关的数据资料,运用一定的技术方法,研究分析银行业金融机构经营的总体状况、风险管理状况以及合规情况等,发现其风险管理中存在的问题,并对其稳健性进行评价的监管方式。《银行业监督管理法》第三十三条规定,银行业监督管理机构根据履行职责的需要,有权要求银行业金融机构按照规定报送资产负债表、利润表和其他财务会计、统计报表、经营管理资料以及注册会计师出具的审计报告。

3. 现场检查

现场检查是指银行业监督管理机构根据审慎监管的要求,监管人员通过实地查阅银行业金融机构经营活动的账表、文件、档案等各种资料和座谈询问等方法,对银行业金融机构的风险性和合规性进行分析、检查、评价和处理的一种监管手段。《银行业监督管理法》第三十四条规定,银行业监督管理机构根据审慎监管的要求,可以采取下列措施进行现场检查:①进入银行业金融机构进行检查;②询问银行业金融机构的工作人员,要求其对有关检查事项作出说明;③查阅、复制银行业金融机构与检查事项有关的文件、资料,对可能被转移、隐匿或者毁损的文件、资料予以封存;④检查银行业金融机构运用电子计算机管理业务数据的系统。进行现场检查的,应当经银行业监督管理机构负责人批准。现场检查时,检查人员不得少于2人,并应当出示合法证件和检查通知书;检查人员少于2人或者未出示合法证件和检查通知书的,银行业金融机构有权拒绝检查。

4. 监管谈话

银行业监督管理机构根据履行职责的需要,可以与银行业金融机构的董事、高级管理人员进行监管谈话,要求其就业务活动和风险管理的重大事项作出说明。监管谈话是介于非现场监管和现场监管之间的重要监管手段,它有利于监管部门在两次现场检查之间实际了解银行业金融机构的经营状况,预测其发展趋势,使监管部门可以持续跟踪监管,提高监管效率。《银行业监督管理法》第三十五条规定,银行业监督管理机构根据履行职责的需要,可以与银行业金融机构的董事、高级管理人员进行监督管理谈话。它要求银行业金融机构董事、高级管理人员就银行业金融机构的业务活动和风险管理的重大事项作出说明。

5. 信息披露监管

信息披露监管是指银行业监督管理机构要求银行业金融机构按照规定如实向社会公众披露财务会计报告、风险管理状况、董事和高级管理人员变更以及其他重大事项等信息。

四、银行业务监管内容

(一)负债业务监管

负债业务是形成商业银行资金来源的业务,是商业银行开展其他业务的基础。商业银行的负债业务包括储户的存款和银行的借入款,其中,存款是银行负债业务的主要来源。在我国商业银行中,存款占据银行负债业务的八成左右。因此,在监管层面上,负债业务监管也主要是针对商业银行存款业务的监管。

根据《商业银行法》第二十九条到第三十三条的规定,商业银行办理个人储蓄存款业务,应当遵循存款自愿、取款自由、存款有息、为存款人保密的原则。对个人储蓄存款,商业银行有权拒绝任何单位或者个人查询、冻结、扣划,但法律另有规定的除外。对单位存款,商业银行有权拒绝任何单位或者个人查询,但法律、行政法规另有规定的除外;有权拒绝任何单位或者个人冻结、扣划,但法律另有规定的除外。在存款利率上,商业银行应当按照中国人民银行规定的存款利率的上下限,确定存款利率,并予以公告。此外,商业银行应当按照中国人民银行的规定,向中国人民银行交存存款准备金,留足备付金。商业银行应当保证存款本金和利息的支付,不得拖延、拒绝支付存款本金和利息。

(二)资产业务监管

资产业务是商业银行运用获取的资金,从事各类信用活动,获得收益的行为。商业银行的资产包括非营利性资产——现金资产和营利性资产——贷款和投资。对于银行而言,需要追求流动性、安全性和营利性的统一。因此,银行需要合理安排资产业务中现金、贷款和投资业务的比例,以保障其安全性和营利性。对于监管部门而言,需要对贷款等业务进行明确约束和管制,以保障借款人资金的安全回收和金融体系安全,因此,其监管核心是贷款业务监管。

在《商业银行法》中,明确提到商业银行开展信贷业务,应当严格审查借款人的资信,实行担保,保障按期收回贷款,具体包括商业银行贷款应当对借款人的借款用途、偿还能力、还款方式等情况进行严格审查。商业银行贷款应当实行审贷分离、分级审批的制度。具体到担保,商业银行应当对保证人的偿还能力,抵押物、质物的权属和价值以及实现抵押权、质权的可行性进行严格审查。经商业银行审查、评估,确认借款人资信良好,确能偿还贷款的,可以不提供担保。此外,商业银行应当按照中国人民银行规定的贷款利率的上下限,确定贷款利率。

具体到指标监管上,商业银行贷款应当遵守下列资产负债比例管理的规定:①资本充足率不得低于8%;②流动性资产余额与流动性负债余额的比例不得低于25%;③对同一借款人的贷款余额与商业银行资本余额的比例不得超过10%;④国务院银行业监督管理机构对资产负债比例管理的其他规定。[①] 为保障贷款的合规使用,要求银行不得向关系人(关系人是指:①商业银行的董事、监事、管理人员、信贷业务人员及其近亲属;②前项所列人员投资或者担任高级管理职务的公司、企业和其他经济组织)发放信用贷款;向关系人发放担保贷款的条件不得优于其他借款人同类贷款的条件。此外,按照我国分业经营、专门监管的金融经营管理体制,商业银行在中华人民共和国境内不得从事信托投资和证

---

① 数据引自《中华人民共和国商业银行法》(2015 版)。

券经营业务,不得向非自用不动产投资或者向非银行金融机构和企业投资(国家另有规定的除外)。

随着我国利率市场化的推进,银行业监管的硬性指标也不断完善,如将传统的存贷比指标监管改为流动性指标监管。同时,针对新形势和新业务适时提出新的资产业务监管要求。2016年,银监会针对银行业规定信贷资产收益权转让,按照原信贷资产全额计提资本,并且要走信托通道(银监会2016年82号文),同时针对理财市场的快速发展和杠杆化加重的局面,划分其投资范围,限制产品杠杆,并且明确限定银行理财对接非标债权资产的通道为信托。可以看出,我国银监会的政策取向非常明确,要强化监管深度,堵住信贷出表途径,将产品链条控制在银监会监管范围之内,推动银行投资朝安全化、阳光化方向转变。

(三)中间业务监管

根据《商业银行中间业务暂行规定》,中间业务是指在分业经营的原则下"不构成商业银行表内资产、表内负债,形成银行非利息收入"的业务,其又可称为金融服务类业务或表外业务,主要包括支付结算类业务、银行卡业务、代理类中间业务、担保类中间业务、承诺类中间业务、交易类中间业务、基金托管类中间业务和咨询顾问类业务8种类型。中间业务是商业银行的三大业务之一,是银行收入的重要来源。我国商业银行中间业务起步较晚,还处于起步阶段,多数银行中间业务收入在营业收入中的占比不足20%,远低于发达国家商业银行40%左右的比例。不过,我国商业银行的中间业务近年来增速较快,高于其他业务。同时,发展中间业务需要金融创新,而金融创新必然伴随着金融风险和金融监管。

为了规范商业银行开展中间业务的行为,我国监管部门相继出台了一些法律、法规来规范中间业务经营。2000年,中国人民银行颁布了《支付结算业务代理办法》和《商业银行表外业务风险管理指引》来规范银行之间支付结算业务代理行为和加强商业银行表外业务风险管理。2001年,中国人民银行颁布了《商业银行中间业务暂行规定》,允许商业银行开展不构成表内资产、表内负债的中间业务,以增加银行的非利息收入。此后,我国相关监管部门又陆续出台了《商业银行信息披露暂行办法》《商业银行服务价格管理暂行办法》《银行业监督管理法》《金融机构衍生产品交易业务管理暂行办法》《信贷资产证券化试点管理办法》《商业银行表外业务风险管理指引》等,进一步规范了中间业务监管。

以市场关注的表外业务为例,银监会根据市场发展变化,于2016年12月发布了《商业银行表外业务风险管理指引》修订稿,对2011年的版本进行了完善。根据2016年最新版的修订稿,商业银行开展表外业务,应当遵循以下原则:

(1)全覆盖原则。商业银行应当对表外业务实施全面统一管理,覆盖表外业务所包含的各类风险。

(2)分类管理原则。商业银行应当区分自营业务与代客业务;区分不同表外业务的性质和承担的风险种类,实行分类管理。

(3)实质重于形式原则。商业银行应当按照业务实质和风险实质归类和管理表外业务。

(4)内控优先原则。商业银行开办表外业务,应当坚持风险为本、审慎经营的理念,坚持合规管理、风险管理优先。

(5)信息透明原则。商业银行应当按照监管要求披露表外业务信息。

具体到治理架构、风险管理、信息披露和监督管理上,《商业银行表外业务风险管理指引》修订稿中也进行了明确规定,要求商业银行应当建立表外业务管理的治理架构。董事会对表外业务的管理承担最终责任,负责审批表外业务的发展战略、重要的业务管理和风险管理制度、风险限额、授权等;高级管理层承担表外业务的经营管理责任,负责执行董事会对于表外业务的决议,制订并组织实施表外业务的经营计划、政策流程、管理措施等,审批表外业务种类;监事会负责对董事会和高级管理层在表外业务管理中的履职情况进行监督评价。

在风险管理上,商业银行应当将表外业务纳入全面风险管理体系中,对所承担的信用风险、市场风险、操作风险、流动性风险、声誉风险以及其他风险及时识别、计量、评估、监测、报告、控制或缓释,并建立业务、风险、资本相关联的管理机制。在信息披露上,商业银行应当按照会计准则、监管规定以及委托协议的约定对表外业务情况进行信息披露。

信息披露的内容包括但不限于表外业务总体和各类表外业务的规模、结构、风险状况。在监督管理上,商业银行应当按照监管要求向银行业监督管理机构报送表外业务的经营管理和风险状况的信息、数据。商业银行应当定期向银行业监督管理机构报告表外业务发展和风险情况,至少每季度一次。报告内容包括但不限于表外业务规模、结构、风险状况、发展趋势、已采取的风险管理措施、潜在风险点和拟采取措施等内容。出现重大事件、风险事件的,应当及时报告。

(四)资本监管

资本是商业银行开展业务的基础,对银行的稳健性经营、盈利等方面有着重要影响,而资本监管是现代银行监管的核心。商业银行资本包括账面资本、监管资本和经济资本三个层次,我们重点关注的是监管资本,即商业银行能够满足监管当局要求和标准的资本。现在世界多数国家执行的都是巴塞尔委员会制定的《巴塞尔协议Ⅲ》。我国则根据《巴塞尔协议Ⅲ》的精神和要求,于2011年5月确立了银行业实施新监管标准的框架——《中国银行业实施新监管标准指导意见》。

《中国银行业实施新监管标准指导意见》中全面提高了银行监管标准,具体包括以下三方面内容。

第一,强化资本充足率监管。改进资本充足率计算方法,严格执行对核心一级资本的扣除规定,扩大资本覆盖的风险范围,采用差异化的信用风险权重方法,明确操作风险的资本要求。将现行的两个最低资本充足率调整为三个层次的资本充足率要求:一是明确三个最低资本充足率要求,即核心一级资本充足率、一级资本充足率和资本充足率分别不低于 5%、6% 和 8%。此核心一级资本充足率最低标准比《巴塞尔协议Ⅲ》中 4.5% 的最低标准要高出 0.5 个百分点。二是引入逆周期资本监管框架,包括 2.5% 的留存超额资本和 0～2.5% 的逆周期超额资本。三是增加系统重要性银行的附加资本要求,暂定为 1%。新标准实施后,正常条件下系统重要性银行和非系统重要性银行的资本充足率分别不得低于 11.5% 和 10.5%。

第二,改进流动性风险监管。新标准建立了流动性覆盖率、净稳定融资比例、流动性比例、存贷比以及核心负债依存度、流动性缺口率、客户存款集中度、同业负债集中度等多个流动性风险监管和监测指标,其中,流动性覆盖率、净稳定融资比例均不得低于 100%。

第三,强化贷款损失准备监管。新标准要求银行业金融机构改进贷款损失准备监管,贷款拨备率不低于 2.5%,拨备覆盖率不低于 150%。

中国银行业对资本监管的新标准自 2012 年 1 月 1 日起实施,系统重要性银行应于 2013 年年底前达标;对非系统重要性银行,监管部门将设定差异化的过渡期安排,并鼓励提前达标。盈利能力较强、贷款损失准备补提较少的银行业金融机构应在 2016 年年底前达标;个别盈利能力较低、贷款损失准备补提较多的银行业金融机构应在 2018 年年底前达标。

第四节　中国商业银行业务体系

一、业务分类

(一)理论分类

商业银行是从事存贷款、支付结算等各种类型业务的金融中介机构。对于商业银行的业务分类,理论上是从其资产负债表入手,将其划分为三大类业务:负债业务、资产业务和中间业务。具体来讲,负债业务是商业银行形成资金来源的业务,包括存款业务、借款业务(同业拆借、向中央银行借款、发行债券、其他借款等)。资产业务是商业银行运用资金的业务,包括现金资产(库存现金、在中央银行存款、存放同业存款、托收未达款等)、贷款(个人贷款和企业贷款等)和投资(其投资对象包括政府债券、央行票据、政策性金融债、公司债券、外汇投资、黄金投资等)业务。中间业务则是银行不需运用自己的资金,代客户承办支付和其他委托事项而收取手续费的业务,包括金融服务类中间业务(支付结算、银行卡、代理、基金托管、咨询顾问等)、金融担保类中间业务(银行承兑汇票、备用信用证、银行保函、贷款承诺等)和金融衍生产品交易业务(远期、期货、期权、互换等业务)。

（二）实践分类

在实践中,商业银行对业务的划分,往往是从服务对象和服务内容进行细分的。银行服务对象一般可分为个人、小微企业、大中型企业、政府部门、事业单位等。按照这种划分方式,发达国家一般把银行分为主要服务于个人和小企业的零售银行和面向公司和其他机构的批发银行。我国商业银行所称的"个人业务"其内涵并不完全相同,有的也和对小微企业的服务交叉在一起,而主要针对各种类型企业的批发业务一般也包括对非企业的机构团体等开展。在实践操作中,多数银行先将业务划分为个人业务和公司业务(或称企业业务),然后根据服务的内容对个人业务和公司业务做进一步细分。这里分别选取工商银行(代表五大银行)、招商银行(代表股份制商业银行)、上海银行(代表城市商业银行)和汇丰银行(代表外资银行)四家银行,简要介绍其业务分类(相关资料均来自官方网站)。

工商银行将业务板块划分为个人业务和企业业务两大板块。个人业务包括个人金融、电子银行、信用卡、贵金属、私人银行、金融市场、理财、基金、外汇、债券、保险和证券业务,每个业务下又有细致的划分。以个人金融为例,其具体业务包括个人贷款、投资理财、便利金融、跨境金融、存款服务、银行卡等业务。企业业务则包括企业电子银行、公司业务、机构金融、资产托管、养老金、投资银行和金融市场业务。其中,公司业务包括结算服务、贷款融资、企业理财、对公存款、财智国际、票据业务、小企业金融等业务。

招商银行的业务板块有三大类:个人业务、公司业务和信用卡业务(凸显了其信用卡业务的重要性和特色)。个人业务包括金葵花理财、私人银行、出国金融、个人贷款、空中银行、一卡通、财富账户、伙伴一生、电子银行、居家生活、储蓄业务、投资理财、网上个人银行等业务。公司业务包括现金管理、国内业务、国际业务、投资银行、离岸业务、资产托管、养老金金融、公司理财、融资租赁、同业金融、网上企业银行等业务。信用卡业务则专门单列出来,介绍其信用卡开户申请、积分奖励、优惠商户、分期付款购物、商旅预订等具体服务项目,并详细介绍了其不同类型的信用卡及其特点。

上海银行的业务分为个人业务、公司业务、中小企业业务、信用卡业务、电子银行业务五大类。个人业务主要包括理财产品(服务)、养老金融、个人贷款、借记卡、基金和保险、国债业务、贵金属、外汇业务、储蓄业务等。公司业务主要包括存款业务、融资业务、供应链金融业务、国际业务、投资银行业务、中间业务、同业业务、资金业务、托管业务、现金管理、结算业务等。中小企业业务也单列出来,是上海银行根据企业不同的成长阶段、行业属性、经营规模、信用资源等状况,为企业提供适合其实际需求与现实条件的金融解决方案,包括基础融资类、科技金融类、绿色金融类、综合金融服务类等。信用卡业务则主要介绍其面对不同客户的不同类型的信用卡产品。电子银行业务则是为个人和企业提供的网上银行、手机银行、电话银行等业务。

汇丰银行(中国)在业务划分上较为细致,包括银行服务(账户和借记卡)、借贷(住房贷款及信用卡)、投资(投资理财)、保险(产品及服务)、财富管理(规划和工具)等业务。银行服务业务包含内容较多,主要有卓越理财、运筹理财、借记卡、存款、多渠道银行服务方式、转账、外汇服务等。借贷业务主要有信用卡业务、个人住房贷款、个人消费贷款等。投资业务主要有多币种的投资理财、境外理财计划、代销各种基金等。保险业务包括子女教育、退休规划、家庭保障、财富管理增值、财富传承规划等。财富管理业务则主要是为高端客户提供各种财富管理工具。可见,外资银行由于其服务客户对象的限制,其业务类型以面对私人客户的零售类业务为主。

综上,银行业务在实践中基本上可分为零售业务和公司业务两大类,尤其是大银行,基本上是按照服务对象客户的特点进行分类的。对于一些中小规模的银行,出于突出其优势业务的目的,可能会把中小企业(或小微企业)业务单列,或者把信用卡业务单列,但从理论属性和实践操作来看,大多数银行还是会把对小微企业的业务和信用卡业务归为零售业务,而把对中等规模企业开展的业务归为公司业务类别。至于外资银行,由于其企业客户基础差,因此,当前一般以开展面对高净值私人客户的零售类业务为主。

除了零售业务和公司业务之外,在中国银行业的业务实践中,银行在国内外金融市场上综合运用各种原生和衍生金融工具进行本外币资金的投融资运作与交易的业务也日渐重要,这类业务一般被称为金融交易类业务。此外,大多数商业银行一般会设置单独的风险管理部门,来综合处置本行所面临的各种各样的风险,因此,风险管理实务也可以看作是一门单独的业务类型。

二、银行业务简介

本节将对上述三种类型业务进行简单介绍。在本书第二章到第四章,我们将更为详细地介绍商业银行开展的三类业务。

(一)零售银行业务

零售银行业务是银行为居民或小微企业提供的金融产品或服务,在银行内部一般被称为零售金融业务。随着我国经济发展和居民收入水平的提升,银行的零售业务从最初单一的存款竞争,发展为涵盖中间业务、负债业务、资产业务的零售业务体系。

零售资产业务包括抵押贷款、大额耐用消费品贷款、信用卡透支、小额信用贷款等。在我国,商业银行的零售资产业务以消费信贷为主,其中主要是住房按揭抵押贷款。自2003年我国实施扩大内需的刺激消费方针政策后,中国人民银行积极配合并出台了刺激消费的信贷政策,消费信贷规模整体增长较快,其中,住房消费信贷增速最快。住房商品化进程的加快,使得住房支出在居民消费支出中的比重增长迅速,居民购房多数选择住房抵押贷款。另外,由于商业银行在开展汽车消费贷款方面具有专业化的倾向,并且在独立经营在成本核算上具有比较明显的优势,商业银行汽车消费贷款业务发展较快。

商业银行的零售负债业务是银行吸收个人和家庭资金形成的银行负债,是商业银行重要的资金来源。在我国,零售负债在大型商业银行的负债中占据了近一半的比例。根据工商银行 2017 年年报,2017 年年底客户存款余额为 19.23 万亿元,其中,个人存款余额为 8.38 万亿元,所占比例为 43.6%。中小型商业银行零售负债业务的比重一般较大型银行为低。零售存款的形式从期限来讲有定期储蓄、活期储蓄等。

零售中间业务是指不构成商业银行表内资产、表内负债,形成银行非利息收入的业务,具体包括为客户办理收付、咨询、代理、担保和其他委托业务事项。银行在办理这些业务的过程中,不直接参与信用活动,不涉及自身资产负债,只提供相关金融服务,收取服务费,所以统称为中间业务。

(二)公司银行业务

公司银行业务是指商业银行以公司等具有公众性质的部门或单位为服务对象所开展的各类业务。公司银行业务的服务对象也包含诸如非公司制企业、机关团体、事业单位、政府部门等具有公众性质的单位,并不仅限于公司制企业。在商业银行内部有时也把公司银行业务称作公司金融业务、企业业务、对公业务、批发银行业务等。

公司银行业务可以按照是否形成资金来源、资金运用或是否占用银行自有资金的标准分为公司银行存款业务、公司银行贷款业务和公司银行中间业务等不同类型。商业银行经营实务中,一般是根据产品部门设置来进行公司银行业务的分类,此种分类包括现金管理业务、交易银行业务、投资银行业务、资产托管业务、养老金业务等不同类型。

(三)金融市场交易业务

商业银行的金融市场交易业务是在传统存贷市场之外,综合运用利率、汇率、信用、商品、权益等构成的原生及衍生金融工具,通过在国内外金融市场上进行本外币资金的投融资运作与交易,满足客户和商业银行自身的投融资、交易与避险需求的一种新兴业务。金融市场交易业务一般包括货币市场业务、债券交易业务、外汇交易业务、贵金属及大宗商品业务等。

货币市场一般可以分为同业拆借市场、债券的回购和现券交易市场、短期债券市场、大额可转让存单市场、票据流通和贴现市场等。本书第四章第二节主要介绍商业银行所从事的同业拆借业务和债券回购业务。债券交易也称现券交易,是一种即期债券买卖行为,交易双方以债券为交易标的,一方付出资金,另一方出让债券,交易达成后约定在当日或次日转让债券所有权的交易行为。第四章第三节将介绍交易账户和银行账户的债券交易业务以及利率和信用衍生品交易业务等。第四章第四节将介绍外汇交易业务。外汇交易业务是商业银行为服务客户需求或调节自身外汇头寸而进行的货币兑换业务。外汇交易业务主要按照期限分为即期、远期、择期、掉期等交易,也包括利率互换、货币互换、货币期权等业务。基础商品交易类业务是商业银行主要向企业客户开发的、用于其对基础商品的市场价格风险波动进行对冲的一类业务,一般仅进行现金交割,不涉及实物交割。基础商品的主要类型是贵金属、基本金属、能源产品、矿产品、农产品等。

■ 复习思考题 ■

1. 查找相关资料,了解我国近代以来银行业发展变迁的历史。

2. 查找相关资料和文献,了解我国改革开放之后银行业的发展和改革路径。

3. 我国的政策性银行有哪几家?它们的业务体系和商业银行的区别有哪些?

4. 民营银行是刚兴起的银行业金融机构,结合课本所介绍民营银行的概念,请查找其他民营银行并简要介绍其发展状况。

5. 国际银行业监管,从《巴塞尔协议Ⅱ》到《巴塞尔协议Ⅲ》,在监管要求上有哪些变化?

6. 在商业银行资产业务监管中,我国在资产负债比率方面有哪些具体规定?

7. 在实践中,商业银行业务体系一般是如何划分的?

8. 根据一定标准,选取三家能够代表中国银行业的商业银行,查找相关资料,对比分析其是如何对业务体系进行分类的,并说明其分类的理由。

9. 任意选取一家银行,了解其各项具体业务的含义。

10. 2018年4月8日,中国银行保险监督管理委员会正式挂牌成立。这是我国深化金融监管体制改革的一次有益尝试,有助于强化综合监管、优化监管资源配置,是建立符合现代金融特点、统筹协调、有力有效的现代金融监管框架的一项重要举措。结合本章所涉监管知识,讨论我国金融监管发展的方向及银行业监管的重点。

第二章 零售银行业务

在大多数银行的业务中,零售业务都是银行的主体业务。零售业务具有客户数量多、风险低、业务分散和利润稳定的特点,可以相对较好地规避系统性风险,已成为商业银行业务竞争的重点。尤其是随着企业"金融脱媒"的发展,零售银行业务的重要性进一步提升,国际上许多商业银行巨头已成功转型为零售银行,零售银行业务也成为其业务中心和盈利中心。我国商业银行零售业务相对起步较晚,但也已初具规模,不少银行明确提出了零售银行和社区银行的目标。随着金融市场发展和居民财富的不断增长,零售业务发展将更为迅速。

在实践中,商业银行出于自身发展经营规划和零售银行业务特点,对其分类有所不同。总体来讲,零售银行业务服务按功能不同可分为个人业务和理财业务。个人业务包括储蓄、银行卡、代理业务、外汇兑换等。理财业务包括财务顾问、消费信贷、信息咨询等。本章将对零售储蓄业务、个人理财业务、零售信贷业务、银行卡零售业务、零售代理类业务和其他零售业务分别进行介绍。

第一节 零售储蓄业务

零售储蓄业务是商业银行最传统的业务。从银行运营角度来讲,个人或小微企业等在银行的存款为外来资金,其办理存款的业务在银行业务中属于负债业务,故又称零售负债业务。站在储蓄者的角度来讲,个人或小微企业在银行的存款为储蓄方式,因此,通常我们称这种业务为零售储蓄业务。

1982 年版的《中华人民共和国宪法》第十三条规定:"国家保护公民的合法收入、储蓄、房屋和其他合法财产的所有权。"这体现出我国对居民储蓄的鼓励和保护。储蓄机构在办理储蓄业务时,必须遵循"存款自愿、取款自由、存款有息、为储户保密"的原则,这些原则有效地保障了储蓄业务的发展。自 2012 年我国利率市场化加速以来,存款利率的浮动范围先是从基准存款利率的 1.1 倍扩大到 1.5 倍,然后直接取消了存款利率上限。目前,我国储蓄存款的利率市场化已经完成,不同商业银行之间的储蓄存款利率差异逐渐显现出来,零售储蓄业务市场的竞争也更为激烈。在我国商业银行实务中,零售储蓄业务主要包括活期储蓄、定期储蓄、定活两便储蓄、通知储蓄、教育储蓄和其他储蓄(个人支票、大额存单等)。

一、活期储蓄

活期储蓄又称活期存款,是一种不限存期,凭银行卡或存折及预留密码可在银行营业时间内通过柜面或通过银行自助设备随时存取现金的服务。对于存款金额,基本不受限定,多数商业银行规定人民币活期存款 1 元起存,外币活期存款起存金额为不低于 20 元人民币的等值外汇。这种储蓄适合个人生活零用钱和暂时不使用的资金。

活期存款的资金主要来自个人收入结余、小微企业的日常开支和其他闲置资金,因此,其在储蓄上比较灵活方便,存取频繁,以借记卡或活期存折形式较多,可以通过 ATM、自动存款机和营业网点办理。由于其存取不定和存取频繁等特点,活期储蓄的利率也较低。如表 2-1 所示,在 2016 年 11 月的各银行存款利率中,大多数银行活期存款的基准利率为 0.35%,实践中,各家商业银行基本都是按照基准利率执行,个别银行略微上浮到 0.4% 左右。

表 2-1　2016 年 11 月各银行活期存款和定期存款实际利率

银行名称	活期存款	定期存款					
		3 个月	半年	1 年	2 年	3 年	5 年
中国人民银行	0.35%	1.1%	1.3%	1.5%	2.1%	2.75%	—
工商银行	0.3%	1.35%	1.55%	1.75%	2.25%	2.75%	2.75%

（续表）

银行名称	活期存款	定期存款					
		3个月	半年	1年	2年	3年	5年
农业银行	0.3%	1.35%	1.55%	1.75%	2.25%	2.75%	2.75%
建设银行	0.3%	1.35%	1.55%	1.75%	2.25%	2.75%	2.75%
中国银行	0.3%	1.35%	1.55%	1.75%	2.25%	2.75%	2.75%
交通银行	0.3%	1.35%	1.55%	1.75%	2.25%	2.75%	2.75%
招商银行	0.35%	1.35%	1.55%	1.75%	2.25%	2.75%	2.75%
浦发银行	0.3%	1.5%	1.75%	2%	2.4%	2.8%	2.8%
上海银行	0.35%	1.5%	1.75%	2%	2.4%	2.75%	2.75%
徽商银行	0.35%	1.43%	1.69%	1.95%	2.73%	3.33%	4%
邮政储蓄银行	0.35%	1.35%	1.31%	2.03%	2.5%	3%	3%
兴业银行	0.3%	1.5%	1.75%	2%	2.75%	3.2%	3.2%
泉州银行	0.42%	1.944%	2.232%	2.52%	3.055%	3.9%	4.225%
厦门银行	0.385%	1.21%	1.43%	1.8%	2.52%	3.3%	3.3%
中信银行	0.3%	1.5%	1.75%	2%	2.4%	3%	3%
平安银行	0.3%	1.5%	1.75%	2%	2.5%	2.8%	2.8%
华夏银行	0.3%	1.5%	1.75%	2%	2.4%	3.1%	3.2%
北京银行	0.35%	1.505%	1.765%	2.025%	2.5%	3.15%	3.15%
宁波银行	0.3%	1.5%	1.75%	2.025%	2.6%	3.1%	3.3%
广发银行	0.3%	1.5%	1.75%	2%	2.4%	3.1%	3.2%

数据来源:银行信息港。

活期存款的操作较为便捷,基本操作流程为:①开户。客户若办理活期存款开户,需持本人有效身份证件到营业网点办理。②存款。持有银行发行的各类银行卡或存折到营业网点即可办理存款。如果能提供本人或他人的卡号或存折号,也可办理无卡(折)存款(需出示身份证件)。③取款。持银行卡或存折到营业网点即可办理取款,如果取款金额超过一定金额(如中国银行为20万元),必须至少提前一天与取款网点预约。若持银行卡(不含贷记卡和国际借记卡)在ATM上取款,当天取款最高限额为2万元。

二、定期储蓄

定期储蓄又称定期存款,是指客户约定存款期限,一次或者在存款期限内按期分次存入本金,整笔或分期分次支取本息的一种储蓄方式,实践中许多银行将定期储蓄业务称为定期一本通,以此来为客户提供综合性、多币种的定期存款服务。定期存款按照存取方式不同,可分为整存整取、零存整取、存本取息、整存零取等种类。

整存整取定期存款是指在存款时约定存期,一次存入本金,全部或部分支取本金和利息的服务。人民币整存整取定期存款一般为50元起存,多存不限,其存期分为3个月、半年、1年、2年、3年和5年。零存整取定期存款是指客户按月定额存入,到期一次支取本息的服务。零存整取定期存款为5元人民币起存,多存不限。零存整取定期存款的存期分为1年、3年和5年。存款金额由客户自定,每月存入一次。存本取息定期存款是指存款本金一次存入,约定存期及取息期,存款到期一次性支取本金,分期支取利息的服务。存本取息定期存款为5 000元起存。存本取息定期存款存期分为1年、3年和5年。存本取息定期存款取息日由客户开户时约定,可以1个月或几个月取息一次;取息日未到不得提前支取利息;取息日未取息,以后可随时取息,但不计复息。整存零取定期存款是指在存款时约定存期及支取方式,一次存入本金,分次支取本金和利息的服务。整存零取定期存款为1 000元人民币起存,整存零取定期存款的存期分为1年、3年和5年。

定期存款的特点有:一是存期较长且稳定,利于银行长期使用资金;二是存取较为便捷,手续简便;三是对于存款人来说,安全性较高,收益率也不错,远高于活期存款。如表2-1所示,以1年期存款利率为例,2016年11月各商业银行存款利率显著高于中国人民银行的基准利率水平——1.5%。五大银行和招商银行等股份制银行1年期利率为1.75%,规模较小的商业银行利率均在2%以上,最高的为泉州银行2.52%。

定期存款按照约定期限和方式存取本息,若需要提前支取,则需遵循以下规定:①储户提前支取时,柜员需审核存款人身份证明或具有同等法律效力的证件,要求储户在存单或取款拼条上背书证件名称、号码等并签章;②委托他人代取时,除审核身份证明、背书外,还要验证代取人证件;③办理存本提前支取时,要将储户已支取的定期利息从本息中一次性扣除。

三、定活两便储蓄

定活两便储蓄,顾名思义既有定期之收益,又有活期之便利;储户在存款时,不必约定存款时间,银行根据客户的实际存款时间按规定计息;存款利率按照同期同档整存整取利率打六折执行;开户最小金额为50元人民币或外币等值10美元,适合工作繁忙、资金使用不稳定的客户使用。从其服务性质上来讲,定活两便储蓄相当于智能理财,省去经常管理账户的麻烦,省时省心,并能高效地管理现金,满足定期存款收益与活期存款便利的双重需要。

 **实例 2-1**

中国银行定活两便储蓄产品

产品名称

定活两便

产品说明

定活两便是指客户在存款时,不约定存期,可以随时支取,利率随存期的长短而变化的储蓄存款。它兼具定期之利、活期之便,不受存取限制,方便客户理财。

利息计算

(1) 存期不足 3 个月的,按支取日挂牌的活期储蓄利率计付利息;

(2) 存期 3 个月以上(含 3 个月),不满半年的,整个存期按支取日定期整存整取 3 个月利率打六折计息;

(3) 存期半年以上(含半年)不满 1 年的,按支取日定期整存整取半年期利率打六折计息;

(4) 存期在 1 年以上(含 1 年),无论存期多长,整个存期一律按支取日定期整存整取 1 年期利率打六折计息。

适用对象

(略)

办理流程

(略)

提交证件

(略)

温馨提示

(1) 个人定活两便存款开办的货币为:人民币、美元、日元、欧元、英镑、港币、澳大利亚元、加拿大元、瑞士法郎、新加坡元。

(2) 不可部分提前支取。

(3) 个人定活两便存款可以办理存单或定期一本通。

(4) 个人定活两便存款起存金额为 50 元人民币或外币等值 10 美元。

资料来源:中国银行官方网站①。

四、通知储蓄

通知储蓄又称通知存款,是存入款项时不约定存期,但约定支取存款的通知期限,支取时按约定期限提前通知银行,约定支取存款的日期和金额,凭存款凭证支取本金和利息

---

① 本书引用各商业银行官方网站业务产品实例,如无特别说明,实例产品说明的选取时间均为 2017 年 2 月。

的服务。个人通知存款不论实际存期多长,按存款人提前通知的期限长短划分为1天通知存款和7天通知存款两个品种。1天通知存款必须提前一天通知约定支取存款,7天通知存款则必须提前7天通知约定支取存款。通知存款的币种为人民币、港币、英镑、美元、日元、欧元、瑞士法郎、澳大利亚元、新加坡元等,各家银行可办理业务的币种略有不同。

通知存款收益相对较高,资金支取灵活。客户不仅可获得高于活期存款的利率,并且可以随时支取存款。客户可按最短7天(7天通知存款)或1天(1天通知存款)为周期对通知存款的本金和利息进行自动滚存,并可根据实际需要定制通知存款转账周期和存期。客户还可约定在通知存款存期结束后将本金和利息自动转存为定期存款。计息方式一般是按支取日挂牌公告的相应利率水平和实际存期计息,利随本清。不满足通知存款条件的按照活期存款利率计算利息。

通知存款有最低存款金额限制,为5万元人民币(含),外币通知存款的最低存款金额各地区略有不同,约为等值5万元人民币(含)。本金一次存入,可一次或分次支取。取款时,已办理通知手续而提前支取或逾期支取的,支取部分按活期存款利率计息;已办理通知手续而不支取或在通知期限内取消通知的,通知期限内不计息;部分提取通知存款时,每次提取的金额应大于通知存款的最低起存金额,即5万元人民币(含)或等值外币。提前支取时,如提前支取通知存款,所支取的部分,将按活期存款利率计算利息。

五、教育储蓄

教育储蓄是一种城乡居民为其本人或其子女接受非义务教育(指九年义务教育之外的全日制高中、大中专、大学本科、硕士和博士研究生)而储蓄资金的一种存款。教育储蓄是一种特殊的零存整取定期储蓄存款,享受优惠利率,更可获取额度内利息免税。按照国家相关政策规定,教育储蓄的利息收入可凭有关证明享受免税待遇。本金逐月存储,每月存入固定金额,到期时客户凭存折及学校提供的正在接受非义务教育的学生证明(必须是当年有效证明,且一份证明只能享受一次利率优惠)一次支取本息。教育储蓄存期分为1年、3年和6年。教育储蓄最低为50元起存,每户本金最高限额为2万元。教育储蓄是典型的积少成多的储蓄产品,适合为子女积累学费,培养理财习惯。

 **实例2-2**

工商银行人民币教育储蓄产品

服务简介

教育储蓄是指为接受非义务教育积蓄资金,实行优惠利率,分次存入,到期一次支取本息的服务。

开户对象

开户对象为在校小学四年级(含四年级)以上学生。

存期与起点金额

教育储蓄存期分为 1 年、3 年和 6 年。教育储蓄 50 元起存,每户本金最高限额为 2 万元。

服务特色

(1) 税务优惠:按照国家相关政策规定,教育储蓄的利息收入可凭有关证明享受免税待遇。

(2) 积少成多:适合为子女积累学费,培养理财习惯。

计息规定

(1) 1 年期、3 年期教育储蓄按开户日同期同档次整存整取定期储蓄存款利率计息;6 年期按开户日 5 年期整存整取定期储蓄存款利率计息。遇利率调整,不分段计息。

(2) 客户按约定每月存入固定金额,中途如有漏存,应在次月补齐,未补存者按零存整取定期储蓄存款的有关规定办理。

(3) 提前支取,教育储蓄提前支取时必须全额支取。提前支取时,客户能提供"证明"的,按实际存期和开户日同期同档次整存整取定期储蓄存款利率计付利息,并免征储蓄存款利息所得税;客户未能提供"证明"的,按实际存期和支取日活期储蓄存款利率计付利息,并按有关规定征收储蓄存款利息所得税。

(4) 逾期支取,其超过原定存期的部分,按支取日活期储蓄存款利率计付利息,并按有关规定征收储蓄存款利息所得税。

(5) 人民币教育储蓄存款采用积数计息法计算利息。

资料来源:中国工商银行官方网站。

六、其他储蓄

除了上述储蓄产品以外,商业银行还依据国家规定,相应地办理其他储蓄产品,如个人大额存单、活期支票储蓄、储蓄旅行支票、保值定期储蓄、个人外汇储蓄等储蓄产品。以个人大额存单为例,个人大额存单是面向个人客户的记账式大额存款凭证,是存款类金融产品,属一般性存款。个人大额存单为人民币标准类固定利率大额存单,包括 1 个月、3 个月、6 个月、9 个月、1 年、18 个月、2 年、3 年和 5 年共 9 个期限。通常来讲,各期限产品的购买起点金额均不低于 20 万元人民币。

实例 2-3

平安银行个人大额存单

产品简介

个人大额存单是我行面向个人客户发行的、以人民币计价的电子记账式大额存款凭证,是我行个人存款类产品,属一般性存款。

个人大额存单采用标准期限的产品形式,包括1个月、3个月、6个月、9个月、1年、18个月、2年、3年和5年共9个期限。各期限产品的购买起点金额均不低于20万元人民币。

个人大额存单按期发售,每期产品的起点金额、期限、对应利率等信息详见我行门户网站相关产品公告。

产品特色

(1)收益性好:利率一般较同期限定期存款更高,收益有保障。

(2)安全性强:属存款产品,保本保收益,纳入存款保险范围,安全可靠。

(3)流动性好:可办理全部/部分提前支取(当期产品说明书有特别约定的除外),满足临时性用款需求,更有转让、质押等功能陆续推出。

(4)灵活性足:多期限选择,可满足客户多元化配置需求。

办理流程

在我行开立有效借记卡的客户,可持本人有效身份证及借记卡在我行网点柜面或通过个人网上银行等渠道办理购买和查询。

资料来源:平安银行官方网站。

第二节　个人理财业务

2004年2月,光大银行发行了第一只面向零售客户的外币理财产品——中国光大银行阳光理财A计划产品,由此拉开了银行理财进入千家万户的序幕。2005年9月,银监会发布的《商业银行个人理财业务管理暂行办法》和《商业银行个人理财业务风险管理指引》成为银行理财的主要监管框架和政策依据。在此后十几年间我国商业银行对个人客户和对公司客户提供理财服务的市场快速发展,2016年年底其市场规模估计达29.54万亿元之巨。对个人客户而言,理财产品由于其收益率更高、期限更灵活,因此,理财产品在一定程度上替代了原先的存款业务。

一、个人理财业务的分类和发展概述

根据2016年7月银监会发布的《商业银行理财业务监督管理办法》(征求意见稿)的相关规定,理财业务是指商业银行接受客户委托,按照与客户事先约定的投资计划和收益与风险承担方式,为客户提供的资产管理服务。

(一)个人理财业务的分类

对于理财产品的分类,主要有以下几种:

（1）按照是否保证产品本金兑付，商业银行理财产品可以分为保本型理财产品和非保本型理财产品。保本型理财产品是指商业银行按照约定条件向客户保证本金支付的理财产品。保本型理财产品可以分为保本浮动收益型理财产品和保证收益型理财产品。保本浮动收益型理财产品是指商业银行按照约定条件向客户承诺支付本金，本金以外的投资风险由客户承担，并根据实际投资收益情况确定客户实际收益的理财产品。保证收益型理财产品是指商业银行按照约定条件向客户承诺支付固定收益，并承担由此产生的投资风险，或者商业银行按照约定条件向客户承诺支付最低收益并承担相关风险，其他投资收益由银行和客户按照合同约定分配，并共同承担相关投资风险的理财产品。保证收益型理财产品中承诺的高于商业银行本行同期储蓄存款利率的保证收益率或最低收益率，应当是对客户有附加条件的保证收益率或最低收益率。所称附加条件可以是对理财产品期限调整、币种转换、最终支付货币和工具的选择权利等，附加条件产生的投资风险应当由客户承担。商业银行不得无条件向客户承诺高于本行同期储蓄存款利率的保证收益率或最低收益率，不得承诺或变相承诺除保证收益或最低收益以外的任何可获得收益。非保本型理财产品是指商业银行按照约定条件和实际投资收益情况向客户支付收益，不保证本金支付和收益水平的理财产品。

（2）按照收益表现方式的不同，商业银行理财产品可以分为净值型理财产品、预期收益率型理财产品和其他收益型理财产品。净值型理财产品是指在存续期内定期或不定期披露单位份额净值的理财产品。预期收益率型理财产品是指在发行时披露预期收益率或预期收益率区间的理财产品。其他收益型理财产品是指在发行和存续期内不向投资者披露预期收益率、预期收益率区间或者产品单位份额净值，在产品终止时计算并向投资者披露实际收益的理财产品。

（3）按照存续期内是否开放，商业银行理财产品可以分为封闭式理财产品和开放式理财产品。封闭式理财产品是指有确定到期日，且自产品成立日至终止日期间内，客户不得进行申购、赎回的理财产品。开放式理财产品是指自产品成立日至终止日期间内，客户可以按照协议约定的开放日和场所，进行申购、赎回的理财产品。开放式理财产品可以有确定到期日期，也可以无确定到期日期。

（4）按照是否挂钩衍生产品，商业银行理财产品可以分为结构性理财产品和非结构性理财产品。结构性理财产品是指理财产品本金或部分本金投资于存款、国债等固定收益类资产，同时以不高于以上投资的预期收益和剩余本金投资于衍生产品，并以投资交易的收益为限向客户兑付理财产品收益的理财产品。非结构性理财产品是指除结构性理财产品之外的理财产品。

（5）按照理财产品投资范围，商业银行理财产品可以分为基础类理财产品和综合类理财产品。基础类理财产品是指商业银行发行的可以投资于银行存款、大额存单、国债、地方政府债券、中央银行票据、政府机构债券、金融债券、公司信用类债券、信贷资产支持证券、货币市场基金、债券型基金等资产的理财产品。综合类理财产品是指在基础类理财产品投资范围基础上,还可以投资于非标准化债权资产、权益类资产和银监会认可的其他资产的理财产品。具备衍生产品交易资格的商业银行可以发行挂钩衍生工具的结构性理财产品,结构性理财产品的基础资产应当与衍生产品交易部分相分离,投资范围应当符合本行理财业务经营范围;衍生产品交易部分应当符合银监会关于衍生产品业务管理的相关规定。

(二)中国银行业理财市场的发展现状

《中国银行业理财市场报告(2017年)》中披露的信息显示,截至2017年年底,全国共有562家银行业金融机构有存续的理财产品数为9.35万只;理财产品存续余额为29.54万亿元,较年初增加0.49万亿元,比2016年少增5.06万亿元;同比增长1.69%,增速较去年同期下降21.94%。2017年,银行业理财市场累计发行理财产品25.77万只,累计募集资金173.59万亿元。截至2017年年底,金融同业类产品①存续余额为3.2万亿元,占全部理财产品存续余额的11%。金融同业类产品存续余额较年初大幅减少3.4万亿元,降幅为51.13%;占比较年初下降11.88%。

2017年,全国共有591家银行业金融机构发行了理财产品,共发行25.77万只,平均每月新发行产品2.15万只,累计募集资金173.59万亿元。

从资产配置情况来看,债券、银行存款、拆放同业及买入返售等标准化资产是理财资金配置的主要资产,截至2017年年底,共占理财产品投资余额的67.56%,其中,债券资产配置比例为42.19%。

新发行理财产品风险等级总体较低。2017年,风险等级为"二级(中低)"及以下的理财产品募集资金总量为144.51万亿元,占全市场募集资金总量的83.25%;而风险等级为"四级(中高)"和"五级(高)"的理财产品募集资金量为0.28万亿元,仅占0.16%。

从投资者类型来看,截至2017年年底,一般个人类产品存续余额为14.60万亿元,占全部理财产品存续余额的49.42%;高资产净值类产品存续余额为2.91万亿元,占全部理财产品存续余额的9.85%;私人银行类产品存续余额为2.28万亿元,占全部理财产品存续余额的7.72%;机构专属类产品存续余额为6.50万亿元,占全部理财产品存续余额的22.01%;金融同业类产品存续余额为3.25万亿元,占全部理财产品存续余额的11%。截至2017年年底,面向个人投资者发行的一般个人类、高资产净值类、私人银行类等理财产品存续余额占全部理财产品存续余额的66.99%。

二、开放式理财产品

开放式理财产品的基本特点是可以自由赎回,限制较少,因此,收益率相对也比较低,

---

① 金融同业类产品是指专门面向银行业、证券业、保险业等金融机构销售的理财产品。

最大的优势是流动性好,方便投资者资金的随时需求。由于开放式理财产品流动性强的特点,适合现金管理、家庭临时资金管理等,其发展较为迅速。

基于开放式理财产品的市场规模,许多商业银行推出了各具特色的开放式理财产品,例如,浦发银行的"天添盈"、"周周享盈"、"月月享赢"、"季季享赢",招商银行的"日日金"、"安心回报"等,兴业银行的"现金宝",光大银行的"活期宝"、"活期盈",建设银行的"乾元"理财产品[包括"乾元—日鑫月溢"(按日)开放式资产组合型人民币理财产品和"乾元—日日鑫高"(按日)开放式资产组合型人民币理财产品等开放式理财产品及"乾元—享"系列],广发的"盆满钵盈"系列,交通银行的"得利宝天添利"系列等,市场产品十分丰富。

具体到理财产品的投资配置上,债券、银行存款、非标准化债权类资产是理财产品主要配置的前三大类资产。首先,债券作为一种标准化的固定收益资产,是理财产品重点配置的资产之一,其比重依然高居首位;其次,是现金及银行存款。债券包括利率债(包括国债、地方政府债、央票、政府支持机构债券和政策性金融债)和信用债两类。具体到开放式理财产品,主要投资配置中,债券包括国债、地方政府债、金融债、中央银行票据、短期融资券、超短期融资券、中期票据、非公开定向融资工具、公司债、企业债、交易所债券、可转债、资产支持证券等;货币市场工具包括现金、同业拆借、同业存款、同业借款、债券质押式回购、债券买断式回购等低风险同业资金业务;此外是债权类及权益类资产。

开放式理财产品的投资标的安全性高、流动性强,适合谨慎型、稳健型投资者,而且有无投资经验的投资者均可购买。开放式理财产品申购和赎回方便灵活,办理便捷,在银行营业网点或手机银行均可办理。

 **实例 2-4**

招商银行"金葵花"人民币日日金理财计划(见表 2-2)

表 2-2 "金葵花"人民币日日金理财计划

名称	招商银行"金葵花"—人民币日日金理财计划(产品代码:8136)
理财币种	人民币
本金及理财收益	本理财计划为保本浮动收益型理财产品,详细内容见以下"本金及理财收益"
理财期限	本理财计划将于 2041 年 12 月 13 日到期,但在符合本产品说明书规定的条件时,银行有权终止本理财计划,实际产品到期日受制于银行提前终止条款
认购起点	1 元人民币为 1 份,认购起点份额为 5 万份;超出认购起点份额的部分应为 1 万份的整数倍
终止	在理财计划持续期内,如果连续 10 个交易日本理财计划余额低于 1 亿份则招商银行有权宣布终止本理财计划,详细内容见以下"终止"
申购/赎回	本理财计划每交易日开放申购和赎回,详细内容见以下"申购和赎回"
认购日期	2007 年 12 月 12 日 9:00 到 2007 年 12 月 12 日 17:00。详细内容见以下"理财计划认购"

（续表）

名称	招商银行"金葵花"—人民币日日金理财计划（产品代码：8136）
认购登记日	2007年12月12日为认购登记日
成立日	2007年12月13日，理财计划自成立日起计算收益（如有，下同）
发行规模	本理财计划的发行规模上限为600亿元人民币
收益计算基础	实际理财天数为365天
收益计算方式	理财计划存续期间，每日计算收益
收益支付日及支付	详细内容见以下"本金及理财收益支付"
托管人	招商银行股份有限公司
销售费率	0.50%/年
购买方式	投资者可通过招商银行营业网点或招商银行财富账户、个人银行专业版大众版办理认购
单笔认购上限	投资者单笔认购上限为1亿元和本理财计划规模上限（如有）的较小值，详细内容见以下"理财计划认购"
节假日	中国法定公众假日
交易日	在理财计划持续期内，除周六、周日、中国法定公众假日以外的工作日为该理财计划开放申购、赎回的交易日
交易时段	本理财计划交易日招商银行业务处理系统记录的北京时间为9:00—15:30
对账单	本理财计划不提供对账单
税款	理财收益的应纳税款由投资者自行申报及缴纳

资料来源：招商银行官网。

三、封闭式理财产品

封闭式理财产品，即在产品说明书中公布的固定赎回日期或者产品到期日前，该理财产品不能提前赎回。因此，封闭式理财产品一般情况下在固定周期才能申购和赎回的。因此，相对于开放式理财产品，封闭式理财产品收益较高，但流动性较差，面对不可提前赎回或者有提前赎回的限制。封闭式理财产品主要投资于不违反监管规定的金融机构同业资产、中短期债券等。其适宜的客户为拥有闲置资金并对流动性要求较低的投资者，这类投资者往往具有一定的投资经验，希望获得比较稳定、高于定期存款的收益，愿意承担所投资对象的信用风险。

 **实例2-5**

中银货币增值理财计划—盛利通

"中银货币增值理财计划—盛利通"理财产品主要投资于不违反监管规定的金融机

构同业资产。本产品希望在承担较小的信用风险的情况下获得高于同期限定期存款的收益。本产品投资目标是以稳健的策略降低资本损失的风险,同时争取获得增值收益。

适宜客户

(1) 拥有闲置资金并对流动性要求较低的投资者。

(2) 希望获得比较稳定、高于定期存款收益的投资者。

(3) 愿意承担本理财计划所投资对象信用风险的投资者。

(4) 有投资经验的投资者。

产品功能

本产品投资于交易对手信用较好的金融机构同业资产,在承担较小的信用风险的情况下获得较高收益。

投资币种

人民币。

投资期限

3个月至1年。

交易流程

根据产品说明书的规定办理。

风险提示

本产品为非保本浮动收益,中国银行股份有限公司不提供保本和保收益的承诺。

本产品相关的投资风险和收益由投资者承担,具体的投资风险参见产品说明书。

风险评级

3:中等风险产品。本产品为本金亏损的概率较低,但预期收益率存在一定的不确定性的产品。

流动性评级

低。本产品为中长期限,不能提前赎回。

收益性

产品收益性较高,投资人在承担产品所投金融机构同业资产的信用风险的基础上,可以获得高于同期银行存款的理财收益。

投资领域

本产品主要投资于不违反监管规定的金融机构同业资产。间隙资金可用于银行存款和投资于风险评级不高于本产品的非以监管套利为目的的理财产品。投资于金融机构同业资产的比例将不低于理财资金的90%。

资料来源:中国银行官网。

在我国商业银行理财产品市场上,封闭式理财产品日益丰富,各大银行积极发展封闭式理财产品(许多银行网站成为固定期限理财产品),例如,兴业银行的"智能宝"智盈宝"(保本浮动收益封闭式人民币结构性存款理财产品 2017 年第 8 期 1MA 款)等、光大银行的"同利"系列、"盈"系列、"T 计划"系列,中行的"信利通"、"盛利通"、"乾元—赢"系列等固定期限理财产品,广东发展银行的"物华添宝"系列,交通银行的"得利宝稳添利"系列,均是发行封闭式理财产品。

四、结构性理财产品

按照银监会对理财产品的分类标准,结构性理财产品是指和金融衍生产品挂钩的理财产品,这类产品一般挂钩证券、汇率、指数、基金等金融资产,其潜在回报将根据挂钩标的表现及产品的结构和条款而定,并非 100% 反映或代表挂钩标的的实际表现。在结构性投资产品下,本金保障(或部分本金保障)及固定收益部分(如适用)将来自银行对固定收益产品的投资部分,潜在回报(如有)则来自银行对衍生产品的投资部分,实际投资比例根据产品类型、投资期限、投资货币等因素以及交易日市场状况而确定,具体以产品说明为准。根据挂钩资产的属性,结构性理财产品大致可以细分为外汇挂钩类、指数挂钩类、股票挂钩类、商品挂钩类等。结构性理财产品和前述封闭式理财产品,很多是交叉的。当前国内商业银行发行的封闭式理财产品,许多都是结构性理财产品,两者的区别只是划分的标准不同。

由于结构性理财产品的收益率是一个区间,其最高收益率往往很高,可能在 5% 以上,部分在 10% 以上,能够吸引投资者的注意力,因此,在实践中不少商业银行(尤其是外资银行)将结构性理财产品单独列出来,作为投资理财的一个品种系列。例如,光大银行的"安存宝""多利宝""C 计划"系列产品,中行的"博弈理财"和"汇聚宝"系列产品,招商银行的焦点联动系列,民生银行的"聚赢"系列、汇丰银行的结构性投资产品系列等。

 **实例 2-6**

中国银行指标挂钩理财系列

指标挂钩理财系列,属于保本浮动收益型结构性理财业务,涵盖人民币、美元、欧元、澳大利亚元等主要货币。针对国内投资渠道狭窄,客户投资金融产品类型匮乏,指标挂钩理财系列不断推出创新型的挂钩产品,帮助客户间接投资境内外市场。客户通过承担其中包含的相关风险以期获取较高投资收益。

指标挂钩系列理财产品挂钩指标多种多样,包括利率、汇率、商品价格、股票价格等,理财期限灵活多样,根据挂钩指标特性、产品结构及客户需求灵活设置理财期限。投资者可以根据自己对市场的判断,选择相应的产品,在承担相应风险的前提下,通过把握国际金融市场的走势,博弈国际市场的变化,追求较高的投资收益。

指标挂钩理财系列目前包括汇市争锋、金上加金、中银进取、全球智选等子系列产品。

适宜客户

对市场有一定研究并对市场走势有自身判断,产品理解能力高,希望通过承受一定的收益波动风险有机会获得较高收益的投资者。产品收益与国际金融市场走势密切相关,需要客户对市场风险有一定承受能力。

产品功能

为客户的闲置资金提供一个良好的投资渠道。产品连接国际金融市场,客户在承担有限风险的前提下,有机会通过准确把握国际金融市场各类指标走势实现财富的保值增值。

投资币种

人民币及主要外币。

投资期限

1个月到数年不等,根据市场需求及产品结构灵活确定。

交易流程

具体销售地区和购买渠道以产品发售通知为准。客户在开通投资理财服务之前,需在网银或柜台完成风险评估。客户在购买理财产品之前,需仔细阅读并签订理财产品协议。

风险提示

(1)市场风险:根据本产品收益率的约定计算方法,本产品实际收益率受挂钩市场指标的变化影响和决定,有可能低于同期的存款收益率。本产品和国际金融市场密切相关,结构相对复杂,需要投资者对国际金融市场有一定的了解和跟踪。

(2)流动性风险:产品流动性相对较差,提前赎回成本较高,具有一定的流动性风险。

(3)本金风险:本产品提前终止或到期时100%本金保证。但如果投资者违反产品条款约定,提前赎回本产品,则本金保证条款将不再适用,该投资者的本金可能会因市场变动而蒙受损失。

(4)其他风险:包括但不限于因政治、经济以及各种突发事件或不可抗力因素对金融市场造成严重影响,导致本产品投资收益的波动,在一定情况下甚至会对本产品的成立与运行产生影响。

风险评级

低风险产品。本产品本金安全,且预期收益不能实现的概率较低。

流动性评级

根据产品期限不同,本产品流动性评级主要分为以下几类。

中:产品投资期限在1个月(不含)至6个月(含)之间,但中国银行股份有限公司不提供本产品的提前赎回报价,不能完全满足投资者的流动性需求。

低:产品投资期限在6个月(不含)以上,中国银行股份有限公司不提供本产品的提前赎回报价,不能满足投资者的流动性需求。

收益性

浮动收益率产品,但一般情况下可以保证本金安全和保底收益。

投资领域

本产品募集资金由中国银行股份有限公司统一运作管理,投资于公开评级在投资级以上的债券、票据、拆借等国内外金融市场工具以及外汇、黄金期权等金融衍生产品。其中,债券、票据等公开评级在投资级以上的金融产品投资比例为 0～60％;拆借等货币市场工具投资比例为 10％～90％。上述投资比例可在(－10％,＋10％)浮动。

资料来源:中国银行官网。

结构性理财产品的收益有一个最佳预期和一个最差预期。不过在实践中,多数结构性理财产品未达到最佳预期收益率。在 2016 年 5 月份到期的理财产品中,有 134 款产品未达到预期最高收益率,其中,120 款为结构性理财产品。数据显示,约 2/3 的结构性理财产品达不到预期最高收益率,其中不乏一些实际收益率为 0 的产品。结构性理财产品内嵌期权、期货、互换等衍生工具,可以为投资者实现衍生工具的卖空与杠杆作用,让投资者接触到以往接触不到的市场,利用结构性产品实现本金保护的目的。但是,由于衍生工具的风险性和金融市场的不稳定性,收益率波动越大,则风险也越高,已成为监管部门关注的重点产品。

第三节　零售信贷业务

零售信贷业务在业内也称个人资产业务,是银行向自然人或家庭进行的授信业务。按照贷款资金用途,零售信贷业务可以划分消费信贷与经营信贷。消费信贷是由金融机构向消费者提供资金,用以满足消费需求的一种信贷方式。消费信贷按照贷款用途可以进一步划分为住房贷款、汽车消费贷款、耐用品消费贷款、小额消费贷款等。经营信贷是银行对从事生产经营活动的私营业主、个体工商户和小微企业发放的,用于生产经营流动资金需求以及租赁商铺、机械设备等合理资金需求的贷款业务。

在我国商业银行零售信贷业务实践中,零售信贷业务从零到有,且其发展十分迅速,当前占据比例最高的是个人住房贷款,这也是商业银行一直以来看重的优质资产。自中国人民银行于 1998 年和 1999 年分别颁布《个人住房贷款管理办法》和《关于开展个人消费信贷指导意见》以来,我国个人信贷市场规模不断扩大,增速远高于其他资产业务。以个人住房贷款为例,截至 2015 年年末,我国个人购房贷款余额为 14.18 万亿元,全年增加 2.66 万亿元,比 2014 年年底增长 23.2％,增速比各项贷款增速高 8.9 个百分点。此外,在国家对小微企业发展的支持下,各商业银行也推出了针对小微企业的经营贷款业务,业务规模也在稳步提升。根据银监会的数据,截至2015年年末,全国银行业金融机构小微企业贷款余额为23.46万亿元,占各项贷款余额的23.90%。小微企业贷款余额户数1 322.6万户,较2014年同期增加178万户,小微企业融资难的局面得到了一定程度的缓解。本节将分别从个人住房贷款、个人汽车贷款和其他消费贷款、个人经营贷款三个方面分别介绍商业银行零售信贷业务。

一、个人住房贷款

个人住房贷款是银行向个人或家庭发放的用于购买普通商品房的贷款。个人因购买别墅、商铺、写字楼和不能上市流通的非商品住宅而向银行借贷的款项,也称为个人住房贷款。个人住房贷款是拿房屋所有权作为抵押,向银行获取的贷款,是抵押贷款的一种。个人住房贷款是零售信贷业务中的主要类型,一直以来是国内各家银行的优质资产,不良贷款比率远低于普通公司贷款。

在银行实务中,银行按照贷款所购置的房屋新旧程度不同,分为一手房按揭贷款和二手房按揭贷款。一手房按揭贷款是指向购买由房地产开发商或售房单位直接出售的住房的自然人发放的贷款。一手房贷款申请人在购买房产时,需自己先交首付房款,余下部分向银行贷款,并用所购买房产的所有权作为抵押,分期还本付息。二手房贷款是指向在住房二级市场上购买再次交易的住房的自然人发放的贷款,其同样需要将二手房抵押给银行申请贷款。

贷款金额随着中国人民银行信贷政策的变化而调整,通常情况下为不超过房价总额的70%。在贷款期限上,一手房按揭贷款和二手房按揭贷款最长均不超过30年,且二手房按揭贷款要求更多。例如,许多银行规定,二手房的贷款期限不得超过抵押房屋所占土地剩余使用年限,抵押房产的房龄和贷款期限之和最长不超过55年,有的银行要求贷款期限和房龄之和原则上不超过35年。由于住房贷款属于抵押贷款及其分期还款的特点,申请人在申请贷款时,需要提供借款人或家庭成员的身份证明、收入证明或资产情况证明,并将房屋产权证抵押给商业银行。

实例 2-7

兴业银行个人一手住房贷款

产品定义

个人一手住房贷款是指兴业银行向借款人发放的,用于购买初次交易的商品住房,并以所购房产向兴业银行提供抵押担保的贷款。

产品特色

具有还款宽限期、随薪供、双周供等特色功能任您选择,让您体验个性化的贷款服务。

申请条件

（1）年龄在18周岁（含）以上65周岁（含）以下，有合法有效身份证明、居住证明、收入证明、无不良信用记录。

（2）申请人年龄与贷款期限之和不超过70。

（3）有购买住房合同或协议，且借款人支付符合规定的首付款。

（4）借款人的职业和经济收入稳定，具有偿还贷款本息的能力。

（5）有经兴业银行认可的有效担保。

（6）在兴业银行开立个人结算账户，并通过自然人生家庭理财卡办理贷款支用、偿还等结算业务。

（7）兴业银行规定的其他条件。

贷款额度、利率和期限

（1）对借款人家庭购买首套商品住房的，首付款比例不低于30%；对贷款购买第二套住房的家庭，首付款比例不低于60%，贷款利率不低于基准利率的1.1倍。具体贷款条件请咨询当地分行。

（2）贷款期限最长不超过30年，且贷款期限加借款人年龄不超过70。

贷款偿还方式

原则上采用按月还本付息的还款方式，或其他本行认可的方式。

申请资料

（1）借款人及配偶有效身份证件、户籍证明或有效居住证明、婚姻状况证明。

（2）借款人及配偶的收入证明或个人资产状况证明。

（3）《商品房销（预）售合同》。

（4）兴业银行要求提供的其他资料。

资料来源：兴业银行官方网站。

由于近年来在我国绝大多数地区的房地产市场上住房价格持续上涨，涨幅超出多数工薪阶层的收入涨幅，因此催生了一些特别的住房贷款类型，如接力贷、合力贷等。个人住房接力贷是指以父母或某一成年子女（或子女与其配偶）或父母与子女共有作为所购房屋的所有权人，父母双方或一方与该子女作为共同借款人贷款购买住房的住房信贷产品。个人住房合力贷业务是指对于因年龄过高而不适用较长期限的个人住房贷款的老年客户（购房产权所有人），或收入能力有限、正就读或刚就业的青年客户（购房产权所有人），可以以其亲属（父母、子女及其配偶）作为共同借款人向银行申请贷款购买个人住房的一种贷款操作模式。在一些银行的业务开展中，接力贷和合力贷并无很大差异。

个人住房贷款的还款方式有等额本金和等额本息两种，由商业银行每月在约定还款日在指定账户扣除。月供逾期时，会作罚息处理。提前还款和提前结清时，借款人需填写还款申请书，银行批准后还款。提前还款处理原则为：在扣款日不变的前提下，提前还款的金额分两个部分：一部分为提前归还的本金；另一部分为提前归还的本金在前一扣款日到提前还款日期间的利息。借款人还清贷款后，银行出具个人贷款还清证明书，配合抵押人解除抵押登记手续。

二、个人汽车贷款和其他消费贷款

（一）个人汽车贷款

根据我国《汽车贷款管理办法(2004)》，汽车消费贷款是贷款人向借款人发放的用于购买汽车(含二手车)的贷款，包括个人汽车贷款、经销商汽车贷款、机构汽车贷款等。汽车类贷款一般可分为消费类贷款和营运类贷款两类。个人消费类汽车贷款是指借款人在购买消费类自用车(不含二手车)时已支付一定比例金额的首期款项，不足部分由银行向其发放并直接支付给汽车经销商的人民币贷款。此类贷款期限一般原则上不应超过3年，优质客户个人消费类汽车贷款期限最长不超过5年。

个人营运类汽车贷款是指银行向借款人（自然人）发放的用于购买以盈利为目的，从事正当的生产经营活动的汽车贷款。借款人所从事的营运类汽车仅指一手营运车，根据借款人申请贷款所购车辆的用途，主要划分为客运车、货运车、工程车等。客运车贷款期限一般为3～5年，货运车和工程车贷款期限一般不超过2年。客运车贷款限额一般在所购车辆价格的60%～70%以内，货运车和工程车贷款的最高贷款限额一般在所购车辆价格的50%以内。

商业银行所开展二手车贷款很少，且只限于个人客户自用的消费类汽车，贷款金额不超过所购汽车价格的50%，期限不得超过3年。

汽车类贷款是抵押贷款的一种，对于借款人有一定的要求。贷款对象为具有完全民事行为能力的自然人，原则上为贷款行为所在地的常住居民，且信用良好，具有一定的贷款偿还能力。借款人需提供足值、有效的担保，如所购车辆抵押、第三方(自然人或法人)不可撤销的连带责任担保、除所购车辆外的财产抵押或质押等。

 **实例 2-8**

兴业银行个人汽车消费贷款

产品定义

个人汽车消费贷款，是指兴业银行向借款人发放的、用于购买各类一手自用汽车[不以营利为目的的家用轿车或7座(含)以下商务车]的贷款。

申请条件

(1) 年龄在18周岁(含)以上、60周岁(含)以下，具有完全民事行为能力的中华人民共和国公民(包括港澳台居民)。

（2）借款人家庭（包括借款人、配偶及未成年子女）在经营机构所在地有固定居所,具有常住户口或有效居住证明。

（3）借款人和配偶信用良好,具有贷款偿还能力。

（4）兴业银行规定的其他条件。

所购汽车必须具备的条件

所购买车辆的净车价不低于 10 万元,核定载乘人数在 7 人座（含）以下,且必须在经营机构所在地登记上牌。

贷款额度、期限和利率

（1）贷款额度最高为汽车市场价（指汽车生产厂商公布的零售市场最终用户的购买价格）的 70％,进口车贷款额度最高为国内市场价的 60％。

贷款金额不包含汽车牌照费用、购置附加费用、保险费用等除市场价以外的其他一切费用。

（2）贷款期限最长为 5 年。

（3）贷款利率可在中国人民银行公布的同期同档次贷款基准利率及相应的浮动比例内执行。

贷款偿还方式

原则上采用按月还本付息的还款方式,或其他本行认可的方式。

申请资料

（1）借款人及配偶有效身份证件、户籍证明或有效居住证明、婚姻状况证明。

（2）借款人及配偶的收入证明或个人资产状况证明。

（3）《汽车买卖合同》。

（4）兴业银行要求提供的其他资料。

资料来源:兴业银行官方网站。

（二）消费品贷款

除住房和汽车外,商业银行针对其他消费品也提供各类贷款,这里统称为消费品贷款。消费品贷款是银行对个人客户发放的用于指定消费用途的人民币贷款。贷款可用于住房装修、购买耐用消费品、旅游、教育等,具有消费用途广泛、贷款额度较高、贷款期限较长等特点。客户还可在额度有效期和可用额度内随时申请支用额度,以满足自身用款需求。

当前,我国商业银行消费品贷款发展迅速,各商业银行均推出了自己的消费品贷款业务和品牌,例如,兴业银行的"消贷易"、民生银行的"家庭消费综合贷款"、浦发银行的"精英贷"、平安银行的"小额消费贷款"、建设银行的"家装贷"等。不同银行的消费品贷款产品不同,其消费贷款条件（主要为抵押物要求和收入要求等）也不同。例如,平安银行的

"小额消费贷款",针对应急现金、个人进修、医疗急用、购物等个人需求,无需抵押,只要客户月收入在 3 000 元以上,在申请地居住 6 个月以上,有良好的信用记录(信用卡、房贷、车贷等),均可轻松办理。

(三) 助学贷款和留学贷款

商业银行提供的助学贷款是向指定的全日制高等学校和中等专业学校的学生发放的贷款;贷款期限一般为 3～6 年,最长不超过 10 年;贷款金额原则上不超过学杂费总额的80%;担保方式有抵押、质押和保证三种;贷款利率执行相应的市场利率。银行的助学贷款,一般是商业性助学贷款,不同于国家助学贷款。国家助学贷款是由政府主导、财政贴息,财政和高校共同给予银行一定风险补偿金,银行、教育行政部门与高校共同操作的专门帮助高校贫困家庭学生的银行贷款。

 **实例 2-9**

中国银行商业性教育助学贷款

产品说明

商业性教育助学贷款是指贷款人向借款人发放的用于借款人本人或其法定被监护人就读国内小学、中学、普通高校及攻读硕士、博士等学位或已获批准在境外就读中学、大学及攻读硕士、博士等学位所需学杂费用和生活费用(包括出国的路费)的一种人民币贷款及外汇贷款。

一、贷款条件

受教育人本人作为借款人申请商业性助学贷款必须符合下列条件:

(1) 具有完全民事行为能力。

(2) 具有有效居留身份证,就读境外学校的须有本人护照或通行证。

(3) 具有就读学校的录取通知书(接受函)或学生证以及就读学校开出的学习期间内所需学杂费和生活费用的证明材料。

(4) 符合贷款人要求的学习与品行标准,无不良信用行为。

(5) 承诺向贷款人及时告知其离开学校后的最新工作单位及有效通讯方式。

(6) 已拥有受教育人所需的一定比例的教育费用。

(7) 书面同意在贷款逾期 1 年不还时,贷款人可在其就读学校或相关媒体上公布其违约行为。

(8) 提供贷款人认可的资产抵、质押或第三方连带责任保证。

(9) 贷款人规定的其他贷款条件。

受教育人的直系亲属、法定监护人作为借款人申请商业性助学贷款必须符合下列条件:

（1）具有完全民事行为能力。

（2）有当地常住户口或有效居留身份，以及详细、固定的住址。

（3）有正当职业和稳定的收入来源，信用良好，具有偿还贷款能力。

（4）受教育人有就读学校的录取通知书或接收函，有就读学校开出的学习期间所需学杂费和生活费用的证明。

（5）提供贷款人认可的资产抵、质押或第三方连带责任保证。

（6）受教育人已拥有受教育所需的一定比例的费用。

（7）贷款人规定的其他贷款条件。

二、贷款期限

商业性助学贷款的期限一般为1～6年，最长不超过10年（含10年）。

三、贷款利率

详询当地网点。

四、贷款限额

商业性助学贷款的额度原则上不得超过受教育人在校就读期间所需学杂费和生活费用总额的80%。

五、贷款偿还

贷款期限在1年以内（含1年）的，可按月或到期一次性偿还本息；贷款期限在1年以上的须按月偿还贷款本息，每月还款额应在每学年根据年度发放贷款数确定一次。借款人应于贷款合同规定的每月还款日前，主动在其存款账户上存足每月应还的贷款本息，由银行直接扣收其每月还贷本息。经贷款人同意允许借款人部分或全部提前还款。

六、贷款申请

（一）受教育人本人作为借款客户应提供以下资料：

（1）个人有效居留身份证件原件及复印件。

（2）就读学校的录取通知书及复印件或学生证及复印件。

（3）就读学校开出的学生学习期间所需学杂费和生活费用的证明。

（4）在中国银行开立的个人储蓄或信用卡账户。

（5）中国银行要求提供的其他证明文件和资料。

（二）受教育人的直系亲属、法定监护人作为借款客户应提供以下资料：

（1）个人及配偶的身份证、户口簿或其他有效居留证件原件及复印件。

（2）中国银行认可的借款人与受教育人关系的书面证明。

（3）受教育人就读学校的录取通知书和学习期间所需学杂费和生活费用的证明。

（4）以财产作抵押或质押的，应提供抵押物、质物清单和有处分权人（包括财产共有人）签署的同意抵押、质押的承诺或声明。对抵押物须提交由有关部门出具的价值评估报告和保险公司的保险文件，对质押物须提供权利证明文件。以第三方担保的，应出具保证人同意担保的书面文件，有关资信证明材料。

（5）在中国银行开立的个人储蓄或信用卡账户。

（6）中国银行要求提供的其他证明文件和材料。

适用对象

借款人是指就读国内中学、普通高校及攻读硕士、博士等学位或已获批准在境外就读中学、大学及攻读硕士、博士等学位的在校受教育人或其法定被监护人。

资料来源：中国银行官网。

个人留学贷款是指银行向借款人发放的用于留学人员境外（含港澳台地区）就读中学、大学及硕士以上学位（含预科学习）留学支出的人民币贷款。其中，提款型留学贷款主要用于支付留学人员出国留学期间的学杂费、生活费等实际发生的费用，借款人可提取贷款资金；非提款型留学贷款主要用于开立留学人员申请留学时所需的保证金证明，贷款期间资金处于冻结状态。

（四）旅游贷款

个人旅游贷款是指银行向借款人发放的用于借款人本人或旅游同行人员境内外旅游支出的，多数以信用方式办理的人民币贷款。这类贷款只需提供房产证明或收入证明，无需抵押，贷款金额最高可达30万元。作为消费信贷产品，旅游贷款的要求不高，通常具有本地户籍，或拥有房产，或工作稳定的完全民事行为能力的公民，均可申请。其贷款申请简便，审批较快，一般2～3个工作日即可获得贷款申请结果。在实践操作中，多数银行将此业务和本行发行的信用卡分期付款业务结合到一起。

在对消费信贷业务的管理上，银行在部门职责分工中应明确业务管辖部门的职责，明确业务管理、营销拓展、风险控制与贷后管理的责任部门与机构，严格遵循审贷分离原则。其中，总行负责制度的制定、产品设计与开发、系统管理与分支行业务辅导，以及全行的检查、监督等工作；分行则设立相应的业务管理岗、贷后管理岗等，开展分行经营范围内的特色产品的开发与系统管理工作。在个人消费信贷业务中，严格实行贷前调查、贷中审查、贷后检查的"三查"原则，对贷款的风险分类按照个人贷款5级分类的标准进行，严格控制消费信贷风险，提高其资产质量。

三、个人经营贷款

个人经营贷款是指银行向借款人发放的用于借款人流动资金周转、购置或更新经营设备、支付租赁经营场所租金、商用房装修等合法生产经营活动的贷款。其贷款对象一般为有完全民事行为能力的自然人，包括个人独资企业，即依法在中国境内设立，由一个自然人投资，财产为投资人个人所有，投资人以其个人财产对企业债务承担无限责任的经营实体。其贷款额度比较灵活，根据抵押物和质押物情况进行合理评估，多数在3万至500

万元之间。

申请人通常要具有稳定的经济收入,填写借款申请书(内容应包括借款人简历、工作业绩、投资项目可行性研究报告、还款来源、担保情况、申请借款的金额和期限),最重要的是需要相应的抵押担保或保证。个人经营贷款在申请时,需要提供经营企业的财务报表、税单等,还需办理相应的担保证明文件。抵(质)押担保须提供抵(质)押物清单、权属证明、价值证明,以及有处分权人同意抵(质)押证明;信用担保须提供保证人同意履行连带责任保证的文件及有关资信证明材料。该贷款的申请具体方式有 3 种:①以抵押方式申请贷款的,抵押物必须符合《中华人民共和国担保法》的有关规定,以房地产进行抵押的应符合中华人民共和国建设部《城市房地产抵押管理办法》的规定,借款人必须将房产价值全额用于贷款抵押,其抵押率一般不得超过 50%,同时,借款人在获得贷款前必须按照《中华人民共和国担保法》的有关规定办理抵押物登记。②以质押方式申请贷款的,质物仅限于商业银行开立的储蓄存单、国债等价值稳定、且易于变现的有价证券。银行存单和国债质押率不超过 90%,其他有价证券质押率须视其价值分别确定。借款客户提供的质物必须符合《中华人民共和国担保法》的规定,并按有关规定办理登记手续。需要公证的,借款客户(或质押人)应当办理公证手续。③以第三方保证方式申请贷款的,应提供银行可接受的第三方保证。第三方提供的保证为不可撤销的连带责任全额有效担保。

 **实例 2-10**

中国光大银行助业贷款

产品说明

光大银行向社会自然人发放的、用于补充其经营活动所需周转资金的人民币贷款。

产品特点

(1)担保灵活多样,适用不同发展阶段的经营业主。

(2)抵(质)押金额高,满足大额融资需求。

(3)快捷高效,资料齐全,3 天批贷。

(4)使用灵活,额度循环,随借随还。

产品要素

(1)贷款金额:抵押最高 1 000 万元,质押最高 3 000 万元。

(2)贷款期限:最长 5 年。

(3)担保方式:抵押/质押/保证/保险/信用均可。

(4)还款方式:按月等额/等本、先 1～6 个月还息后等额/等本、按月还息按季还本、按月还息到期还本、一次性还本付息等。

资料来源:中国光大银行官网。

第四节 银行卡零售业务

1952 年,美国加利福尼亚州的富兰克林国民银行第一次发行了现代意义上的银行卡,银行卡自此在世界范围内飞速发展。今天,银行卡在生活中处处可见,给人们的生活带来了极大的便利。对于银行业来讲,银行卡也带来了零售银行业务的成长活力,在银行利润中所占比例越来越高。银行卡业务集资产业务、负债业务和中间业务于一身,具有综合性和拓展性,成为商业银行重要的业务。

一、银行卡业务简介及发展概况

(一) 银行卡简介

根据中国人民银行 1999 年发布的《银行卡业务管理办法》规定,银行卡是由商业银行(含邮政金融机构,下同)向社会发行的具有消费信用、转账结算、存取现金等全部或部分功能的信用支付工具。银行卡提供小额循环信用、提取现金、支付结算、获取保险、外汇兑换、理财等金融服务,而且银行卡客户可以获得使用银行提供的其他销售渠道的载体,获得与其他设备连接的权利,如 ATM、特约商户的 POS 机、网上银行等。

银行卡的主要职能是支付、小额循环信用或者消费信贷。延期付款和附加的各种金融和非金融服务使银行卡的使用更为方便。从消费者的角度来讲,银行卡的使用,减少了携带和支付现金的麻烦,增加了交易的便利性和安全性。其中,信用卡融资方便,并享受一定的免息期,还可以选择灵活的还款方式。总之,支付便利和信用融资是银行卡得以广泛使用的原因。从银行的角度来讲,银行卡的发行和使用具有一定的成本和收益。对于发卡行来讲,其收入主要有利息收入、信息交换收入、手续费以及非正常事项处理收入。其中,信息交换收入是收单行向发卡行支付的占特约商户交易金额一定百分比的费用,由万事达卡国际组织和 VISA 卡国际组织各自决定。其费用项目主要有筹资成本、营销费用、坏账损失及其他营业成本。对于收单行来讲,其收入主要包括特约商户折扣、其他收入、存款利息收益,其费用主要包括发出信息交换费用、交易处理费用、销售和市场营销费用以及信用损失和银行卡诈骗损失等。其中,特约商户折扣是收单行为特约商户提供交易处理并承担信用风险而向特约商户收取的费用,为信用卡交易总额乘以平均折扣率;其他收入包括向特约商户出售或出租 POS 机终端以及压卡机的收入、最低折扣费、月费以及申请费等收入。

（二）银行卡的分类

根据中国人民银行在 1999 年颁布的《银行卡业务管理办法》，可以根据以下标准对银行卡进行分类：

（1）银行卡按币种不同分为人民币卡、外币卡；按发行对象不同分为单位卡（商务卡）、个人卡；按信息载体不同分为磁条卡、芯片（IC）卡。

（2）信用卡按是否向发卡银行交存备用金分为贷记卡和准贷记卡两类。贷记卡是指发卡行给予持卡人一定的信用额度，持卡人可在信用额度内先消费、后还款的信用卡。准贷记卡是指持卡人须先按发卡行要求交存一定金额的备用金，当备用金账户余额不足支付时，可在发卡行规定的信用额度内透支的信用卡。

（3）借记卡按功能不同分为转账卡（含储蓄卡，下同）、专用卡、储值卡。借记卡不具备透支功能。转账卡是实时扣账的借记卡，具有转账计算、存取现金和消费功能。专用卡是具有专门用途、在特定区域使用的借记卡，具有转账计算、存取现金功能。其中，专门用途是指在百货、餐饮、饭店、娱乐行业以外的用途。储值卡是发卡行根据持卡人要求将其资金转至卡内储存，交易时直接从卡内扣款的预付钱包式借记卡。

此外，《银行卡业务管理办法》对联名卡（认同卡）和芯片（IC）卡进行了明确规定，联名/认同卡是商业银行与营利性机构/非营利机构合作发行的银行卡附属产品，其所依附的银行卡品种必须是已经中国人民银行批准的品种，并应当遵守相应品种的业务章程或管理办法，发卡行和联名单位应当为联名卡持卡人在联名单位开办信用卡提供一定比例的折扣优惠或特殊服务；持卡人领用认同卡表示对认同单位事业的支持。芯片（IC）卡既可应用于单一的银行卡品种，又可应用于组合的银行卡品种。

（三）国内银行卡的发展现状

1985 年，中国银行在珠海发行了我国第一张银行卡，自此银行卡在我国经过 30 多年的发展，银行卡业务不断完善，无论从发卡规模还是服务质量上都更为成熟和规范。2018 年 6 月，中国银行业协会发布的《中国银行卡产业发展蓝皮书》显示，2017 年银行卡发卡规模平稳增长。截至 2017 年年末，银行卡累计发卡量为 70.3 亿张，当年新增发卡量 6.6 亿张，同比增长 10.3%，增速较 2016 年下降 3.2%。其中，银行卡累计活卡量 47.1 亿张，当年新增 5.3 亿张。按照信用卡和借记卡的银行卡类型划分看，信用卡发卡量加速增长。截至 2017 年年末，信用卡累计发卡量为 7.9 亿张，当年新增发卡量为 1.6 亿张，同比增长 25.9%。2017 年，按全国人口计算，银行卡人均持卡量在 2016 年的基础上持续增长，当年年末人均持卡数为 5.06 张。其中，借记卡人均持卡数为 4.49 张，信用卡人均持卡数为 0.57 张。

我国银行卡市场在快速发展的同时，也面临不少挑战。一方面，由于国家政策的调整，信用卡的盈利模式受到冲击。2016 年 4 月，中国人民银行发布《关于信用卡业务有关事项的通知》，2017 年 1 月 1 日起，信用卡透支利率不再固定为日利率万分之五，各发卡行最低可在此基础上打七折，利率市场化呼之欲出，发卡行利息收入面临下滑局面。之后，2016 年 9 月，《关于完善银行卡刷卡手续费定价机制的通知》正式实施，刷卡手续费不再区分商户类别，而是实行政府指导价、上限管理。以餐娱类交易为例，回佣收入下降约一半。另一方面，互联网金融在各个领域蚕食着传统银行业务。第三方支付机构、消费信贷公司、P2P 网贷以及其他网络金融服务平台的兴起在不断地冲击着传统信用卡经营模式。仅以第三方支付为例，其 2009—2015 年的交易规模增长就超过 10 倍。

《中国银行卡产业发展蓝皮书》中的资料显示，银行卡安全性在不断提升，但目前仍存欺诈损失风险。2017 年信用卡欺诈损失排名前三的欺诈类型为伪卡、虚假申请和互联网欺诈，与 2016 年情况一致。大多数欺诈损失为伪卡损失，虚假申请次之，但伪卡损失占比较 2016 年略有下降。2017 年借记卡安全问题主要集中于电信诈骗、互联网欺诈和伪卡。

随着互联网金融的强势发展、同业竞争的加剧，信用卡行业目前同质化严重的产品、营销、服务将会出现分化。商业银行需注重客户体验的提升，针对目标市场和客群细分提供的差异化定价和服务，着力打造竞争优势。同时，风险控制仍然是银行管理的重中之重，借助新的技术手段，发展更为领先的风控水平与能力，将帮助银行建立更为稳固的竞争优势。在盈利模式上，银行也需寻求更为多样化的收入来源，发展轻资本的业务模式。

二、借记卡

借记卡，人们通常称为储蓄卡，其主要作用是储蓄存款，持卡人通过银行建立的电子支付网络和卡片所具有的磁条读入和人工密码输入，可实现刷卡消费、提现、转账、各类缴费。通过卡片进行的费用支出等于储蓄账户余额的减少，账户余额为零，该卡的支付作用也降为零。借记卡的申办十分简单，开立一个储蓄账户即可申办一张借记卡，无需银行进行审批，一般可实现即办即取。

银行卡交易的核心产品是银行卡组织以及发卡行和收单行提供给消费者和商户的服务，这种服务是由发卡行和收单行在银行卡组织提供的平台上共同实现的。因此，银行卡市场涉及的市场参与者包括银行卡组织平台、消费者、商户以及为消费者提供发卡服务的发卡行和为商户提供受理刷卡服务的收单行，它们共同构成了银行卡产业双边市场的复杂网络。这其中涉及的银行卡使用和社会关注的重点问题是刷卡手续费和费率。如表 2-3 所示，2016 年 3 月，国家发改委和中国人民银行联合下发《关于完善银行卡刷卡手续费定价机制的通知》，自 2016 年 9 月 6 日起总体上较大幅度降低收费水平。根据新规，发卡机构收取的发卡行服务费将对借记卡、贷记卡差别计费。借记卡费率降低为不超过交易金额的 0.35%，单笔收费 13 元封顶；贷记卡费率不超过交易金额的 0.45%，不实行单笔收费封顶。新规中,借记卡的刷卡费用得到了显著的下降,使餐饮等行业的刷卡交易费用下降一半。因此,新规有利于降低商户经营成本,改善经营环境。借记卡刷卡手续费的下降,不仅不会增加消费者支出,有利于消费者获得更好的刷卡消费体验,而且有利于银行卡业务的更好发展。

表 2-3　银行卡刷卡手续费项目及费率上限表

序号	收费项目	收费方式	费率及封顶标准
1	收单服务费	收单机构向商户收取	实行市场调节价
2	发卡行服务费	发卡机构向收单机构收取	借记卡:不高于 0.35%（单笔收费金额不超过 13 元）
			贷记卡:不高于 0.45%
3	网络服务费	银行卡清算机构向发卡机构收取	不高于 0.032 5%（单笔收费金额不超过 3.25 元）
		银行卡清算机构向收单机构收取	不高于 0.032 5%（单笔收费金额不超过 3.25 元）

三、信用卡

信用卡,其主要作用是小额透支贷款,可用于消费或提现,其申办要符合一定的条件,透支余额的大小由银行根据申请人的个人资信情况而确定。国内各商业银行发行的信用卡有中国银行的长城卡、工商银行的牡丹卡、建设银行的龙卡、农业银行的金穗卡、招商银行的金葵花卡、光大银行的阳光卡、交通银行的太平洋卡、民生银行的民生卡等。目前,我国商业银行发行的信用卡,除了具有信用卡的基本金融功能外,还附带许多其他的功能。例如,许多联名卡的持卡人不仅是银行的客户,同时也是联名机构的会员,这样就具备了双重身份,既可以享受银行提供的金融功能,也可以享受商户的会员福利。以工商银行和招商银行信用卡为例,工商银行信用卡产品覆盖财富、商旅、跨境、消费金融和"都市年轻"五大产品体系,包括爱驾汽车卡、自由行卡、全币卡、卓隽留学生卡等产品,以及都市缤纷白金卡、新东方联名卡、中美旅游年纪念卡、腾讯视频联名卡等特色产品。招商银行信用卡特色突出,如 NBA 联名卡可以优惠购买 NBA 相关商品和门票等。当前,在国内信用卡市场中,从发卡行的结构看,招商银行市场份额最高,大概为 20%,其他为中信银行、农业银行、交通银行、工商银行、平安银行等。

信用卡可以透支消费,因此,在透支利息支付和计算上,有着一定的规定。首先,在透支消费的利息计算方式上,对于信用卡透支消费交易,银行一般提供 20～50 天的免息还款期,如果在免息还款期前全额还款,将不计收透支利息;如果在免息还款期前未全额还款,将不享受免息还款期待遇,将按分段计息的方式以实际欠款金额及实际欠款天数计收由交易记账日起的透支利息,透支利率为日利率万分之五,按月计收复利。其次,关于免息还款期的规定,银行一般提供最低 3 天的还款宽限期,如有特定原因未及时还款的,在到期还款日后 3 天内还款,也不会计收利息。再次,关于还款宽容度(容差还款)的相关规定。银行通常提供 1% 的还款宽容度,如果因忘记还款金额而有小额零头未还,通常不会计收利息。最后,许多银行提供免息还款期待遇和最低还款额待遇。银行记账日至发卡行规定的到期还款日之间为免息还款期。免息还款期最长为 60 天。持卡人在到期还款日前偿还所使用全部银行款项即可享受免息还款期待遇,无须支付非现金交易的利息。最低还款额待遇是指持卡人在到期还款日前偿还所使用全部银行款项有困难的,可按照发卡行规定的最低还款额还款。

此外,根据《银行卡业务管理办法》的规定,贷记卡持卡人选择最低还款额方式或超过发卡银行批准的信用额度用卡时,不再享受免息还款期待遇,应当支付未偿还部分自银行记账日起,按规定利率计算的透支利息。贷记卡持卡人支取现金、准贷记卡透支,不享受免息还款期和最低还款额待遇,应当支付现金交易额或透支额自银行记账日起,按规定利率计算的透支利息。发卡银行对贷记卡持卡人未偿还最低还款额和超信用额度用卡的行为,应当分别按最低还款额未还部分、超过信用额度部分的 5% 收取滞纳金和超限费。

商业银行办理银行卡收单业务时,应当按下列标准向商户收取结算手续费:①宾馆、餐饮、娱乐、旅游等行业不得低于交易金额的 2%;②其他行业不得低于交易金额的 1%。跨行交易执行下列分润比率:①未建信息交换中心的城市,从商户所得结算手续费,按发卡行 90%、收单行 10% 的比例进行分配;商业银行也可以通过协商,实行机具分摊、相互代理、互不收费的方式进行跨行交易。②已建信息交换中心的城市,从商户所得结算手续费,按发卡行 80%、收单行 10%、信息交换中心 10% 的比例进行分配。商业银行代理境外银行卡收单业务应当向商户收取结算手续费,其手续费标准不得低于交易金额的 4%。境内银行与境外机构签订信用卡代理收单协议,其分润比率按境内银行与境外机构分别占商户所交手续费的 37.5% 和 62.5% 执行。

根据前述最新刷卡手续费新规(见表 2-3),贷记卡单笔收费"上不封顶"的规定或将影响用信用卡买车等大额消费。按照此前的政策,刷信用卡购买汽车,发卡行服务费实行 60 元封顶,新规实施后,同样是用信用卡刷卡 10 万元,商户则需要按照 0.45% 的费率支付 450 元服务费。政府实行贷记卡手续费新规的原因在于,贷记卡可以透支,银行为此要垫付资金,需承担资金占用等成本和相对较高的业务损失风险。若实行封顶限制,则透支 1 万元和 10 万元都只需付出一样的费用,这显然是不合理的,而且,此举也有利于提高违法套现的成本,减少信用卡违法套现的现象。

第五节 零售代理类业务

商业银行零售代理类业务的出现，是随着电子化和信息化的发展而产生的新功能，提高了整个社会经济活动和交易的效率。零售代理类业务是指商业银行利用自身的清算功能和结算网络，接受客户的委托为办理指定款项收取、转移、支付等业务。商业银行在金融业竞争加剧背景下，发展零售代理类业务，有利于银行利用自身金融中介和金融资源优势拓展中间业务。尤其是随着计算机和现代通信网络的快速发展，使代理类业务更加标准化、便利化和高效化。银行代理类业务实质上是银行金融结算功能服务的拓展和延伸，它给银行、委托人和客户三方都带来了利益。

一、代收代付业务

代收代付业务是商业银行利用自身结算便利，接受客户的委托代为办理指定款项收付事宜的业务。例如，代理收付各项公用事业收费（电费、水暖费、煤气费等），代理行政事业性收费和财政性收费、代付工资、代扣住房按揭抵押贷款等。代收代付业务是商业银行最传统的中间业务，发展历史悠久，其基本特点是业务量大、金额小、风险小。

代收代付业务提高了委托单位和个人的工作效率，减少了双方的工作量。在代收代付业务中，商业银行充当信用中间机构，有机地联系机构和个人。更为重要的是，在代收代付业务中，商业银行除了获取服务费用外，还可以增加存款。每一个代收代付业务都能带来一批相当数量的个人客户和缴费单位客户，这种客户会产生大量的闲置资金在银行账户中，会显著增加银行存款。此外，通过代收代付业务可以有效增加客户忠诚度和稳固客户资源。代收代付业务一般具有长期稳定性，客户一旦选择一家银行办理代收代付业务后，往往不会轻易改变，这是由于重新签约和办理一系列手续比较繁琐、耗时。因此，代收代付业务的客户往往较为稳固。

在实践中，代收代付业务种类较多，主要有银行批量代收业务、批量代付业务、柜台代收费业务、代理政府收费业务和自助银行缴费业务。批量代收业务一般是指银行代理公用事业单位向其用户收取费用的业务。批量代付业务是银行代理单位向个人发放工资、红利等款项的业务，典型的业务是代发工资。柜台代收费业务是为了弥补批量代收业务、批量代付业务的不足，增加客户缴费的选择方式，防止"坐支收入"和乱收费等现象，其提供的代理收费业务主要有行政事业费、通信费和一些临时性收费项目。代理政府收费业务主要是行政事业性收费和政府税收，前者主要是代理公安、工商、土地、边防、城管等部门收取相关费用，后者是代理税务机关征缴税款。

实践中,随着网上银行和手机银行的快速发展,许多银行将代收代付业务统一到一个业务板块或业务部门,便于客户集中办理缴费和相关业务。例如,中信银行的生活缴费业务涵盖了电费、通信费、煤气费、有线电视、水暖费、手机充值等项目。中国银行的"慧缴费"功能涵盖的服务项目更多,是在便民缴费方面推出的个人客户服务方案,是中国银行充分发挥网络及账户的支付结算优势,利用互联网等多种渠道,向客户提供更为快捷、便利、高效的生活缴费支付服务。中国银行全国缴费支付范围包括水、电、气,通信,教育考试,充值,民生保障等9大类50多个缴费项目,基本覆盖了与百姓日常生活相关的各种生活缴费,客户可通过网点、网上银行、手机银行、自助终端等渠道进行便捷的缴费支付。

根据2014年8月1日实施的《商业银行服务价格管理收费办法》,银行在代收代付业务的服务收费上,有政府指导价和市场调节价。对客户普遍使用、与国民经济发展和人民生活关系重大的银行基础服务,实行政府指导价或政府定价。除政府指导价、政府定价以外的服务,实行市场调节价。具体到代收代付业务,商业银行按照市场化原则接受相关单位的委托,办理代收水、电、燃气、通信、有线电视、交通违章罚款等费用以及代付工资、社会保险金、住房公积金等代收代付业务,应当按照"谁委托、谁付费"的原则收取委托业务相关手续费,不得向委托方以外的其他单位和个人收取费用。

二、代理业务

(一)代理证券(基金)业务

代理证券(基金)业务是商业银行接受委托办理的代付发行、兑付、买卖各类有价证券和证券投资基金的业务。其代理的种类包括国债、公司债券、金融债券、股票和证券投资基金(我国商业银行代理的基金业务主要是证券投资基金)等。具体到证券代理业务的种类,主要有证券资金清算。代理发行、承销承兑等业务,为银行和证券公司的共同客户提供服务。代理证券业务的形式主要有三种:一是银行外派柜员代理资金收付;二是资金保证金自助转账;三是卡折直接购买股票。

实践中,国内商业银行代理证券(基金)业务主要是代理证券基金销售和代理国债发行,其业务发展平稳,市场规模较大。根据工商银行公布的2016年半年度报告显示,工商银行2016年上半年实现基金业务代销金额为2 435亿元,国债销售343亿元,这些业务给其带来大量佣金收入。另外,证券账户托管、自助转账和代理收付等业务也给银行带来可观的手续费收入。

(二)代理保险业务

代理保险业务是银行接受保险公司委托代其办理保险的业务。商业银行的这种代理,可以是受托个人或法人投保各种保险产品的保险事宜,也可以作为保险公司的代表,与保险公司签署协议,代保险公司销售或承接有关的保险业务。其业务范围涵盖较广,包括各类人身、养老和子女教育等基本保障的保险。由于保险产品同时满足客户的基本保障需求和投资需求,因此,在实践中许多银行在业务统计中将代理保险业务放到个人理财业务中。近年来,代理保险业务已成为商业银行中间业务中增长最快的业务。在国内保险代理市场上,农业银行、工商银行的市场份额较大。2015年,农业银行代销保险保费1 985.61亿元,工商银行代销保险保费1 668亿元。此外,招商银行的年度代销保费亦首次超过1 000亿元。这3家银行代销保险的保费规模同比增速均在60%以上,其增速远超2014年20%的增速水平。中信银行2015年代销保险保费则实现了141%的更高同比增速。

代理保险业务的较快发展,也带动各家银行手续费收入等中间业务收入的增长,几乎每家银行在解释手续费收入增长的原因时,都提到了代理保险业务的发展。农业银行2015年年报显示,其2015年实现代理保险业务收入48.33亿元,相较2014年的38.11亿元,增长了26.82%。在招商银行的2015年年报中同样提到保险代理业务的快速增长。

对代理保险业务的费率很难进行准确计算。根据招商银行公布的2015年年报可以看出,该行累计实现个人理财产品销售额79 806亿元,实现代理开放式基金销售达6 057亿元,代理保险保费1 054亿元,代理信托类产品销售达2 800亿元;实现零售财富管理手续费及佣金收入170.79亿元,同比增长83.86%,占零售净手续费及佣金收入的66.04%。其中,代理基金收入75.11亿元,同比增长164.29%;代理保险收入28.05亿元,同比增长31.94%;受托理财收入32.09亿元,同比增长54.20%;代理信托计划收入34.29亿元,同比增长63.60%。据此计算发现,招商银行代销保险的费率为2.66%,代销基金的费率为1.24%,代销信托的费率为1.22%,销售理财产品的费率为0.04%。也就是说,代理保险产品的手续费费率是卖理财产品的67倍、卖基金的2.14倍、卖信托的2.18倍。由此不难看出各家商业银行积极发展代理保险业务的原因。

(三)贵金属和原油衍生品等交易代理业务

除了证券和保险,商业银行还会接受客户委托,代客户进行贵金属、原油衍生品、外汇衍生品和其他金融衍生品交易(一些银行将这类业务放到私人银行业务中)。这类代客户交易的标的物多为衍生品,银行利用自身资源优势和结算清算优势,帮助客户在相关市场依照相关代理协议进行交易,收取一定的金融服务费,如进行金币、纪念币的代理销售、代销迪士尼相关主题产品、黄金定投、账户原油连续产品等。例如,交通银行的记账式原油业务是指客户按照交通银行报价,通过在交通银行开立的原油交易账户进行原油买卖的业务。记账式原油产品按期次推出,交易价格挂钩WTI原油期货等主要原油期货市场中的对应月份期货合约,以只记份额、不进行原油实物提取的形式进行交易,产品到期之前客户可主动平仓,或在最后交易日自动平仓。此外,衍生品交易还有热门的黄金定投服务。黄金定投是指通过定期定额定投或主动申购方式,委托银行进行实物黄金投资,银行集合所有客户投资资金通过上海黄金交易所买卖黄金。客户可在同一黄金定投协议下建立一个或多个定投计划,定投周期可选择按周或按月;在成功买入黄金后,可以按克重赎回或者转换实物提取,满足客户多种需求。目前,黄金定投可转换成银行在售的所有实物黄金。

由于衍生品市场的快速发展和银行竞争的加剧,贵金属和原油衍生品等交易代理业务成为银行逐步兴起的业务。以工商银行发布的 2016 年半年报为例来看,其在 2016 年上半年账户类交易量为 2 652 亿元,同比增长 48.1%,在资产业务和负债业务几乎零增长的情况下,更凸出了其高速增长水平。此外,工商银行在代客结售汇业务上也保持快速发展,2016 年上半年代客结售汇业务量为 1 924 亿美元。

 实例 2-11

交通银行黄金定投业务特色

(1) 低起点金额:投资起点仅 200 元,人人投得起。

(2) 灵活的投资方式:既可按周、按月定投,也可直接主动申购,买入后不但能赎回,还能转换为实物。

(3) 便捷的交易渠道:全网上银行交易,足不出户即可参与投资。

(4) 自动扣款,省心省力:定投计划生效后,按您的意愿自动扣款,无须您频繁下单、频繁关注金价,免费提前短信提醒,贴心服务。

(5) 定期定额,分散风险:通过定期、定额的方式投资黄金,有效规避金价短期波动风险。

(6) 服务对象:黄金定投适合纯投资性质、以盈利为目的的中长期投资类客户。

资料来源:交通银行官网。

三、保管业务

商业银行保管业务的发展是基于国内富裕人群的增加,满足其对一些贵重物品和单证等保管保存的相应需求。这其中最典型的就是保管箱业务。国内主要商业银行已推出保管箱业务,如中国银行、平安银行、工商银行等。

保管箱业务是银行开办的以出租保管箱的形式代租用人保管贵重物品的一项服务业务,具有安全私密、设施先进、租用灵活的业务优势。银行保管箱可以向客户提供年租、月租等租期,还可为客户提供最长 5 年的年租期,承租人可以随时终止租约。在业务办理上,个人客户只要年满 18 周岁,具备完全民事行为能力即可。承租人可在银行营业时间内,携带保管箱钥匙到柜台办理开箱身份验证,经确认印鉴或指纹等无误后,即可进入保管箱库存取物品,也可委托他人开箱,续租和退租手续也较为简便。

实例 2-12

平安银行保管箱收费业务

保管箱业务是平安银行利用安全齐备的设施和先进的管理手段接受个人或单位的委托,以出租保管箱的形式代客户保管文件、有价证券以及贵重物品的服务项目,适用于有物品保管需求的客户。

业务特色:

(1)安全:保管箱库房的安防、监控建设标准按照《中华人民共和国金融行业标准 JR/T 0003—2000》规定的银行金库标准执行。

(2)便利:专柜专人开箱服务。

(3)实惠:平安银行 VIP 客户可享有一定程度的价格优免,具体的优免定价情况请以最新公告为准。

资料来源:平安银行官网。

第六节 其他零售业务

随着金融市场的不断变化和信息技术的高速发展,我国商业银行的零售业务也在不断完善和发展,其通过充分利用网络信息优势,对客户群体做进一步细分,使产品和服务定位也更加精细,由此发展了一些新兴零售业务和特色零售业务,如私人银行业务、出国金融业务和网上银行业务。这类业务涵盖了许多银行原有的资产业务、理财业务和代理业务,同时又具有自身特色和优势,其发展也较为迅速。本节将介绍商业银行零售业务中的私人银行业务、出国金融业务和个人网上银行业务。

一、私人银行业务

在国外,个人银行业务和私人银行业务虽然都属于商业银行的零售业务,且两者的服务对象均为居民和个人,但是服务的内涵差别却很大。前者主要服务于中低收入者;后者主要服务于高收入者和家庭。就服务内容而言,前者主要是存贷款、理财等传统金融服务;后者则侧重综合财富管理、财产规划等,具体包括银行金融服务、财富管理服务、国际资产传承规划服务、综合授信服务和金融咨询服务,帮助客户达到个人财富保值、增值以及事业成长的双重目标。办理私人银行业务,具有一定的门槛,国外私人银行服务一般规定客户必须拥有 100 万美元以上的流动资产,实践中一般都是在 200～500 万美元。

我国商业银行开始私人银行业务始于 2007 年,银监会对私人银行业务制定了业务规范,私人银行业务开始起步,中国银行、招商银行、中信银行、交通银行开始发展私人银行业务。2008 年,工商银行和建设银行相继开设了私人银行业务,其后,民生银行、光大银行、平安银行、浦发银行、兴业银行也陆续开设了此业务。2011 年 8 月,银监会发布的《商业银行理财产品销售管理办法》从监管层面首次对私人银行客户设置了门槛:私人银行客户是指金融净资产达到 600 万元人民币及以上的商业银行客户;商业银行在提供服务时,由客户提供相关证明并签字确认。目前,各家银行对私人银行客户单月或单季日均持有的本行金融资产的余额设立了最低标准,基本分为 600 万元、800 万元和 1 000 万元三档。其中,招商银行、光大银行、建设银行等银行都要求最低标准为 1 000 万元;工商银行、民生银行、浦发银行等银行要求最低标准为 800 万元;交通银行、中信银行、平安银行等只要求达到监管的最低要求 600 万元。一般而言,被统计的资产只限于在该银行购买的理财产品和代销基金等金融产品,不包括股票和房地产、艺术品等。在实践中,各银行私人银行客户的户均资产都明显高于门槛,大部分都接近或高于 1 500 万元。招商银行和浦发银行的私人银行户均资产更是超过 2 000 万元。

商业银行在发展私人银行业务时,充分利用公司银行、投资银行和金融市场服务领域的市场领先优势,以高净值个人客户及其家族为服务对象,帮助客户进行家族财富管理和企业持续经营。商业银行在私人银行领域均通过打造私人订制产品来满足个性化客户的需求,如专属的理财产品、代理产品、信托产品等。私人银行产品的投资领域宽泛,包括现金管理(货币市场类产品)、固定收益类产品、权益类产品、另类投资等。比如,国内当前热门的衍生品投资和砖石投资产品,私人银行衍生品投资通常运用衍生工具、杠杆交易、套利交易等投资方式和策略,投资于商品、房地产、外汇、私募股权等领域,主要包括私募股权投资(PE)、结构性产品和金融衍生品投资、外汇交易、对冲基金、REITs 和实物投资(如艺术品、钻石、顶级红酒等)。在高端服务方面,根据客户金融净资产金额进行客户分层,针对不同层级客户先后推出公务机优惠预约服务、公务机俱乐部、系列兴业名家讲坛活动、海外教育管家等服务。

 **实例 2-13**

招商银行私人银行品质服务

集全方位、个性化、私密性为一体的综合财富管理,仅仅是私人银行服务的一部分。在为客户提供专业的财富管理的基础上,招商银行进一步完善了礼遇遍布全球的多项增值服务,让客户充分体验到"因您而变"的私人银行服务。

在招商银行私人银行,增值服务已延伸至客户商务活动及日常生活的每一方面。

全球连线理财服务

无论您在纽约国际机场候机,还是在北京家中陪女儿练习钢琴;无论您在东京跟朋友品茗聊天,还是和家人在瑞士滑雪······只需致电您专属的私人银行高级理财经理,简单口述您账户处理、投资理财等方面的交易需求,我们将会即刻调用安全、强大、完备的后台系统,如期完成您的交易指令,不让您与瞬息万变的财富机会失之交臂。

全球机场贵宾服务

我们深知您常常穿梭于境内外各大机场,喧闹的机场空间,更需一隅悠闲领地。招商银行私人银行整合全球机场资源,为您敬备境内 30 余家和境外 600 余家机场贵宾室最舒适的候机服务,排解您中转候机时的烦闷。让您及随行人员置身于宁静舒展的休憩氛围中,感受如在家中的时光;丰富的报纸杂志,为您提供新鲜资讯;快速的网络服务,助您及时处理事务;还有美味的精致茶点,助您恢复劳累身心。

全方位私人医疗服务

我们深知您全家的健康,是您细致人生中最贴心的牵挂,招商银行私人银行甄选国内优质健康管理服务机构,为您及家人提供个性设计、私人管理、稀缺服务为特色的医疗健康服务。

私人银行品味生活

"回味·超越·恒久"是我们根植中国本土血缘,为您提供璀璨闪耀的品位生活体验和专属的高端社交平台,助您实现非凡生活态度。

超越,是为您提供的超越过往品质生活和人际网络的更大想象空间;经历超越后,达至恒久,正如招商银行私人银行的理念一样,志在成就您的家业长青与永恒相伴。

资料来源:招商银行官网。

国内私人银行市场处于起步阶段,中国私人银行业务在高净值人群中的渗透率仅为 8% 左右,但其发展较为迅速。截至 2015 年年末,五大银行的私人银行资产管理总规模就已经超过 3.5 万亿元。除了中国银行以外,其余四家银行的客户数量和管理资产规模的增速都处于 20%~40%,加速增长态势明显。2015 年年末,建设银行金融资产 1 000 万元以上的私人银行客户数量增长 23.08%,客户金融资产总量增长 32.94%;农业银行有 34 家分行成立了私人银行部,私人银行客户数为 6.9 万户,管理资产余额为 8 077 亿元,较 2014 年年底增长 25.7%;交通银行私人银行客户数量较年初增长 26%,管理的私人银行客户资产达 4 073 亿元,较年初增长 39.97%。同时,股份制银行也表现不俗。截至 2015 年报告期末,浦发银行私人银行客户数突破 1.5 万户,管理私人银行客户金融资产近 3 000 亿元。光大银行私人银行客户数为 2.425 万户,较年初增长 32.43%,管理客户总资产 2 285 亿元,较年初增长 35.61%。平安私人银行 2015 年年末管理资产突破 2 500 亿元,较年初增长 64%。业务规模和客户群体的快速增长,也给银行带来了可观的收入。例如,招商银行 2015 年私人银行营业净收入(不含信用卡收入)48.21 亿元,同比增长 31.97%;民生银行私人银行去年非利息收入 35.67 亿元,同比增长 65.52%;浦发银行私人银行贡献业务净收入超 20 亿元。随着高净值人群希望获得个性化、综合化产品和服务

的需求日益旺盛,中国私人银行业务未来发展空间较大。

二、出国金融业务

出国金融业务是商业银行整合自身产品和服务,面向跨境金融服务需求的客户而提供的一站式跨境金融服务,包括出国留学服务、出国商旅、投资移民等专门服务。出国金融业务实质上是银行整合已有的业务资源(主要是国际业务),包括保函业务、外汇兑换业务、境外银行卡服务等,而提供的一站式服务,使出国更为便捷。

国内许多商业银行推出了一站式出国金融业务,如中国银行、招商银行、中信银行等,为国内居民提供更为完善的服务。传统的出国金融业务是外汇兑换、出国保函业务、存款证明等,只能满足最基本的出国需求。以存款证明为例,这是商业银行针对出国旅游、留学、探亲和出国工作人员提供的专门证明文本,这样可以将个人信用转化为银行信用,提高签证申请人的信用水平。出国旅游或留学还会面临其他的未知性,因此,商业银行还提供一站式出国金融服务,例如,招商银行的"陪你行"是针对旅行的不确定性,提供医疗补偿、证件遗失和随身财物的相关保险服务和金融服务。

实例 2-14

中信银行个人自费出国(境)保函业务

1. 业务介绍

个人自费出国(境)保函业务是指个人自费出国(境)人员以在中信银行开立的人民币存单为质押,中信银行以旅游公司、出国留学中介或语言培训学校等开展出国业务的合作单位为受益人开立的履约保证书。出国(境)保函业务中,中信银行作为担保人为申请人提供资信担保,申请人以在中信银行开立的人民币存单全额质押的方式为银行提供反担保。申请人提供的中信银行人民币定期存单的存款人可以是申请人本人或其配偶或其法定监护人。

2. 申请条件

(1)申请人须为自费出国(境)人员。

(2)申请人须以人民币存单全额进行质押。

(3)约定回国日由申请人和受益人自行确定,保函到期日应迟于约定回国日至少 10日,不超过约定回国日 30 日。

(4)质押率:人民币存单质押率不超过 100%,且存单金额应涵盖保函金额和索偿手续费。质押率=保函金额÷存单金额×100%。

3. 所需申请材料

(1)申请人护照和身份证复印件(如不能提供护照原件,复印件须经受益人验证并加盖受益人公章)。

（2）用于质押的中信银行人民币存单。

（3）申请人与合作单位签订的出境合同。

（4）申请人为无民事行为能力人或限制行为能力人的，需另提供其法定监护人户口本复印件（核查正本）或其他能够证明其法定监护关系的文件原件。

4．业务办理流程

（1）填写《中信银行个人自费出境人员保函申请书》。

（2）办理质押手续。

（3）缴纳手续费（收费标准）：保函开立为 50 元/笔；保函撤销为 30 元/笔；保函索偿为 30 元/笔。

资料来源：中信银行官网。

三、个人网上银行业务

网上银行，又称电子银行、网络银行，是银行利用互联网手段提供各种在线服务的一种银行运作方式或银行网站服务。个人网上银行业务是银行借助客户的个人电脑、手机和其他通信设备，通过互联网向客户提供的银行业务和相关金融服务。个人网上银行业务包括查询、转账、支付、信贷等银行业务。通过个人网上银行办理业务，客户可以不受时间和空间限制，减少往返银行的时间和成本。对于商业银行来讲，网上银行的快速发展，降低了银行的经营成本，有助于银行扩大潜在客户和拓宽金融服务领域，提高金融服务质量和强化金融管理。

国内商业银行中，大型商业银行和股份制商业银行均推出了自己的网上银行。最早的是招商银行，其推出了独立网上银行业务品牌——一网通，当前一网通已经形成具备网上企业银行、网上个人银行、网上证券、网上商城、网上房城、网上外汇和网上支付等功能的网上银行金融体系。以网上支付为例，其能实现快速到账、方便快捷和免手续费，极大地方便了客户相关金融服务需求，也提高了银行的金融服务效率。

 **实例 2-15**

招商银行个人网上银行一网通网上支付

产品简介

一网通网上支付是招商银行提供的网上即时付款服务。通过一网通网上支付，客户可以在网上任意选购众多与招商银行签约的特约商户所提供的商品，足不出户，即可进行网上消费。

服务特色

（1）全国联网，客户可以在任何一家招商银行特约商户消费付款。

(2)多种支付工具,满足客户各种消费需求。

(3)强大的安全保障。

支付工具

专业版支付:从个人银行专业版关联的银行卡支付,可自己设置任意限额。

一卡通支付:从活期存款支付,有封顶限额。

直付通支付:将一卡通账户与特约商户的账户绑定,直接在商户界面完成支付,可设置限额。

信用卡支付:在客户的信用卡额度范围内支付,可设置限额。

手机支付:在个人手机上输入支付密码进行即时付款,免去客户使用公共电脑的安全之忧。

招商银行为客户提供网上银行境内转账汇款功能,客户可向国内任何地区的任何银行账户转账汇款。例如,北京地区的招行持卡人可向温州招商银行异地汇款,也可向西藏拉萨工商银行异地汇款。客户可选择境内快速汇款和境内普通汇款方式进行汇款。

境内汇款

招商银行个人客户如急需汇款资金到账,可以选择"境内快速汇款"方式进行款项汇划。境内快速汇款是一种汇款人委托招商银行将款项经招商银行系统内清算渠道汇往同城招商银行存折、一卡通或异地招商银行一卡通的款项汇划方式。收款方账户必须为招商银行一卡通才能使用境内快速汇款方式。

境内汇款服务特色:

(1)快速到账:资金实时到账,节省资金在途时间。

(2)方便快捷:使用个人网上银行专业版,可足不出户实现招商银行同城和异地人民币款项的划转。

(3)免收手续费。

资料来源:招商银行官网。

个人网上银行业务的发展,使传统的很多人工操作逐步被电脑所取代。根据毕马威会计师事务所的估计,在富裕国家中,大约有10%的工作会有被自动化取代的风险。其中,工作内容越具有重复性越容易被机器劳工所取代。例如,银行中如出纳、贷款等工作任务,将很有机会被电脑取代。因此,随着我国智能手机的普及和互联网金融的兴起,个人网上银行业务发展将会加速,成为银行发展和竞争的重要载体,成为银行发展的新的竞争力。

复习思考题

1. 随着互联网理财产品的兴起,银行零售储蓄业务揽储越来越难,今后银行零售储蓄业务发展的方向应该如何调整?

2. 请任选本章中的一款零售信贷业务,分析其业务中的收益和风险。

3. 结构性理财产品是什么？相比其他类型理财产品,其有哪些特点？

4. 查找国内一家商业银行的信用卡,了解其透支的免息规定以及逾期时的利率收取规定。

5. 零售代理类业务主要有哪些种类？这些业务对于银行经营来讲,都没有风险吗？

6. 私人银行业务是国内商业银行发展迅速的零售业务,但依然存在很多不足。对比分析国内外商业银行的私人银行业务,指出国内商业银行的私人银行业务需发展完善的地方。

7. 查找关于招商银行和上海浦东发展银行的相关资料和数据,对比两家银行的业务构成中零售金融业务的重要性程度是否有差异,并分析其原因。

8. 从五大银行和十二家股份制商业银行中任选一家,介绍其零售银行业务的类型和近年来的发展,题目自拟。要求:①必须有各类业务近年来经营的数据及对其的分析总结,必须包含一级目录;②正文字数在3 000~4 000字。

第三章 公司银行业务

　　公司银行业务是指商业银行以公司等具有公众性质的部门或单位(以下统称为企事业单位)为服务对象所开展的各类业务。严格来讲,公司银行业务的服务对象并不仅限于公司制企业,也包含诸如非公司制企业、机关团体、事业单位、政府部门等具有公众性质的单位,只不过由于公司制企业的金融服务需求最为广泛、最为普遍和最具有代表性,所以一般把商业银行对非个人的企事业单位部门开展的金融业务称为公司银行业务。在商业银行内部有时也把公司银行业务称作公司金融业务、企业业务、对公业务、批发银行业务等。

　　公司银行业务可以按照是否形成资金来源、资金运用或是否占用银行自有资金的角度分为公司银行存款业务、公司银行贷款业务、公司银行中间业务等不同类型。在商业银行经营实务中,公司银行业务的分类一般是根据产品部门设置来进行的,此种分类包括现金管理业务、交易银行业务、投资银行业务、资产托管业务、养老金业务等不同类型。在本章中我们将按照产品部门设置的标准来对公司银行业务进行介绍。

　　本章将分别介绍公司银行业务中的现金管理业务、交易银行业务、投资银行业务和资产托管与养老金业务等内容。

第一节　现金管理业务

现金管理业务是指商业银行依托现代化的通信和信息技术手段,在企业短期资金的运用或日常结算过程中,为其提供包括账户管理、收付款、资金流动性管理、结算性融资、投资理财以及信息服务等在内的一项综合性金融业务。也有学者指出,现金管理业务是指商业银行协助企业,科学合理地管理现金账户头寸及活期存款余额,以达到提高资金流动性和使用效益的目的的一种金融服务。

现金管理业务最早出现在第二次世界大战后的美国,但范围仅限于收款管理。20世纪70年代,美林银行的现金管理账户推出了投资功能。20世纪90年代之后,大型集团公司的资金管理需求日益庞大和复杂,现金管理又进一步扩展到流动性管理等领域。当前,现金管理已发展到以账户管理为核心的包括收款、付款、融资、投资等现金流转以及信息汇总、传递等一系列银行服务的组合,是银行向企业和机构客户提供的一项综合性的银行产品与金融服务。

当前来看,我国商业银行所开展现金管理业务的功能大致有五项:一是账户管理,包括账户收支管理、支出限额管理等;二是流动性管理,包括资金归集、资金调拨、资金池业务等;三是结算业务,包括电子支付、异地通存等;四是短期融资,包括账户透支、票据买入、额度管理等;五是信息服务,包括账户查询、到账通知、电子对账等。

按照业务功能的不同,对企业进行现金管理的产品体系可以分为存款与理财、收款与付款、结算性融资、现金池、电子渠道现金管理等业务。

一、存款与理财业务

(一)公司银行业务存款产品

吸收公司等企业、事业单位部门的存款也是商业银行对公业务客户经理们的重要工作之一。如果没有一定的存款规模作为基础,对公业务的资产项目就无法有效开展。

在我国,公司银行业务存款产品一般可以分为活期存款、定期存款、协定存款、通知存款等类型。

1. 活期存款

活期存款是指以公司为主的各企业、事业单位部门在存入资金时不约定存期,随时存取使用的一种存款。持有活期存款账户的存款单位可以以各种方式提取存款,如开出支票、汇票等。活期存款按季度计息,并按计息日公布的活期存款利率计算利息。

在我国,企业、事业单位的活期存款账户可划分为四种类型,即基本存款账户、一般存款账户、专用存款账户和临时存款账户。

基本存款账户是企业、事业单位在银行开立的主要存款账户,是其办理日常转账结算、现金收付、工资奖金发放等的主办账户。一家单位存款人只能在一家银行机构开立一个基本存款账户,开立基本存款账户是开立其他银行结算账户的前提。当企事业单位在某家银行开立了基本存款账户之后,一般其员工的工资奖金存款账户也会在该行开立,日常工资奖金的发放都会通过该行进行,这也将会极大地促进这家银行个人存款业务的开展。

一般存款账户是指企业、事业单位在开立基本存款账户后,根据其资金管理需要,选择在其他银行开立的存款账户,主要办理转账结算和现金缴存,但不能办理现金支取。一家单位一般可以在非基本存款账户银行之外的多家银行开立多个一般存款账户。

专用存款账户是指企业、事业单位因特定用途需要所开立的账户,如因基本建设、更新改造或办理信托业务、代理业务、政策性业务等目的而开立的账户。

临时存款账户是指企业、事业单位因临时性经济活动的需要而开立的账户。该账户既可以办理转账结算,又可以根据国家现金管理规定存取现金。临时存款账户一般会随着所服务的临时性经济活动的结束而同时撤销。

各类活期存款账户主要是服务于企业、事业单位对流动性资金的管理需求,凡是符合开立单位活期存款账户条件的企业、事业单位、机关、部队、社会团体等部门均可以在商业银行办理活期存款业务。

对于有对外交往活动的中国境内各类机构和外国驻华机构而言,还可以在中国境内商业银行开立外币活期存款账户。国内企业、外商投资企业、国家机关、社会团体、事业单位、外国驻华机构等部门可以在满足国家外汇管理局的相关条件下,在银行开立经常项目外汇结算账户和资本项目外汇结算账户。外币活期存款按季度计息,其中小额存款按计息日公布的活期存款利率计算利息,而大额存款一般按存入时双方商定的利率计息。

实例 3-1

中国工商银行单位活期存款办理指南

中国工商银行的分理处、各级营业部等对公分支机构均可办理公司客户的活期存款业务。

存款单位开立账户时应到拟开户行领取空白"开户申请书"和"印鉴卡"一式三份,如实填写各项内容,并加盖与账户名称一致的单位公章和法人章或根据法人授权书的内容加盖其授权人章;在"印鉴卡"上还可加盖单位财务专用章和法人章,或加盖财务专用章、法人和财务主管人员章。以上私人名章均可用本人签字代替。

同时,开户申请人还应提交:

(1)工商行政机关核发的营业执照。

（2）国家外汇管理局规定须提供的资料和批文（开立外汇存款账户时需要）。

（3）国家技术监督局办理的企业标准代码证书。

（4）其他银行内部规定的资料。

人民币活期存款按结息日挂牌公告的活期存款利率计息。计息期间如遇利率调整，则分段计息。

资料来源：中国工商银行官网。

2. 定期存款

定期存款是指企业、事业单位与商业银行事先约定一定的存款期限，将暂时闲置的资金存入银行，银行按存入日约定的利率计付利息的一种存款。实践中各银行对定期存款基本都有起存金额规定，起存金额一般为1万元，多存不限。定期存款可以全部或部分提前支取，但一般只能提前支取一次，且均需支付一定的罚息。全部提前支取的，按支取日挂牌公告的活期存款利率计息；部分提前支取的，提前支取部分按照支取日挂牌公告的活期存款利率计息，其余部分如不低于起存金额则由银行按原存款期限开具新的证实书，按原存款开户日挂牌公告的同档次利率计息；不足起存金额的则予以清户。

定期存款到期后，客户可以选择自动转存，也可选择不自动转存。在自动转存方式下，可选择自动"存本转息"或"本息续存"。

在我国，企业、事业单位定期存款的期限有3个月、半年、1年、2年、3年和5年共6个档次。定期存款各档次的基准利率由中国人民银行确定，计息方式采用逐笔计息法，计息期满年（月）的按年（月）计算，零头天数按实际天数计算。单位定期存款到期支取（销户）时，对于从原单位基本存款账户、专用存款账户或一般存款账户转存的存款，可以采用转账方式将存款转入其原转存账户，但不得将定期存款用于结算或从定期存款账户中提取现金。到期不取的，逾期部分按支取日挂牌公告的活期存款利率计付利息。

定期存款适用于客户在可预见的期间内对闲置不用资金的管理运用。

商业银行同样也可办理外汇定期存款业务，其操作方法与本币定期存款类似。在计息方式上，小额外汇定期存款按照存入日公开挂牌利率计算，大额外汇定期存款则由双方协商确定。

3. 协定存款

协定存款是指企事业单位客户按照与银行约定的存款留存额度开立结算账户，账户中超过留存额度的部分按照双方协商的利率计息的一种存款。银行和客户双方需要订立存款合同来确认协定存款的留存额度和存款期限。凡是符合条件的企业、事业单位、机关、部队、社会团体、个体经济户等均可申请办理人民币协定存款业务。

协定存款的最低留存额度由双方约定，留存额度以内按照活期存款利率计息，超出部分按照协定利率计息。协定存款按季度计付利息，计息期内对每日余额进行判别，按超过最低留存额部分的实际金额来计息。单位协定存款一般签约期为4个计息期，即1年。

双方可约定无特殊情况到期时自动转期。

协定存款是在活期存款基础上衍生而来的存款品种,银行对签订协定存款合同的客户会开立一个结算账户。对客户而言,协定存款具有流动性强、收益率高和快捷方便的特点。办理单位协定存款账户后,企事业单位的日常结算不受任何影响,资金可以自由往来;协定存款的利率水平高于活期存款,客户长期使用后其资金收益水平会大大提高;客户只需与银行协商,签订协定存款合同后即可由计算机系统自动对账户进行管理,操作简便、效率高。

商业银行创立协定存款的一个重要目的,就是以更具吸引力的价格吸收存款,并维护好客户关系。协定存款的利率要远高于活期存款利率,甚至不亚于定期存款利率。协定存款的利率是双方商定产生的,利率水平的变化受市场利率波动的影响很大。2015 年 10 月,中国人民银行全面放开了对存款利率的管制,这意味着未来银行与企事业单位客户签订协定存款合同时将会有更大的利率价格空间。

 **实例 3-2**

中国工商银行单位协定存款办理指南

中国工商银行可与客户签订单位协定存款合同,在结算账户之上开立协定存款账户,并约定结算账户的额度,由银行将结算账户中超额度的部分转入协定存款账户,单独按照协定存款利率计息。

开户

单位应与开户行签订协定存款合同,合同期限最长为 1 年(含 1 年),到期任何一方如未提出终止或修改,则自动延期。凡申请在中国工商银行开立协定存款账户的单位,须同时开立基本存款账户或一般存款账户,简称结算户,用于正常经济活动的会计核算,该账户也称为 A 户,同时电脑自动生成协定存款账户(以下简称 B 户)。如单位已有结算账户,则将原有的结算账户作为 A 户,为其办理协定存款手续。

存入

协定存款的起存金额请向当地中国工商银行咨询。

支取

协定存款账户的 A 户视同一般结算账户管理使用,可用于现金转账业务支出,A 户、B 户均不得透支,B 户作为结算户的后备存款账户,不直接发生经济活动,资金不得对外支付。

结息

每季末月 20 日或 B 户销户时应计算协定存款利息。季度计息统一于季度计息日的次日入账;如属协定存款合同期满终止续存,其销户前的未计利息于季度结息时一并计入 A 户。

单位协定存款的利息计算参照人民币活期存款的相关规定。

销户

协定存款合同期满,若单位提出终止合同,应办理B户销户,将B户的存款本息结清后,全部转入A户中。结清A户的,B户也必须同时结清。在合同期内原则上客户不得要求清户,如有特殊情况,须提出书面声明,银行审核无误后,办理清户手续。

注意事项

如开户行已开办通存通兑业务的,A户内资金可以在其他已联网机构使用。

协定存款余额两年以上(含两年)低于起存金额的,将利息结清后,作为一般账户处理,不再享受优惠利率。

B户连续使用两年以后仍需继续使用,须与银行签订协定存款合同。

资料来源:中国工商银行官网。

4. 通知存款

通知存款是指企事业单位客户在向银行存入资金时不约定存期,如需支取资金需要提前若干天以电话或书面形式通知银行约定支取日期和金额方能支取的一种存款类型。通知存款是一种具有中国特色的存款产品,主要分为1天通知和7天通知两种产品。通知存款不管实际存期的长短,1天通知存款必须至少提前1天通知银行约定支取存款,7天通知存款必须至少提前7天通知银行约定支取存款。客户选择通知存款品种后一般不能变更。

单位通知存款有起存金额规定,如工商银行规定起存金额为50万元,须一次性存入,可以选择现金存入或转账存入。通知存款可一次或分次支取,工商银行规定每次最低支取额为10万元以上,支取存款利随本清,支取的存款本息只能转入存款单位的其他存款户,不得支取现金。具体支取方式上,一是单笔全额支取,存款单位需出具单位通知存款证实书;二是部分支取,部分支取时账户留存金额不得低于50万元,低于50万元起存金额的,做一次性清户处理,并按清户日挂牌活期利率计息办理支取手续并销户;留存部分金额大于50万元的,银行按留存金额、原起存日期、原约定通知存款品种出具新的通知存款证实书。

单位通知存款利率按中国人民银行规定同期利率执行,采用逐笔计息法,按支取日挂牌利率和存款实际天数计息,如遇利率调整,不分段计息。

(二)公司银行业务理财产品

2004年至今,由于负债市场上的竞争越来越激烈,我国的商业银行逐渐改变了原来主要靠各种存款业务吸收资金的方式,逐步推出了种类越来越多的针对个人客户和公司客户的理财产品。通过销售理财产品吸收的资金在各商业银行负债业务结构中的比重逐渐加大。

公司银行业务理财产品(以下简称理财产品)是指商业银行接受企事业单位客户的委托与授权,按照与客户事先约定的投资计划和方式进行投资和资产管理,以实现客户对资金灵活的流动性管理、避险以及稳健增值的业务活动。

理财产品的投资标的一般包括现金、国债、地方政府债券、央行票据、政策性金融债券、短期融资券、中期票据、次级债券、企业债券、公司债券、非公开定向债务融资工具、资产支持债券(ABS)、资产支持票据(ABN)、回购、同业拆借、存放同业、货币基金、信贷资产等符合监管要求的非标准化债权资产、证券公司集合资产管理计划或定向资产管理计划、基金管理公司特定客户资产管理计划、保险资产管理公司投资计划及信托计划等。

理财产品投资标的资产可以分为三类:一是债券、存款等高流动性资产,包括但不限于各类债券、存款、货币市场基金、债券基金、质押式及买断式回购等货币市场交易工具;二是债权类资产,包括但不限于债权类信托计划、交易所委托债权投资等;三是其他资产或者资产组合,包括但不限于证券公司集合资产管理计划或定向资产管理计划、基金管理公司特定客户资产管理计划、保险资产管理公司投资计划等。这三类资产的流动性程度和收益水平各不相同,通过对不同类别标的资产的组合,就可以实现不同种类理财产品的流动性水平和收益性水平,从而可以满足不同客户对流动性和收益性的不同需求。

理财产品从流动性角度可以划分为开放式无固定期限型、开放式最短持有期型、开放式周期型、半开放式、封闭式等类型。除此之外,银行还发售一种与某些风险因素挂钩的结构性存款产品。从收益性角度划分,理财产品可以分为保证收益型(保本保收益)、保本浮动收益型和非保本浮动收益型三类。不同类型理财产品的交易、收益计算规则等有较大区别。下面将主要从流动性角度介绍不同理财产品的特征。

1. 开放式无固定期限型

该类产品又称开放式 T+0 型,客户在每个工作日均可以申购或赎回。T 日主动申购,本金实时扣款,当日起息;T 日主动赎回,本金实时到账。若通过计算机系统自动申购和赎回,则起息日和到账日均为 T+1 日。产品收益率一般是由银行根据市场利率变动及资金运作情况不定期调整各档次预期最高年化收益率(持有份额越多,则收益率越高)。银行根据客户当日理财产品账户余额及适用收益率按日计算收益,在每月或每季的固定日期分配,或者在客户全额赎回的次日分配。

客户投资本产品可以采用两种方式:一是客户主动购买和主动赎回方式;二是自动购买和自动赎回方式,即由客户与银行签订自动理财服务协议,银行依照协议为客户办理自动购买和自动赎回。该类产品的首次申购最低限额各银行一般规定为 5 万元,追加购买金额为 1 万元及其整数倍;后续申购或赎回时,单笔金额为 1 万元或其整数倍。

开放式无固定期限型理财产品具有媲美活期存款的流动性,同时其收益率又高于活期存款,因此是商业银行最具竞争力的产品之一。

 **实例 3-3**

中国工商银行无固定期限超短期人民币理财产品说明(见表 3-1)

表 3-1 无固定期限超短期人民币理财产品说明

产品名称	无固定期限超短期人民币理财产品
产品代码和类型	0701CDQB;非保本浮动收益型理财产品
产品风险评级	PR1(很低。产品保障本金,且预期收益受风险因素影响很小;或产品不保障本金但本金和预期收益受风险因素影响很小,且具有较高流动性)
目标客户	法人客户
期限	无固定期限
产品起始日	2007 年 8 月 28 日
开放日	2007 年 8 月 28 日起每个工作日
首笔购买最低金额	5 万元
追加购买最低金额	1 万元,以 1 万元的整数倍追加
单笔赎回最低份额	1 万份,以 1 万份的整数倍追加
单位金额	1 元/份
购买、赎回方式	开放期客户可进行主动购买及赎回,主动购买、赎回时间为每个工作日的 9 时至 15 时 30 分;客户可与工商银行签订自动理财协议,开放期内工商银行系统可根据客户设置额度自动进行购买、赎回
购买确认日	客户主动购买:T 日购买,实时确认,实时扣款;客户自动购买:T 日购买,T+1 日确认,T+1 日扣款;T 日、T+1 日均为开放日
赎回确认日	客户主动赎回:T 日赎回,资金实时入账;客户自动赎回:T 日赎回,资金 T+1 日入账;T 日、T+1 日均为开放日
预期最高年化收益率 (扣除销售手续费、托管费后)	该产品拟投资 30%~100% 的债券、存款等高流动性资产,0~70% 的债权类资产,0~70% 的其他资产或资产组合。按目前各类资产的市场收益率水平计算,该资产组合预期年化收益率约 3.23%,扣除理财产品销售费、托管费等费用,产品到期后,若所投资的资产按时收回全额本金和收益,则按持有本产品份额数量档次划分客户可获得的预期最高年化收益率可达 2.00%~3.00%。测算收益不等于实际收益,投资需谨慎。若产品未达到客户预期最高年化收益率,工商银行不收取投资管理费;在达到客户预期最高年化收益率的情况下,工商银行按照适用的预期最高年化收益率支付客户收益后,将超过部分作为银行投资管理费收取
各档次预期最高年化收益率	客户理财账户中当日日末本产品份额为 500 万份(不含)以下,预期收益为 2.00%;客户理财账户中当日日末本产品份额为 500 万~1 000 万份(不含),预期收益为 2.20%;客户理财账户中当日日末本产品份额为 1 000 万~1 亿份(不含),预期收益为 2.30%;客户理财账户中当日日末本产品份额为 1 亿~5 亿份(不含),预期收益为 2.35%;客户理财账户中当日日末本产品份额为 5 亿~500 亿份(不含),预期收益为 2.40%;客户理财账户中当日日末本产品份额为 500 亿份及以上,预期收益为 3.00%

（续表）

销售手续费率	0.2%（年化）
托管费率	0.03%（年化）
预期收益计算方法	每日根据当日理财账户余额及适用收益率计算
收益分配方式	按季分红（全额赎回时结清收益）
分红权益登记日	每季季末月 24 日
分红资金到账日	分红权益登记日后第 3 个工作日

资料来源：中国工商银行官网。

2. 开放式最短持有期型

该类产品每个工作日均可申购，T 日申购，T＋1 日扣款起息。该类产品的最短持有期一般为 7 天，在 7 天之内不允许赎回，自第 7 天开始每个工作日均可提出赎回，T 日赎回，T＋1 工作日到账。该类产品起购金额各银行一般规定为 10 万元，以 1 000 元整数倍递增。一般每月固定日期分配收益，或在客户全额赎回时分配收益。

只要持有满 7 天，该类产品便成为每日均可赎回的高流动性产品，同时继续享受原先的收益率，兼顾了流动性和收益性，是企事业单位客户理想的现金管理工具。

3. 开放式周期型

该类产品是指按固定周期进行滚动运作的产品，投资者在每个周期开始前申购，至周期起始日扣款起息，起息后持有期限满足至少一个固定周期后，只要客户不主动赎回，本金就一直按周期滚动投资。若客户提出赎回，则本金至最近一个周期结束后赎回。产品存续期间，每个周期结束后都会分配该周期应付收益。

当前我国银行发售的此类产品的周期一般有 7 天和 14 天两种，以 7 天型为主。以 7 天型为例，在产品存续期内如果客户多次购买产品，其中，持有 7 天以上的份额，可进行赎回，持有 7 天以内的份额，不可赎回。

4. 半开放式

半开放式理财产品允许客户 T 日申购，T＋1 日扣款起息，至固定期限届满后自动赎回本金并兑付收益，固定期限届满前不可以主动赎回。对客户来讲，每一笔投资本金的投资期限均是固定的，与封闭式产品的主要区别就是其每个工作日均可以申购，隔日就起息，从而方便投资者随时进行投资，缩短了资金闲置时间。

当前我国商业银行为企事业单位客户提供的半开放式理财产品的投资期限一般有 21 天、30 天、60 天、90 天、150 天、180 天、240 天、360 天等不同期限的产品，起投金额一般为 5 万元，以 1 000 元的整数倍递增。

5. 封闭式

封闭式理财产品是指期限固定，且存续期内不提供申购或赎回的产品，客户必须持有该产品到期,到期后一次性兑付本金和收益。封闭式产品牺牲了流动性换取较高的收益性,适合客户有固定使用计划的资金投资。此类产品的起购金额为5万元,投资期限一般在1个月以上,最长的甚至可达2年以上。实践中商业银行也可以根据客户的需求定制个性化封闭式理财产品。

6. 结构性存款

结构性存款是指客户将人民币或外币资金存放在银行,由银行通过在普通存款的基础上嵌入金融衍生工具(包括但不限于远期、掉期、期权或期货等),将客户投资收益与利率、汇率、股票价格、商品价格、信用、指数及其他金融类或非金融类标的物挂钩的具有一定风险的金融产品。

结构性存款有时也称结构性理财产品,在我国各银行中一般均是和理财业务一同管理。结构性存款本息的偿付情况按照合同约定的风险结构条款确定,存款人通过承担事先认定的风险来获取高于普通存款的收益,也可能在风险实现时承受损失。结构性存款作为一种特殊的理财产品,其与普通理财产品的主要区别在于其基础资产部分核算为存款。

结构性存款挂钩的风险种类主要有三种:一是与投资期限的不确定因素挂钩;二是与市场风险(汇率、利率、价格等)因素挂钩;三是与违约风险(单个或多个信用主体、某一信用等级等)因素挂钩。当前我国各银行在售的主要为保证收益型结构性存款,是收益率固定、风险较低的稳健型理财产品,一般与上述第一种风险挂钩。

 **实例 3-4**

中国工商银行法人客户专属挂钩型人民币理财产品说明(见表 3-2)

表 3-2　法人客户专属挂钩型人民币理财产品说明

产品名称	中国工商银行法人客户专属挂钩型人民币理财产品 2016 年第 11 期(挂钩沪深 300 指数)
产品代码和类型	G3001611;非保本浮动收益类
产品风险评级	PR3(适中。产品不保障本金,风险因素可能对本金和预期收益产生一定影响)
期限	358 天
计划发行量	20 亿元
销售范围	全国
起始日和到期日	2016 年 11 月 2 日至 2017 年 10 月 26 日
资金到账日	到期日后第 1 个工作日,或提前终止日或提前赎回日后第 1 个工作日
理财产品托管人	工商银行重庆分行
托管费率(年)	0.03%
销售手续费率(年)	0.50%

(续表)

预期收益率测算	本产品拟投资0~15%的挂钩类资产,0~80%的高流动性资产,10%~90%的债权类资产,0~80%的权益类资产,0~80%的其他资产或资产组合。 设观察期间内沪深300指数收益率为r,按目前市场收益率水平测算,若产品到期时非挂钩类资产能按时收回本金和收益,且若$r>20\%$,资产组合预期年化收益率约4.23%;若$-20\%\leqslant r\leqslant 20\%$,资产组合预期年化收益率约$4.03\%+0.01\times r$;若$r<-20\%$,资产组合预期年化收益率约3.83%。 扣除销售手续费、托管费,产品到期后,若所投资的非挂钩类资产按时收回全额本金和收益,且若$r>20\%$,客户可获得的预期最高年化收益率约3.7%,若$-20\%\leqslant r\leqslant 20\%$,客户可获得的预期最高年化收益率约$3.5\%+0.01\times r$,若$r<-20\%$,客户可获得的预期最高年化收益率约3.3%。 测算收益不等于实际收益,投资需谨慎
认购起点金额	10万元起购,认购金额以1 000元的整数倍递增
提前终止或提前赎回	为保护客户利益,工商银行可根据市场变化情况提前终止本产品;客户不得提前终止本产品
收益计算方法	预期收益=投资本金×预期年化收益率÷365×实际存续天数

资料来源:中国工商银行官网。

二、收款与付款业务

收款与付款业务是企业正常运营的重要基础,是企业资金流动的源头。银行为客户提供最为适合的收付款服务也是高品质现金管理的基本功能。除提供汇票、本票、支票等传统银行结算工具外,中国银行业也不断创新收付款产品,使客户使用更便捷,并协助客户最大限度地减少资金在途时间,加速资金流转速度从而降低财务成本。

(一)收款业务

1. 委托收款

委托收款是指收款人委托银行向付款人收取款项的结算方式。收款人可凭承兑商业汇票、债券、存单等付款人债务凭证(主要是商业汇票)向银行提交办理款项的委托收款申请,由银行将委托收款凭证寄交付款单位开户银行,待付款人支付的相关款项收妥后将资金自动转入收款人在银行开立账户中。

委托收款属于为客户提供便利的银行间代理结算,按照中国人民银行相关规定收取一定的服务费。银行如果能够提供高效的收款服务,不但有利于银行中间业务收入的增长,且收取的款项转入客户在收款行的账户中还可以在一定程度上增加客户在银行的存款量,从而促进客户与银行之间其他业务合作的开展。

2. 托收承付

托收承付是指根据购销合同由收款人发货后委托银行向付款人收取款项,由付款人向银行承诺付款的结算方式。根据中国人民银行《支付结算办法》的规定,托收承付结算每笔金额起点为1万元。结算款项划回可用邮寄或电报等方式。有验单付款或验货付款两种付款方式供付款人选择,付款人在限定条件下有全部拒绝付款或部分拒绝付款的权力,收款人遭受无理拒付时有重办托收的权力。

托收承付属于银行基础的结算产品之一,可用于商品交易以及因商品交易而产生的劳务供应款项的结算,收款人发货后可以向异地付款人收取款项。托收承付可以为银行带来一定的结算收入,为客户收取的款项也可能存入收款银行,增加客户的存款量。

托收承付与委托收款都是银行为客户根据购销合同以及商业汇票等凭证向客户的交易对手或其开户银行进行结算的服务,两者都普遍存在于公司客户的日常业务中,两种产品可以进行组合交叉,以满足不同情况下客户的需求。

3. 代理收款业务

代理收款业务是指银行利用集中式缴费平台为有收款需求的单位客户(如水、电、煤气、通信等公共事业单位)提供的收取各类费用款项的增值服务。该业务依托银行的实体网点、电子渠道及系统等优势条件,可为委托单位提供个性化的系统接入方式,并支持单笔扣款、委托批量代扣、实时或脱机支付等各类收款模式。

 **实例 3-5**

甲银行为某自来水公司提供的代理收款服务

某公司是一家自来水公司,为S市各单位和全体居民提供自来水服务。由于其客户众多,每月大量的税费结算给该自来水公司带来了巨大的人力成本,且收费效率低下。此外,由于该自来水公司非工作时间不能缴费,也给广大用户带来不便。甲银行产品经理从自来水公司实际情况出发,为其设计了代理收款服务方案,用户不仅可以在甲银行各营业网点缴纳水费,还可以通过甲银行的网上银行(支持个人网银和公司网银)和第三方支付渠道实现足不出户的电子缴费,给自来水公司及其用户都带来了极大便利。同时,甲银行将银行的缴费系统与自来水公司的系统直连,实现该自来水公司对收款结果的及时掌握与管理,并保证收款资金的及时到账与清算。

4. 财政资金代理收款业务

财政资金代理收款业务主要包括税收代理收缴业务和非税收入代理收缴业务两类。

税收代理收缴业务(即"银税通"业务)是指银行与税务部门之间建立数据专线连接,为税务机关和纳税人构建多元化税款征缴平台。纳税人通过登录税务信息管理系统或银行提供的多种渠道向税务机关进行纳税申报,银行根据税务部门的指令实时扣收纳税人税款的一种快捷的电子化缴税方式。

非税收入代理收缴业务是指各级财政部门在指定的银行设立用于接收非税收入资金的财政专户或者财政部门为执收单位开设财政汇缴专户,由银行负责将每日缴款人缴纳的非税资金以及各执收单位缴存的资金实时划入财政专户或财政汇缴专户中,并按日自动将财政汇缴专户收缴的资金,通过资金汇划清算系统汇划到财政专户,保证每日营业终了时财政汇缴专户余额为零,保证财政非税收入及时、足额、安全缴入国库。非税收入的类型包括行政事业性收费、政府性基金、国有资源有偿使用收入、国有资本经营收益、彩票公益金、罚没收入、以政府名义接受的捐赠收入、主管部门集中收入以及政府财政资金产生的利息收入等。

财政资金代理收款业务服务范围较广,包括财政部门、税务部门、海关部门、社会保障部门、公积金部门、国土资源部门、民政部门等政府部门及其基层单位,以及和相关资金运用相关的居民和企事业单位个体等。财政资金代理收款业务的政策性强,对银行综合服务水平要求高,因此,在我国一般是大型国有控股银行和在全国范围内开设网点设施的股份制商业银行办理该项业务。

（二）付款业务

1. 汇兑业务

汇兑是指汇款人直接委托银行将款项支付给收款人的一种结算产品。银行通过分设各地网点加入的同城清算系统以及现代化支付系统,可以根据客户需求选择最适合的支付路径,在第一时间完成资金在系统内的汇划或跨系统的汇款。

客户到营业网点办理业务的,需要填制汇款凭证,加盖印鉴,交由银行审核无误后即可办理。采取网上银行办理的,客户开通网银服务后,可通过电子付款指令实现与其他单位之间的同城或异地资金结算。

2. 票据付款业务

对于企业、事业单位客户而言,利用各种商业票据实现资金的收付也是经常使用的方式之一。使用的票据一般包括支票、银行本票和银行汇票。

支票是指出票人签发的,委托办理支票业务的银行或其他金融机构在见票时无条件支付确定的金额给收款人或者持票人的票据。支票分为现金支票和转账支票,现金支票只能支取现金,转账支票只能用于转账。

各类款项的结算均可以使用支票,支票一律记名,可背书转让和挂失。支票无金额起点的限制,有效期为 10 天,从签发之日起计算,到期日为节假日时依次顺延。

银行本票是指银行根据客户申请签发的,承诺见票时无条件支付确定的金额给收款人或者持票人的票据。在银行开户的企事业单位和个人需要在票据交换区域内支付各种款项时,可以申请使用。《中华人民共和国票据法》(以下简称《票据法》)规定,只有银行才可签发本票,普通工商企业或个人不可签发。银行本票分为现金银行本票与转账银行本票两种。

银行本票是以商业银行的信用为付款保障的,凸出保障性;在同一票据交换区域内见票即付,凸出便捷性;遗失可挂失,凸出安全性。

银行汇票是指出票银行签发的,由其在见票时按照实际结算金额无条件支付给收款人或者持票人的票据。银行汇票是目前我国异地结算中较为广泛采用的一种结算方式。凡是企业、事业单位、个体工商户或个人需要在异地进行商品交易、劳务供应和其他经济活动以及债权债务的结算,都可以使用银行汇票。银行汇票可以用于转账结算,填明"现金"字样的也可以支取现金。对持票人而言,转账汇票背书后可以转让,使用方便,有利于购货单位在市场上灵活地采购商品。

 **实例 3-6**

商业银行票据结算业务

A公司由于业务需求,向异地的B公司购进一批商品,需要在未来某一时期内支付一定款项给B公司。由于交易金额较大,A公司和B公司都认为使用现金结算既不方便,也不安全,因此采取了以下结算方式之一。

结算方式1:A公司由于自己在甲银行开立有基本结算账户,因此给B公司开具了以甲银行为付款人的支票。B公司收到支票后,只需在10天内到甲银行兑现即可。

结算方式2:B公司提出,由于A公司业务刚刚起步,担心其开出的支票可能无法兑现,要求A公司采用银行本票方式结算。甲银行了解情况后,建议A公司向B公司开具以甲银行为付款人的银行本票,以甲银行的信用为保证,见票时必须无条件支付确定金额给B公司。A公司接纳建议,向B公司开出银行本票支付款项。

结算方式3:A公司提出,由自己作为出票人开立一张银行汇票。银行汇票上付款人为自己的结算账户银行甲银行,收款人为B公司,由甲银行在银行汇票上加盖"承兑"章和签名,然后寄交B公司。甲银行和B公司均同意使用银行汇票结算。B公司收到银行汇票后,为支付购货款,将其背书转让给自己的原材料供货商C公司,以结清双方的债权债务关系。

3. 批量支付业务

批量支付业务是指客户通过柜面递交磁盘介质、公司网上银行或银企直连等渠道直接在线提交批量付款申请,委托银行一次性同时完成将款项分别划付给多个收款人的结算业务。

批量支付业务可以使客户便捷地、高效地完成付款,适用于那些在商业银行开立结算账户并且交易频繁、支付笔数多、交易量大的公司客户使用。

4. 代发业务

代发业务是指商业银行接受客户的委托,代为办理指定款项支付事宜的业务,包括代发工资、代发奖金、代发福利性收入、代发社会保障基金、代发保险费及退保费、转岗补贴、动拆迁费等个人合法性收入。

凡是具备法人资格,有良好资质的工商企业、机关团体、行政事业单位等,均可申请成为银行委托代发业务的单位。对银行而言,代发业务的直接效益是能够带来一定的中间业务收入,间接效益是能够带动公司业务和个人业务的同步发展。

5.代理缴费

代理缴费是指通过商业银行的集中式缴费平台,为银行的公司客户提供多渠道、多模式代理缴纳各类账单费用的缴纳业务。代理缴费业务的服务对象主要是公用事业服务的法人单位使用者,如提供水、电、煤气、通信、热力等服务的客户。此类客户一般希望能够实时查询账单情况并及时办理缴付业务。

代理缴费业务的直接收益来自收款单位支付给银行的佣金,对于付款公司客户一般不收取支付费用,较传统上通过转账支票和委托收款等支付方式相比可以节省客户的支出。间接收益则主要来自收费单位和缴费客户在办理银行结算的同时增加的存款沉淀量。

6.财政资金国库代理支付

财政资金国库代理支付就是通过建立的国库单一账户体系,将所有财政性资金都纳入国库单一账户体系管理,支出通过国库单一账户体系支付到预算单位或商品劳务供应单位。

按照不同的支付主体,财政资金国库代理支付可以分为财政直接支付和财政授权支付。财政直接支付是指按照部门预算和用款计划确定资金用途和用款进度,根据用款单位的申请,由财政部门通知银行将款项从财政零余额账户中将资金直接支付到商品或劳务供应单位。该账户为零余额账户,日间对外支付由银行代垫资金,日终再与国库进行资金清算。财政授权支付是指根据财政部门实现核准的预算和确定的资金用途及用款进度,由预算单位自行开出支付指令通知银行从预算单位零余额账户中将资金支付到商品或劳务供应单位。银行在收到预算单位的支付指令后,进行额度的审核,如果符合则在日间代付资金,日终时再与国库进行资金清算。

财政资金国库代理支付业务的服务范围主要涉及财政部门、税务部门、海关部门、社会保障部门、公积金部门、国土资金部门、民政部门等政府部门和基层单位。

三、结算性融资业务

商业银行的公司及各种单位客户在日常交易结算过程中,可能会面临着临时性的账户余额不足以满足支付业务需求,此时可以在与银行之间事先安排的相关协议基础上,在其账户上超出账户余额预先完成支付结算需求,待日后再将账户余额补足。此种业务就是银行对其单位客户提供的一种结算性融资业务。我国商业银行的该类业务中,主要开展的是法人账户透支业务。

(一)法人账户透支业务

法人账户透支业务是银行针对单位客户日益增长的现金管理、降低交易成本和加强企业财务管理的需要所开辟的一种公司授信产品。根据客户申请,银行在核定账户透支额度的基础上,在规定的期限内,允许客户在账户存款不足以支付款项时,在核定的透支额度内向银行透支,以取得资金满足正常结算需要的一种临时性信贷便利。

法人账户透支业务的开展一般需要银行与单位客户事先签订相关协议,并非所有单位客户均被默认允许进行法人账户透支。该业务主要是面向已经在银行开立了存款账户并获得了一定授信额度的法人,一般以四类客户为主:第一类是信誉良好,经营状况正常,财务管理规范,信用评价等级较高的客户;第二类是主要的结算业务在透支银行办理,并已获得银行授信的大中型企业客户;第三类是在透支银行办理了集中账户管理业务的客户;第四类是符合银行制定的相关准入标准的中小企业客户。

法人账户透支业务的收费主要包括透支额度承诺费和透支资金利息两部分。承诺费的收取按照实际使用额度计算。透支资金利率执行中国人民银行规定的相关期限利率,根据客户信用以及透支期限长短来决定上下浮动范围,客户在透支之后逾期未还的,按照透支利率上浮5%~10%的水平来计算逾期利息。透支利息一般按日计算,按月收取。

对企事业单位客户而言,法人账户透支业务是一种非常便利的结算性融资产品,具有额度循环使用、随借随还、当天透支当天还款不计息的特点。开通该业务的客户可以在可用额度内随时透支,无须通知银行;而账户余额大于零时自动归还透支款,无须进行专门的还款操作,便于客户进行紧急的资金头寸调整。法人账户透支业务的主要目的是为交易结算提供便利,而不是融资,因此,企事业单位客户不能将其当作一种融资手段。

(二)其他结算性融资业务

除了因活期存款账户资金余额临时性不足而发生的法人账户透支业务之外,国内有些银行也会对企业、事业单位客户在其他业务领域产生的临时性资金不足而提供透支服务。我们以上海浦东发展银行的"玲珑透"业务为例来说明。

"玲珑透"业务是指根据符合准入资格的单位客户与银行签订协议,在因支票业务提示付款或商业承兑汇票业务提示付款而面临存款余额不足时,在规定的退票截止时间前未能补足资金的,由银行在约定的可使用透支额度内,向客户的票据业务提供用于弥补支付结算业务资金缺口的垫款,以确保客户支付结算业务正常运行的结算性融资服务。

"玲珑透"业务以票据结算频繁、历史结算交易正常的中小企业为目标客户,以其票据结算透支作为业务出发点,可满足企业票据流通中的融资需求,可以有效地降低企业票据违约的情况,支撑企业正常的票据流转,维护良好的票据信誉。

"玲珑透"业务透支额度一旦生效,即可在有效期内循环使用,不需要再向银行申请。该业务收取的费用包括透支额度承诺费、透支手续费、透支利息等。

 **实例 3-7**

"玲珑透"业务案例

A公司是一家贸易类中小型企业,在上海浦东发展银行开立了基本存款账户,票据结算比较频繁。A 公司在交易过程中经常发生销售款未及时到账,而购货款又急需支付的情况,资金头寸不足导致不能及时开具支票或开具的支票由于资金头寸不足出现空头支票被罚款的情况。经过与某分行沟通,客户选择使用了"玲珑透"业务,获得了 10 万元的短期透支额度,专门用于弥补票据结算资金缺口,并可循环使用。使用"玲珑透"业务后,A 公司基本未再发生空头支票现象,支付结算效率得到了明显提高。

资料来源:上海浦东发展银行官网。

四、现金池业务

现金池业务是商业银行给以集团型企业为主的各类单位提供的用于单位内部资金头寸管理的一项可实现资金汇划、资金内部计价管理、信息查询等多种功能的产品,可以帮助集团企业等客户实现最大化内部成员资金使用效率、减少外部贷款并集中沉淀资金提高投资收益等目的。

现金池业务主要服务于大型集团企业的流动性管理目标,由于企业类型不同、管理目标不同、资金周转情况不同,因此,使用现金池业务的侧重点也各有不同。按照不同的分类标准,现金池业务可以分为多种类型。

(1) 按照子账户的资金是否在每日定时实时归集到主账户,现金池可以分为实体现金池和名义现金池两种。实体现金池又称物理现金池,即属于同一家集团客户的多个成员单位的银行账户资金通过归集方式实际转移到一个指定的核心账户中,以实现资金实时集中。实体现金池支持每日多个时间点的定时归集,并且有手工、自动两种归集下拨方式。名义现金池是将集团内部成员的资金信息实时汇总,而实际资金只在每日终了归集,由集团总部管理者对集中后的资金头寸进行统一管理。在此情况下,各账户可以按照既定条件使用现金池资金进行日常支付。

(2) 按照现金池各类、各层级账户之间的关系划分,现金池可以分为平等现金池和单一账户现金池。平等现金池是指集团公司的各成员单位在没有主账户参与的情况下组成现金池,各成员单位可以现金池为最大额度对外支付,但现金池不能发生法人账户透支,日终如有成员单位发生透支,则各成员单位依照账户优先、余额优先、账户余额按比例、有效余额权数等相应规则对透支账户进行清算以补平透支金额,达到集团内部融通使用现金池资金,减少利息成本,改进流动性管理的目的。

实践中更为常见的是单一账户现金池,即在一个集团主账户下为不同的下属机构设置附属账户,主账户和附属账户实现联动关系构成母实子虚的现金池,以达到资金集中管理的目的。单一账户现金池适用于集团总、分公司或集团财务公司的内部资金集中管理,也适用于一个集团公司内部不同事业群、不同性质的成员部门按特定资金性质、用途实现资金管理。按照附属账户对外收支业务要求,单一账户现金池有两种实现方式,即内部子账户方式和簿记账户方式。

内部子账户是集团企业客户在商业银行开立一个实体账户作为主账户，下设若干内部子账户作为附属账户。内部子账户的资金收入全额实时归集；支出由主账户统一对外支付，实现零余额管理。内部子账户能够按不同成员单位实现收款分类，并提供资金归集下拨报告、第三方交易信息加工及交易明细报告。簿记账户是集团企业客户开立一个实体账户作为主账户，在此主账户下设立若干簿记账户以实时反映不同成员单位或不同部门的不同用途的资金信息。簿记账户的交易信息分类功能是企业实现内部预算管理、利润划分的有力工具。

现金池内部各账户之间的资金汇划方式可以分为直接汇划和委托贷款汇划两种类型。其中，单一单位客户与下属非法人单位之间的资金汇划既可以选择直接汇划模式，也可以选择委托贷款汇划模式。而多单位的集团公司与下属法人单位之间的资金汇划只能选择委托贷款汇划模式。由于委托贷款汇划模式产生了集团内部各成员单位的利息收益（成本）等涉及税收筹划的问题，因此，有的商业银行也会提供一种称为"省税现金池"的业务，该种现金池业务将集团总部、各成员单位账户组成主子账户结构，并在主账户与子账户中间增加过渡账户，通常情况下主、子账户通过中间过渡账户完成资金的汇集，实现子账户之间的补平，最大限度减少客户委托贷款发生的笔数和金额。

（3）按照现金池业务的计价币种，可以分为人民币现金池和外币现金池两类。区别于人民币现金池，商业银行开展外币现金池业务必须在《境内企业内部成员外汇资金集中运营管理规定》的法律框架下，经国家外汇管理局审批，通过外汇指定银行或财务公司建立起以委托贷款为基础的外币现金池。集团企业及下属内部成员需在银行分别开立外汇委托贷款专户来进行资金上收和下划，实现三层账户结构。

资金的集中管理产生了集团公司各成员单位的利息收益（成本）的再分配问题，商业银行在现金池业务中会帮助集团总部通过设定内部资金调拨利率来计算内部资金往来利息，以调整各成员单位的资金收益，计算各单位利息贡献度，鼓励各成员单位参与现金池的积极性。

 **实例 3-8**

人民币现金池业务案例

S集团主要从事网络游戏服务经营，是国内同业驰名企业，在全国各地设有众多分公司、子公司。集团内各分、子公司日常沉淀资金管理分散、账户结构复杂，难以发挥集团资金规模效益。S集团拟整合集团内部财务资源，对日常资金结算及头寸进行集团资金集中管理，并希望采用多层级的账户管理结构。

甲银行SH分行积极与S集团研究人民币现金池集中管理方案，确定纳入集中的成员单位、账户管理结构、管理模式、资金集中规划等，商定服务收费标准。SH分行调查拟参加现金池业务的公司法人之间的关系,确定资金汇划模式。SH分行与S集团开展业务管理协议、参加管理协议及业务申请书等文本签署工作,正式为S集团及其成员单位开通并搭建委托贷款汇划模式下的人民币现金池业务。

根据S集团的申请,SH分行以S集团作为管理单位,连同其他12家成员单位构建了人民币现金池,开通了查询功能、池内账户单笔调拨功能、集团资金内部计价功能等,并在公司网银及银企直连上进行了服务开通。

资料来源:上海浦东发展银行官网。

五、电子渠道现金管理业务

随着信息和通信技术的迅速发展,商业银行也开始利用现代化的互联网和即时通信技术等为企事业单位客户提供基于电子渠道的、更加便捷、高效、安全、广泛的服务。根据使用电子渠道的介质以及服务内容的不同,银行的电子渠道业务一般包括网上银行、电话银行、手机银行、银企对接等类型。在我国商业银行的电子渠道业务中,尽管理论上可以为单位客户办理大部分的可在线下办理的如贸易金融类、投资理财类和中长期贷款类业务,但实践中电子渠道业务的主要内容仍然是以现金管理业务为主。

(一)网上银行

网上银行是指通过互联网或其他开放型专线网络,为企业客户提供账户查询、转账结算、在线支付等金融服务的新型渠道业务。网上银行可以向客户提供一种方便、快捷、高效、可靠的银行金融服务,其不受时间、空间的限制,可以有效降低客户的资金成本,提高客户的资金利用效率,以及降低银行服务的成本,提高为客户办理业务的便利性,提升银行办理业务的高效性。

网上银行产品与现金管理有关的业务主要包括账户管理、代收代付、跨行汇划调拨、内部往来管理、虚拟账户管理、统一对外支付、内部计价等内容。

账户管理服务能够为客户提供本行账户查询、定期账户查询、对账服务、境内外他行账户查询等功能。本行账户查询是指客户可以随时随地查询在网银开户行的本外币账户的今日余额、今日交易、历史余额、历史交易信息等。定期账户下可以查询到定期账户下开立存单的存单号、币种、存款种类、存期、起息日、到期日、结清日期、利率、金额等信息。对账服务包括对账单的在线核对、查询、下载等。境内外他行账户查询可实现对开立在境内外其他银行的账户交易和余额进行查询。

网上代收业务能够帮助单位客户实现主动从个人账户向单位账户扣划资金的操作,资金扣收范围包括个人结算账户及同业他行账户。网上代付业务则可以帮助客户从银行的单位结算账户向员工的银行卡或活期存折发放工资、奖金,向其他客户支付各类款项等。

跨行汇划调拨是指银行以客户申请设定的自动汇划设置中归集账号和被归集账号为准办理汇划业务，或者协助企业实现集团内总公司与分/子公司账户间的资金调拨。

内部往来管理功能可协助企业核算集团内部各公司间的资金贡献度，帮助集团总部代理分子公司内部往来资金贡献度与成本信息自动计算、查询、下载等。

虚拟账户管理适用于高等院校、医院等机关事业单位客户，其院系或科室无法开立实体账户，为满足其既可以院系或科室名义对外支付，又可进行内部独立核算的需求，现金管理平台实现在平台上以院系或科室名义开立虚拟账户，依托单位实体账户对外支付，并可在虚拟账户之间进行调账。

统一对外支付服务实现客户以分/子公司名义从总公司账户进行对外支付。

内部计价服务可协助企业核算集团内部资金成本管理。

（二）电话银行

电话银行是指银行向企事业单位客户提供的基于电话等声讯设备和互联网络开展的银行业务，即由客户通过自助语音服务、人工服务等方式完成金融交易的业务。

电话银行业务一般只提供各类查询业务和简单的转账汇款业务等，如账户余额查询、存款查询、缴费明细查询、支付转账查询、投资收益查询以及通过电话自助操作资金汇划等。可见，电话银行的业务内容以现金管理业务为主。

（三）手机银行

手机银行是指银行向企事业单位客户提供的基于移动通信网络和手机等设备开展的银行服务，即由客户通过自助服务等方式完成信息查询、转账支付、交易授权等金融交易的银行业务。

我国商业银行提供的公司手机银行业务范围涵盖各类账户信息查询、各类账户交易明细查询、贷款等授信业务查询、单位内部转账交易、对外支付审核等服务功能，基本上也是以现金管理功能为主。

（四）银企对接

银企对接也称银企直连，是指通过将单位客户的财务系统或 ERP 系统与银行的核心业务系统进行无缝连接，从而为客户提供向银行发送电子指令、接收电子信息的专用通道，以实现账户管理、数据查询、支付转账、投资理财等各种业务功能的金融服务。

我国商业银行的银企对接产品提供的服务内容一般包括账户管理、各类信息查询、单笔或批量支付、预约支付、代发业务、代理支付、集团内部调拨、集团资金池业务、电子对账单、各类存款和理财业务、各类票据业务等。银企对接产品的服务也是以单位客户的现金管理需求为主要内容的。

实例 3-9

中国银行与某集团的银企对接案例

某集团(通信行业)在全国有近 200 家下属企业,在进行信息查询、资金调拨、对内对外支付等业务时需要耗费大量人力物力。而且,受制于银行的营业时间,该企业的现金管理的时效性得不到保障。2010 年年底,该集团与中国银行签订了银企对接业务和集团服务协议,并首批将其下属全部的省级分公司以及部分地市级分公司的共一百余家分支机构分布在中国银行全国 30 余家分行 100 余家网点的近 300 个账户纳入集团账户管理,通过银企对接业务对这些账户进行现金管理。经过 2011 年 1 年的使用之后,该集团感觉效果良好,集团的内部资源得到了大大节省,对银行的服务非常满意。因此,该集团又提出进一步扩大其下属集团范围内的分支机构及其账户加入银企对接服务,与中国银行的合作关系也得到进一步地深化。

资料来源:中国银行官网。

第二节　交易银行业务

交易银行业务(Transaction Banking)是商业银行专门面向以企业为主的单位客户在日常交易活动中所产生的金融服务需求而提供的一系列业务的统称。交易银行业务在西方国家有时也被称为交易金融业务,在中国一般被称为贸易金融业务。从广义上来讲,交易银行业务内容包括商业银行面向企业客户在日常生产经营过程中发生的采购、生产、销售、收付款等交易行为提供的支付结算、现金管理、贸易金融、资产托管等服务。交易银行业务是银行服务于客户交易,协助客户整合其上下游资源,最终实现资金运作效益和经营效率提升的综合化金融服务的统称。

交易银行业务起源于欧美发达国家,成型于 20 世纪 70 年代的花旗银行、汇丰银行、德意志银行等国际化程度较高的商业银行,是这些银行的战略业务模式和主要利润来源。在全球范围内,交易银行业务已经成为银行的一个重要收入类型,其规模与投资银行业务大致相当。在中国,作为交易银行业务的主要内容,诸如供应链金融、贸易结算融资、现金管理等业务已经普遍在大中型商业银行中开展。

交易银行业务的特点在于自偿性、低风险、高频性和收益稳定。只要企业日常经营过程中已经实际发生的采购、生产、销售、收款、付款等活动正常进行,那么基于这些活动所开展的交易银行业务就具有自动偿还银行资金的特点,违约概率低。相对于投资银行业务而言,交易银行业务未来的不确定性因素更少,风险因此更小。高频性是指由于此类业务属于银行为企业开展的基础性服务,周期较短,一般在一年以下,因此,业务频率更高。尽管交易银行业务的收益率可能较低,但其收益来源更加稳定,收益总额一般也不会弱于投资银行业务。

本节中,我们将主要以中国的商业银行所开展的贸易金融业务为主来介绍交易银行业务,大致有以下八种类型。

一、流动资金贷款业务

流动资金贷款是商业银行为满足企业、事业单位客户在生产经营过程中临时性、季节性的资金周转需求,保证生产经营活动正常进行而发放的贷款。

流动资金贷款是银行传统上主要的短期融资产品,也是客户接受程度较高、申请和操作手续较为简便的贷款品种之一。客户申请流动资金贷款的主要用途是日常生产经营周转,不能用于固定资产投资、项目融资等途径,因此,贷款的期限大多在 1 年以下,偶尔也会有 1~3 年的中期贷款。流动资金贷款作为一种高效实用的融资手段,属于授信额度内最普遍的产品之一,具有贷款期限短、手续简便、周转性较强、融资成本较低的特点。

流动资金贷款的发放会对客户的交易或经营进行严格的审核,且一般需要贷款客户提供某种形式的担保,或者是交易产品的抵押或质押,或者是相关关联方的保证等,信用贷款所占比例较低。为了降低贷款风险,银行在一定条件下(如贷款金额较大或借款人资信等级偏低等)甚至不把贷款资金直接发放给申请客户,而是在审核之后通过受托支付的方式直接转账支付给交易合同的收款方。

流动资金贷款按期限可分为临时流动资金贷款、短期流动资金贷款和中期流动资金贷款。临时流动资金贷款是指期限在 3 个月以内的流动资金贷款,主要用于企业一次性进货的临时需要和弥补其他季节性支付资金不足。短期流动资金贷款是指期限为 3 个月至 1 年的流动资金贷款,主要用于企业正常生产经营周转的资金需求。中期流动资金贷款是指期限为 1~3 年的流动资金贷款,主要用于企业正常生产经营中经常性的周转占用和铺底流动资金贷款。

中国工商银行开展的流动资金贷款种类包括营运资金贷款、周转限额贷款和临时贷款。营运资金贷款是指为满足优质借款人日常经营中合理的资金连续使用需求,以其未来综合收益和其他合法收入作为还款来源而向客户发放的贷款。该业务办理方式多样,可采用循环方式办理,即与借款人一次性签订循环借款合同,在合同规定的期限和额度内,允许借款人多次提款、逐笔归还、循环使用。周转限额贷款是指为满足借款人日常经营中确定用途项下的资金短缺需求,以约定的、可预见的经营收入作为还款来源而发放的贷款。周转限额贷款适用于资金需求与日常经营直接相关的借款人。临时贷款是指为满足借款人在生产经营过程中因季节性或临时性的物资采购资金需求,以对应的产品(商品)销售收入和其他合法收入作为还款来源而发放的短期贷款。

流动资金贷款面临的风险主要有信用风险、合规风险、操作风险和超额放贷风险。如果借款人不能履行基础交易合同和（或）借款合同所规定的责任和义务，则可能会带来无力偿还或不愿偿还贷款本息的风险。合规风险主要是流动资金贷款的发放应该符合监管部门关于用途和其他有关的规定，防范借款人改变资金用途，或投向政府禁止生产、经营的领域。操作风险则主要是银行内部未按要求进行放贷前提条件审核和支付审核，从而存在给银行带来损失的可能性。超额放贷风险是贷款额度超过借款人日常经营的合理需求，存在贷款被挪用或不进入实体经济的风险。

 **实例 3-10**

流动资金贷款

A 公司是一家家电制造企业，拟向 B 公司购买价值 3 000 万元的不锈钢冷轧薄板作为原材料，特此向甲银行申请一笔流动资金贷款，并由其股东提供还款担保。

经过评估，甲银行认为 A 公司购买的不锈钢板符合其经营范围，且贷款金额也在测算出来的企业日常营运资金需求额度之内。根据 A 公司及其担保人的资信情况，甲银行评估该企业的资信等级为 A-级，担保人也具备一定的担保能力，于是同意给其发放 3 000 万元的流动资金贷款。

贷款额度批复后，A 公司及其担保人分别与甲银行签订了借款合同和担保合同，并提出 3 000 万元的提款申请，贷款期限为 9 个月，贷款利率为 5.7%（年化利率）。由于 3 000 万元超出了甲银行规定的受托支付的最低金额起点，故需要对该笔贷款资金进行受托支付。A 公司向甲银行提供了与 B 公司签订的交易合同，甲银行对其交易合同、提款申请书和借款凭证一并进行了审核，并将贷款资金直接支付到 B 公司的收款账户。

资料来源：中国工商银行官网，经过作者改编。

二、票据业务

商业银行的票据业务是基于汇票、本票和支票而开展的业务。如前文所述，票据业务可以帮助企业完成贸易结算功能，还可以发挥融资或担保的功能，从而有利于企业日常生产经营活动的交易结算和资金周转。贸易融资（担保）类的票据业务一般以汇票为工具，主要包括以下几种类型。

（一）银行承兑汇票

银行承兑汇票是指在银行开立存款账户的法人及其他组织，作为出票人签发商业汇票，经银行公司银行业务部门按照规定和审批程序，对符合规定和承兑条件的，由银行在商业汇票上记载法律规定的事项进行承兑的票据行为，承诺在商业汇票到期日无条件支付票面金额给收款人或持票人的业务。除普通的银行承兑业务之外，如果企业缴纳了100％的保证金，还可以申请由银行作为出票人开立与保证金额相等的银行承兑汇票。

只要是具有良好的经营和财务状况，具备法人资格，并在银行开立有结算账户，均可申请银行承兑汇票业务。通过将银行信用引入企业的贸易往来中，银行承兑汇票业务可以帮助买方争取较低的采购价格或较长的付款期限，减少客户的资金占用，提高资金使用效率。开立银行承兑汇票的手续费也较低，不会明显提高客户的财务成本。银行承兑汇票信用好，流通性强，而且由中国人民银行统一印制，票面有水印等防伪标识，安全性也较高，当前已经成为企业间日常结算的一种重要方式。

银行承兑汇票业务给银行带来的直接收入主要包括承兑手续费和承兑额度费。其中，手续费按照承兑总金额收取，费率一般在 0.5‰左右；额度费则按敞口金额收取，费率则根据企业资信状况、付款期限等因素而不同，一般在 5‰左右。间接收入主要是该业务会派生一定比例的保证金存款，从而提高银行的综合收益。

银行承兑汇票业务的主要风险是信用风险和操作风险。有风险敞口的银行承兑汇票在到期前可能会出现客户账户资金不足的状况，银行到期自行垫款对外支付后会面临较高的资金回收风险。操作风险主要是指银行未按要求进行审核和审批，而产生的被客户套取银行资金的风险。

（二）商业汇票贴现

商业汇票贴现是指持票人在银行承兑汇票或商业承兑汇票未到期前，为了取得资金，贴付一定利息将票据权利转让给银行，由银行提前支付扣除利息后的资金的一种票据融资行为。商业汇票贴现的实质是持票人以票据权利转让为基础的融资行为。

贴现业务中的票据应该具有真实的贸易背景，持票人与前手之间的商品或劳务交易关系合法有效。该业务办理便捷，持票人可以迅速地将票据债权变现，改善企业的现金流，优化财务报表。商业银行在买进贴现票据后，如果自身资金头寸不足，也可将票据转贴现给其他金融机构或向中国人民银行申请再贴现以回笼资金。

通过商业汇票贴现业务，收款人（初始持票人）或后续持票人虽然能够在到期前收回资金，但要承担利息的损失。如果持票人不想承担利息或不承担全部利息，可与出票人（初始交易的买方）或前手（后续交易的买方）协商利息分担比例。该做法在我国的商业银行实务中被称为商业汇票协议付息贴现业务，即卖方企业在销售商品后，持买方企业交付的商业汇票到银行申请贴现，由买卖双方按照贴现协议约定的比例向银行支付贴现付息后，银行为卖方提供的票据融资业务。商业汇票协议付息贴现或买方付息贴现的方式在卖方强势的供应链业务中最常应用。

商业银行在商业汇票贴现业务中的收入主要是贴现利息，贴现利率的设定主要取决于商业汇票上付款人或承兑人（如有）的资信状况高低。此外，商业汇票贴现业务也可能带来一定程度的存款沉淀，从而提高综合收益。商业汇票贴现业务的风险较低，主要是信用风险,即付款人或承兑人到期不能付款的风险。

(三)商业承兑汇票保贴

商业承兑汇票保贴是指银行根据申请人(商业汇票承兑人)的资质和业务往来关系,承诺对该申请人签发并承兑的商业汇票在一定额度内予以保证贴现(而非保证付款)的一种融资授信行为。

商业承兑汇票保贴业务通过在商业汇票上加盖银行的保证贴现章,可以提高普通工商企业所签发商业汇票的信用程度和市场接受度,增强其流通性。办理商业承兑汇票保贴业务项下的商业汇票贴现业务,占用的是承兑人(保贴申请人或买方)的授信额度,而不占用贴现申请人(卖方)的授信额度。

商业承兑汇票保贴业务可给银行带来一定的手续费收入,而之后发生的商业汇票贴现业务还会给银行带来利息收入。

(四)电子商业汇票

电子商业汇票是出票人依托电子商业汇票系统,以数据电文形式制作的,命令付款人在指定日期无条件支付确定的金额给收款人或者持票人的票据。

电子商业汇票包括电子银行承兑汇票和电子商业承兑汇票,其涵盖了票据承兑、贴现、质押、背书转让、提示付款、追索、票据查验、保证、转贴现、再贴现、回购、买入返售等票据行为。

只要其开户行加入了中国人民银行电子商业汇票系统并在开户行开通了公司网银服务的企业客户,均可以开具电子商业汇票。与普通的纸质商业汇票相比,电子商业汇票操作更加方便,流通性强,防伪性能更好,信息的记载和流通全部电子化,以电子签名替代纸质签章,交易更加安全。更为重要的是,电子商业汇票的付款期限延长至1年,高于纸质汇票付款期限最高仅为6个月的限制,更好地满足了企业的融资需求。

电子商业汇票可以办理全部的纸质商业汇票业务,包括出票、承兑、转让、贴现等。对于出票人或前手持票人(买方)来讲,电子商业汇票的期限更长,且银行费率也低于流动资金贷款,财务成本更节约,票据转移传递更便捷安全。对于收款人或后手持票人(卖方)来讲,电子商业汇票也更加安全可靠和便利,办理各项业务时无须查验票据真伪,结算和融资的效率更高。

(五)票据池业务

票据池业务是指法人企业客户委托银行通过物理空间或电子网络将票据进行保管形成票据资产集合,从而为客户提供票据保管、信息查询、到期托收等服务,以及叙作票据贴现、质押融资等银行各类表内外融资服务的一项综合性业务。

票据池业务的服务对象可以是单一的法人企业,也可以是集团公司及其下属分(子)

公司,一般需要在银行开立单位人民币银行结算账户以及保证金账户。提供票据池服务一般以银行的某家分行为主,其他分支行协助的方式来进行。

对客户而言,票据池业务使票据保管更加安全可靠,信息查询更为便捷;各种托收款项集中于自己的账户,有利于集中使用资金;可根据需要向银行提出各类池内票据的融资业务,或将池内票据质押,灵活办理各种期限的、各类表内外的融资业务。为集团公司提供的票据池业务还可为客户提供内部计价服务,方便客户进行内部管理。对银行而言,在替客户将池内到期票据代为办理托收的业务过程中,收回款项虽划入客户账户,但也会带来一定的资金沉淀;在为客户办理结算、融资各项业务的同时也增强了客户粘性,提高银行的综合收益。

 **实例 3-11**

商业银行票据业务

A公司是一家家电制造企业,拟进行技术革新,向B公司买入价值1 200万元的一批新型机器设备。A公司因周转资金不足,与B公司商定以商业汇票的方式延期3个月付款。B公司提出该汇票须经银行承兑方可接受。于是,A公司向甲银行申请承兑商业汇票。鉴于A公司资信状况良好,甲银行同意办理承兑,同时要求A公司提供票面金额50%的保证金存款,按0.5‰收取承兑手续费,按5‰收取承兑额度费。

B公司收到A公司开来并经甲银行承兑的商业汇票。1个月后,B公司由于自身资金周转的压力,决定向乙银行申请办理贴现业务。乙银行经过审核,给予该汇票贴现利率为4.8%。B公司鉴于自身产品供不应求,先前通过远期汇票结算时已与A公司协商好,如果办理贴现业务,由A公司负担全部贴现利息。乙银行随后按照要求将1 200万元全额划转B公司账户,相应利息则从A公司账户扣收。

数月后,A公司与B公司又达成一笔价值1 000万元的交易。为节约财务成本,A公司决定自行开立商业承兑汇票用于支付B公司货款。但B公司认为商业承兑汇票较银行承兑汇票而言风险较大,不愿意接受。A公司遂来到甲银行寻求帮助。甲银行建议A公司采取商业汇票保贴方式办理,实现其所开汇票的信用增级,只要在汇票到期日15天之前均可在甲银行办理贴现。B公司亦接受此方案。商业汇票保贴业务办理之后,甲银行相应降低A公司授信额度1 000万元。

A公司在全国范围内拥有40余家分公司和子公司,在日常的结算中集团下属各分、子公司经常收到下游企业以及其他经销商开立的银行承兑汇票和商业承兑汇票。由于每张汇票的金额、期限、付款人信用、付款地点等都差异很大,作为集团公司的A公司日常财务处理异常复杂,效率较低。于是A公司向甲银行咨询解决办法,希望银行能为其提供完善的票据管理手段,以便于资金的回笼及日常融资业务的开展。甲银行便向其推荐了票据池业务,列明服务内容如下。

票据保管服务:A公司及其下属分、子公司可以将日常结算中所收到的票据都委托给甲银行S分行(A公司总部所在地分行)及分、子公司所在地的甲银行分行代为保管。S分行每日向A公司提供催告提示,定期向A公司提供已保管且尚未到期的存量票据清单。

内部计价服务:A公司可以通过公司网银看到各分、子公司对集团票据池资源的贡献度和占用度,可以对各不同分、子公司的票据使用,贷款占用进行内部计价,从而有效提高内部管理效率,提升财务集中度。

票据融资服务:在A公司及其下属公司出现融资需求时,可向S分行或甲银行其他各地分行提出票据贴现申请,或以票据池内票据作为质押品,叙作开立银行承兑汇票、商业汇票贴现、商业汇票保贴、开立进口信用证或国内信用证、进口押汇、出口押汇、保理融资、汇出汇款融资、进口代付、开立非融资性保函/备用信用证、进口保付、跨境项下融资产品等各类表内外融资业务。

委托收款服务:票据到期时,可通过S分行或甲银行其他各地分行代A公司及其下属公司向承兑行/承兑人发出托收通知,并将托收回款转入A公司及其下属公司在甲银行各地分行所开立的单位结算账户或保证金账户中。也可与S分行的现金池业务结合,解决A公司资金集中、资金管理的相关要求。

资料来源:中国银行官网,经过作者改编。

三、国内信用证业务

信用证(Letter of Credit)是指开证银行按照开证申请人申请所开出的,凭符合信用证条款的单据向信用证受益人付款的承诺凭证。信用证业务最初是作为一种在国际贸易中进出口双方之间相互不了解、不信任的情形下,由银行替进口商向出口商承诺凭规定的单据付款的业务。后来在国内贸易中,企业和银行也开始采用国内信用证的方式来履约和收付款。根据国际通行惯例,信用证一经开证行开出便不可撤销,付款方式一般包括即期付款、延期付款和议付三种。

(一)国内信用证的定义和办理流程

国内信用证是银行应国内买卖交易的买方申请,向交易的卖方出具的付款承诺,承诺在卖方提交单据符合信用证所规定的各项条款时,银行将向卖方履行付款责任。当买方流动资金不充裕或有其他投资机会,又或希望借助银行信用完成商品交易并控制交易风险时,就可以向银行提出办理信用证业务。信用证的基本当事人有申请人(买方)、开证行、受益人(卖方)三方,此外可能还有通知行、议付行等当事人。

相比普通交易中买卖双方的直接交货和付款,信用证业务的优势在于:一是买卖双方能够依托银行信用,提升信用等级,改善谈判地位,促成贸易往来;二是减少买卖双方的资金占用,加速资金周转;三是依托单据和信用证条款,控制货权、装期和质量,降低交易风险。

国内信用证业务的办理流程一般有三步。第一步是银行应交易买方的申请,根据其偿债能力、履约记录、担保条件等情况为其核定授信额度;第二步是买方提交开证申请,银行审核其交易背景的真实性后与买方签署信用证业务协议,并在办理担保等有关手续后开出国内信用证;第三步是银行在收到信用证项下相关单据后,经审核无误后向卖方即期或延期付款。

申请开立信用证一般需要申请人缴纳一定比例的保证金,视申请人的资信等级不同,保证金比例在20%～100%。开立信用证的手续费一般在开证金额的1‰～2‰,需要修改开证金额的亦须加收增加金额的同样比率手续费。向受益人通知信用证一般是按照固定金额收取通知费。除此之外,开立信用证还能带来一定的保证金存款,增加银行的综合收益。

(二)国内信用证议付

议付是指开证行之外的银行买进经审核符合信用证条款的相关单据的行为。国内信用证议付是指议付行接受开证行的委托,在单证相符或开证行有效承兑的条件下,基于延期付款信用证项下的应付款,在扣除议付利息后向信用证受益人给付对价、提供短期融资的行为。

卖方通过信用证议付可以提前回笼资金,加快资金周转,可以解决因赊销造成的临时资金短缺的问题,从而优化财务报表,提升企业竞争力。议付过程中扣除的利息和费用的支付方式灵活,既可以由卖方承担,也可以由买方承担,还可以由买卖双方协议承担。

国内信用证议付的办理条件包括,受益人须在议付行开立基本存款账户或一般存款账户;受益人的生产经营正常、产品质量和服务较好,履约记录良好,与信用证项下的购货方有稳定、良好的合作关系;所开立信用证符合银行规定,并能提供银行要求的各种单据等业务材料等。

国内信用证议付的办理流程包括如下几步:一是申请人须在信用证有效期内向银行提出议付申请,并提交营业执照、财务报表、信用证及项下单据、交易合同等材料;二是银行经过调查审核后与申请人签订融资协议并发放融资;三是银行将单据寄往开证行进行索汇;四是开证行收到单据后提示给信用证项下的开证申请人;五是开证行到期向议付行付款,议付行收回当初融资款项。

议付行办理国内信用证议付的直接收益包括议付手续费、议付资金利息等。议付手续费一般按照议付金额的1‰来收取,议付利息一般参照票据贴现的利率来收取。银行叙作议付业务后,以开证行的付款承诺作为第一还款来源,此外,还享有对受益人的追索权,因此风险很低。

（三）国内信用证买方融资

国内信用证买方融资是指银行为信用证业务得以成立的基础交易的买方（购货方）提供融资的行为。银行应开证申请人要求，与其达成国内信用证项下单据及货物的所有权归银行所有的协议后，银行以信托收据的方式向买方释放单据并先行对外付款，待买方销售货物回笼资金后偿还银行融资。

当国内商品交易的买方收到信用证项下单据但暂时无力付款赎单时，或者买方在付款前遇到新的投资机会，且预期收益率高于融资利率时，可借助银行提供的买方融资解决临时性资金短缺。此外，买方若计划通过银行融资来赎回单据，还可以预先把信用证的付款方式由延期付款改为即期付款，由此来提高自身对卖方的议价能力。

国内信用证买方融资业务中涉及的货物一般为买方主营商品或主要原材料。该业务的办理流程有四步：一是申请人向银行提出买方融资申请，并提交相关业务材料；二是银行调查审核通过后，与客户签署业务合同和信托收据；三是银行代申请人向卖方垫付款项，并向买方交付信用证项下单据；四是买方到期向银行付款，用以归还融资款项。

银行在国内信用证买方融资业务中的收益主要是垫付资金的利息收入，风险主要是买方对货物进行加工或销售后未能按时收回货款，从而无法偿还融资。

（四）国内信用证卖方融资

信用证中的卖方融资是指银行为信用证业务得以成立的基础交易的卖方（售货方）提供融资的行为。在国内信用证业务中，卖方融资的类型一般是打包贷款①。打包贷款是指银行应卖方的申请以卖方提交的符合银行要求的国内信用证项下的预期收入款项为还款来源，用以解决卖方在履行国内信用证项下交货责任过程中，因支付采购款、组织生产、货物运输等资金需要而发放的短期专项贸易融资贷款。

打包贷款业务适用于在买卖双方同意开立信用证进行结算的情形下，当卖方流动资金紧缺，而买方不同意预付货款或要求延期付款时，可以通过此项业务实现对卖方的短期融资。对于银行而言，打包贷款业务的还款来源为信用证项下收款，有开证行有条件的付款承诺作为保障。该项业务适合向那些贸易背景清晰，产品质量和服务较好，履约能力较强，履约记录良好的卖方客户推广应用。

打包贷款业务的办理流程分为五步：一是卖方向融资银行提出打包贷款申请，并提交贸易合同、正本信用证及相关材料；二是银行经调查审核后与卖方签订融资协议，并按有关规定向其发放融资；三是卖方使用打包贷款款项完成采购、生产和装运后，向银行提交信用证项下单据；四是银行将单据寄往开证行进行索偿；五是开证行到期向融资行付款，用以归还打包贷款融资款项。

---

① 信用证用于国际贸易结算时，银行为卖方所做的融资方式还有出口押汇、票据贴现等。

银行在打包贷款业务中的主要收入是融资利息收入,主要风险是贷款客户的信用风险,即无真实贸易背景的卖方通过欺诈获取贷款后擅自改变用途,信用证到期后无法提供符合要求的单据,无法获得开证行的偿付,从而无法偿还贷款银行融资的风险。

(五)国内信用证代付

国内信用证项下代付业务是指在国内信用证结算项下,由开证行委托同业银行或其他金融机构(可统称为代付银行)为开证申请人(买方)代为向受益人(卖方)支付信用证项下款项。到期后客户归还开证行贸易结算款项,开证行在扣除价差收入后,将本金和应付利息转付给代付银行的行为。

当某家银行在代付业务中充当开证行角色时,它可以委托另外的银行充当代付行,代付行和开证行之间的资金报价之差就可以构成开证行的利差收入。当某家银行在代付业务中充当代付银行角色时,可以再委托其他金融机构充当二次代付银行,并从中获取利差收入。国内信用证代付业务一般是利用在延期付款信用证中不同银行之间流动性头寸差异所带来的资金价格差异来获利的。

与普通信用证流程相比,代付业务的流程只是多了开证行和代付行之间的代付关系。代付业务的风险也主要集中在基础交易买方的回款风险和卖方的欺诈风险。

 **实例 3-12**

国内信用证业务综合案例

甲银行S分行(简称S分行)的客户A公司专业从事家电制造与销售,近年来在外部有利政策以及内部高效的生产经营和管理下,其国内市场规模日益扩大。为提升经济效益,A公司在国内寻找并拓展了一批新的配件供货商。鉴于A公司对新供应商的资信并不完全掌握,S分行根据客户实际需求,为其设计了非全额保证金开立延期付款信用证的业务方案。在A公司与其塑料供应商B公司采购塑料配件的贸易结算中,在存入20%的保证金之后,S分行应A公司的申请为其开立国内信用证。信用证期限为90天,金额为人民币2 000万元,受益人为B公司,付款条件为收到全套的符合要求的相关商业单据。

由于该笔交易是延期90天付款,因此给规模相对较小的B公司带来了较高的流动资金压力,因此欲寻求提前议付获得回款。经与S分行协商,由S分行指定与B公司同处一地的甲银行X分行(简称X分行)承担通知行和议付行。B公司在接到X分行的信用证通知后,随即在X分行开立单位结算账户,然后按信用证条款的要求发货并获得了相关单据,同时将单据交予X分行申请议付。X分行审核后确认单据无误,然后按同档期的贴现利率5%向B公司进行了议付,满足了B公司提前取得信用证项下款项的融资需求。

C公司是A公司新拓展的另一家供应商,主要为A公司提供家电制造的铜材料。因近年来国内外铜市场处于供不应求的状况,C公司提出仅接受采取即期付款信用证结算的要求。为保证生产的顺利进行,A公司同意了C公司的要求,向S分行申请开立以C公司为受益人的即期付款国内信用证,金额为4 000万元,保证金比例为20%。S分行同意开证。由于对以这批铜材料为主的原材料进行加工生产转化为产成品大约需要4个月时间,A公司感觉即期支付4 000万元之后也会产生一定的流动资金压力,于是向S分行申请叙作买方融资,获得S分行的许可。S分行收到C公司寄交的相关单据后,与A公司签署信托收据协议和融资合同。信托收据协议中双方约定单据及其所代表货物的所有权归银行,货物加工之后的销售收入优先偿还银行融资。融资合同的总金额为4 000万元,期限为120天,利率为同档期贷款基准利率6%。据此,S分行替A公司向C公司即期支付了4 000万元,然后将单据放给A公司,以便其凭单接收货物。

D公司是一家电子元器件生产商,新近与A公司达成合作关系,负责向其供应产品。两家公司新达成一笔6 000万元的贸易合同,双方约定以远期付款信用证方式结算,60天后交付货物。S分行应A公司申请开立了以D公司为受益人的远期信用证。因D公司自有资金紧缺,于是向同处一地的甲银行Y分行(简称Y分行)申请叙作该笔信用证项下打包贷款,贷款资金专项用于D公司在该信用证项下订单的生产备货。Y分行向D公司发放了5 000万元的打包贷款资金,期限为60天,利率为在同档期基准利率5.1%的基础上上浮10%,同时规定该笔信用证项下的收款将优先用来还款。60天到期后D公司按期交货并将单据寄交开证行S分行,从而获得了S分行的付款。扣除应还贷款本息后,余额转入D公司在Y分行的结算账户。

E公司是一家特种型号钢材公司,负责向A公司供应特型钢材。两家公司新达成一笔8 000万元的贸易合同,约定以即期付款信用证的方式结算。即期支付8 000万元给A公司带来较大的流动资金压力,因此向S分行申请叙作买方融资业务。S分行出于自身头寸不足以及为客户节省财务成本的考虑,为A公司设计了信用证代付业务。具体操作流程如下:A公司向S分行申请开立以E公司为受益人的即期付款信用证,金额为8 000万元,同时向S分行申请叙作国内信用证代付业务。S分行就该笔业务向头寸充足的乙银行询价,乙银行报价为4.2%,S分行随后向客户报价5.1%。该笔业务经甲银行和乙银行审批通过后,S分行向乙银行发出代付指示,乙银行按照指示在信用证交易项下替A公司先行支付8 000万元给E公司。A公司60天后归还了S分行8 000万元贷款的本金和利息,S分行按照4.2%的利率在扣除利差收入后将本息归还给乙银行。

资料来源:上海浦东发展银行官网,经过作者改编。

四、商品融资业务

商品融资是指银行以企业提供的、符合银行规定条件的原材料、半成品、库存商品或其货权为质押物,向企业发放的一种短期融资业务。

商品融资业务为企业,特别是中小企业拓宽了担保渠道,在一定程度上降低了授信的准入门槛。该业务必须与企业的生产和贸易环节紧密结合,单笔业务的期限一般不超过6个月。根据质押物大类的不同,商品融资业务可以分为动产质押授信业务和标准仓单质押授信业务两种。

(一)动产质押授信业务

动产质押授信业务是指银行为满足企业在生产、销售过程中的短期流动资金需求,以企业的自有动产(货物)作为质押物,向企业发放的短期授信融资业务。动产质押授信业务主要用于真实贸易背景下的货款支付,还款来源主要为融资申请人的销售回款。

按照对提货或换货管理的不同,动产质押授信业务可分为静态动产质押和动态动产质押两种类型。

静态动产质押也称非核定库存动产质押,是指银行根据企业和业务情况确定合适的质押率,在落实有效动产质押后给予客户发放短期授信融资,并允许客户在补入符合银行要求的等值保证金、或归还等额授信融资款、或增加其他认可的等值担保品情况下进行提货的业务方式。动态动产质押也称核定库存动产质押,是指银行根据对企业客户核定的授信额度和质押财产的价值,在对客户质押给银行的财产确定最低控制价值或数量的基础上,对最低控制价值或数量之上的质押财产,允许客户直接与监管仓库协商提货或换货。对最低控制价值或数量之下的质押财产,需要客户在补入符合银行要求的等值保证金,或归还等额授信融资款,又或增加其他认可的等值担保品情况下才能进行提货或换货。

动产质押授信业务是一种结构性的贸易融资业务,项下可以使用流动资金贷款、票据、国内信用证等形式来进行融资操作。银行在开展此类业务时,必须与仓储或物流单位合作,一般会优先选择大型、规范的仓储或物流公司,如国家储备仓库、期货交易所注册仓库、大中型港口码头公司、大型物流企业等,由其对融资企业质押财产的出库、入库等进行实时监管。适合开展动产质押授信业务的产品有黑色金属、有色金属、化工产品、大宗农产品、汽车等,适用客户主要是以经销这类商品为主的各种销售公司。

(二)标准仓单质押授信业务

标准仓单质押授信业务是指银行为满足企业在生产、销售过程中的短期流动资金需求,以企业自有的标准仓单作为质押,向企业发放的短期授信融资业务。其中,标准仓单是指符合期货交易所统一要求的、由交易所指定交割仓库制定并出具的表明商品入库验收完成和确认合格后发给货主的、并经交易所注册生效的标准化提货凭证。

当前我国的商业银行开展的标准仓单质押授信业务大多只限于在上海期货交易所、郑州商品交易所和大连商品交易所注册的无纸化(电子)标准仓单,可以是融资申请人将商品按规定入库后由指定交割仓库签发所得,也可以是自交易所交割所得。根据监管规定,向银行申办该业务的客户原则上应该是从事与其自有仓单商品相关联品种的生产、加工和贸易活动的企业,不包括期货经纪公司,以防范银行信贷资金流入期货市场的风险。

实例 3-13

商品融资业务

E 公司是一家主营钢材贸易的批发商,规模和资质情况一般,除交易的钢材之外,并没有其他可供抵押的房产或固定资产,但其与上游钢铁公司的合作时间长,钢材的采购和销售情况也较为稳定。为了扩大销售,客户拟将其拥有合法权利的钢材 3 万吨质押给甲银行来申请融资。甲银行核定该批钢材的最低价格为 1 500 元/吨,货物总值为 4 500 万元,按照 70% 的质押率规定,甲银行给予 E 公司授信敞口为 3 150 万元。

经过 1 年的业务操作,为了进一步加快存款周转,E 公司希望通过动态质押授信的方式替代静态质押授信,并拟出质 2 万吨钢材给甲银行。经过评估,甲银行核定钢材的最低价格为 2 000 元/吨,货物总值为 4 000 万元,最高质押率为 70%,最低库存量为 1 万吨,最低质押价值为 2 000 万元,于是给予 E 公司 1 400 万元的授信额度。在不低于最低库存量的情况下 E 公司可以随时提货。通过叙作动产质押业务,E 公司以银行融资来扩大了钢材的采购和销售规模,营业收入和利润保持了较快增长。

2009 年上海期货交易所推出的螺纹钢期货产品恰好也是 E 公司的主营业务品种。为了套期保值,E 公司在上海期货交易所开立账户进行交易,并向甲银行提出了以电子标准仓单为质押品进行融资的申请。E 公司所提供的仓单对应的货物价值 3 000 万元,按照 70% 的质押率,甲银行给其 2 100 万元的授信,期限半年。在贷款存续期间,甲银行通过上海期货交易所提供的通道来进行电子仓单的质押登记操作,以及实时监控 E 公司的仓单持有数量和价值。

资料来源:上海浦东发展银行官网。

五、保理业务

保理(Factoring)全称保付代理,又称托收保付,是卖方将其现在或将来的基于其与买方订立的货物销售/服务合同所产生的应收账款转让给保理商或提供保理服务的金融机构,由保理商提供资金融通、买方资信评估、销售分户账管理、信用风险担保、账款催收等一系列服务的综合金融服务方式。保理业务是商业贸易中以托收、赊账方式结算货款时,卖方为了强化应收账款管理、增强流动性而采用的一种委托第三者(保理商)管理应收账款的做法。

工商银行对保理的定义是,境内卖方在非信用证结算方式下赊销商品或服务后,将其合法拥有的应收账款债权转让给银行,银行向其提供集应收账款催收、管理、坏账担保及融资于一体的综合型金融服务。工商银行对保理业务的分类标准有:一是根据是否可向卖方反转让应收账款,可分为有追索权(回购型)和无追索权(买断型)保理;二是根据是否将应收账款转让的事实及时通知买方,可分为公开型保理和隐蔽型保理。

保理业务分为国际保理和国内保理。国际保理是指出口商将其与进口商货物或服务贸易项下的应收账款转让给保理商或提供保理服务的金融机构,由其为卖方提供贸易融资、销售分户账管理、应收账款催收、信用风险控制与坏账担保服务中的至少两项内容的业务。与国际保理不同的是,国内保理的保理商、保理申请人和商务合同买方均为境内企业。

贸易融资服务是指保理商可以根据卖方的资金需求,在收到转让的应收账款后,立刻对卖方提供融资,协助卖方解决流动资金短缺问题。销售分户账管理服务是保理商根据卖方的要求,定期或不定期向卖方提供应收账款的回收情况、逾期账款情况、账龄分析等,发送各类对账单,协助卖方进行销售管理。应收账款催收服务是指保理商设有专业人士从事账款追收,根据应收账款逾期的时间采取相应手段,协助卖方安全回收账款。信用风险控制与坏账担保服务是指保理商可以根据卖方的需求为买方核定信用额度,对于卖方在信用额度内发货所产生的应收账款,保理商提供100%的坏账担保。

在国内,提供保理服务的主要是商业银行,专业的保理商数量较少,业务规模较小。银行提供保理服务的主要收入类型包括应收账款管理费、发票处理费等中间业务收入,以及融资的利息收入等。

 **实例 3-14**

BH 广告公司保理融资业务

BH 广告公司的注册资本金 500 万元,年营业额在 2 亿元左右,有员工 120 余人。BH 广告公司主要从事市场营销策划、品牌规划、创意设计、电视广告代理等。该公司目前的主营业务模式是从国内各电视台购买广告时段或栏目冠名权,然后向下游企业进行销售。BH 广告公司在向电视台采购广告时段时需要垫付大量资金,往往流动资金压力很大。BH 广告公司属于"轻资产"类型公司,在向银行申请融资时缺少合格的抵押品和担保品,而其下游客户多为国内知名企业,信誉良好,有较好的履约能力。经过分析,甲银行认为BH 广告公司适合保理业务形式的融资。

甲银行为 BH 公司设计的授信方案为公开型有追索权保理业务,授信总额度为 3 000 万元,期限为 12 个月,融资利率为基准利率上浮 10%,同时每笔具体业务加收 0.125% 的手续费。风险控制方面,一是追加借款人法人代表提供个人无限责任保证担保,二是银行会对 BH 公司下游客户的履约能力进行审查,同意后方可对 BH 广告公司叙作保理业务。

对 BH 广告公司叙作保理业务后,一旦下游企业确认应收账款已经转让给银行,将会按照规定路径将款项划入银行指定保理专户,不存在 BH 广告公司挪用的风险。而 BH 广告公司作为业内知名的广告公司,授信记录良好,有一定的应收账款回购能力。

六、国际结算及贸易融资业务

国际结算及贸易融资是指商业银行针对国内外企业在进出口贸易项下对外支付(或收款)和融资的需求而提供的金融产品。银行在为进出口商提供及时、高效、可靠的支付结算服务的同时,也能为其办理融资,两项服务是紧密结合在一起的。

(一)国际结算的基本方式

国际结算的基本方式包括汇款、托收和信用证。

汇款是指银行应汇款人(进口商)的要求,以一定的方式将汇款人的资金通过其国外分支机构或代理行汇给收款人的一种结算业务方式。根据汇款方式的不同,汇款可以分为电汇、信汇和票汇三种类型。电汇是汇款人将一定款项交存汇款银行,汇款银行通过电报、电传或 SWIFT 给国外分支行或代理行(汇入行),指示汇入行向收款人支付一定金额的一种汇款方式。信汇是指汇款人向当地银行交付款项,由银行开具付款委托书,用航空邮寄交国外分行或代理行,办理付出外汇业务的一种汇款方式。票汇是指汇出行应汇款人的申请,代汇款人开立以其国外分行或代理行为解付行的银行即期汇票(Banker's Demand Draft),由客户自行携带或自寄收款人,凭票到汇入行(付款行)领取款项的一种汇款方式。当前实践中常用的汇款方式是电汇和票汇。

托收是指债权人(出口商)出具债权凭证(汇票等)委托银行向债务人(进口商)收取货款的一种支付结算方式。托收一般都通过银行办理,故又称银行托收。银行托收的基本做法是:出口商根据买卖合同先行发运货物,然后开立汇票(或不开汇票)连同商业单据,向出口地银行提出托收申请,委托出口地银行(托收行)通过其在进口地的代理行或往来银行(代收行)向进口商收取货款。根据放单方式的不同,托收可以分为:即期付款交单、远期付款交单和承兑交单。

信用证含义及其流程前文已述,其在国际结算业务的应用程序与国内结算基本一致,只是其服务对象由国内贸易的买卖双方转变为国际贸易的进口商和出口商。

(二)进口贸易融资

1. 进口开证

进口开证是指商业银行根据进口商(申请人)的要求和指示,向出口商(受益人)开具的在规定的期限内、凭规定的单据支付一定金额的书面承诺。进口开证一般也包括开证后的改证、单据的审核、承兑、付款等服务。如果开证银行在未向客户收取全额保证金的情况下,为其开立进口信用证,则该业务可称为授信开证。授信开证可以满足进口商在信用证项下的短期资金融通需求,减少资金占压,加快资金周转,从而提高资金使用效益。

进口开证的流程可以分为三步:第一,银行应进口商申请,根据其偿债能力、履约记录、担保条件等情况为其核定授信额度,该项额度实行余额控制,可以循环使用,进口商在该项额度之内可全部或部分免交开证保证金;若进口商未能事先获得授信额度,可采取单笔授信审核的办法。第二,银行受理进口商开证申请,占用授信额度(或单笔授信)对外开证。第三,银行收到出口商提交的信用证单据,经审核无误后扣划进口商款项对外付款,同时归还额度。

在进口贸易中,信用证结算方式把进口商的商业信用转化成银行信用,增加了出口商对进口商的信任,同时也减少了进口商的资金占用。银行介入进出口贸易,可以使贸易过程更加规范,通过信用证的单据要求,进口商可以有效地控制货权、运输方式、发运日期及货物质量等。

2. 进口押汇

进口押汇是指银行在进口信用证或进口代收项下,凭有效凭证和商业单据代进口商对外垫付进口款项的短期资金融通。进口押汇可用于满足进口商在进口信用证或进口代收项下的短期资金融通需求。进口押汇按结算方式不同,可以分为进口信用证押汇和进口托收押汇;按押汇币种不同,可以分为外币押汇和人民币押汇。

进口押汇业务的特点有三:一是减少资金占压,利用银行资金进行商品进口和国内销售,不占压任何资金即可完成贸易、赚取利润;二是提高议价能力,通过将付款期限由远期改为即期,或相应缩短远期付款的期限,可以帮助进口商提高对国外出口商的议价能力;三是节约财务费用,可根据不同货币的利率水平选择融资币种,从而节约财务费用。

3. 提货担保

提货担保是指当进口货物先于货运单据到达时,进口商为办理提货向承运人或其代理人出具的,由银行加签并由银行承担连带责任的书面担保。提货担保多用于要求全套货权单据的信用证业务项下。提货担保业务的相关费用一般为发票金额的 0.05%。

提货担保业务可帮助进口商及时提货,避免滞港。其产品特点有:一是减少资金占压,利用银行信用先行提货销售,加快资金回笼,减少资金占压;二是把握市场先机,帮助进口商在货物早于单据到达情况下及时取得物权单据、提货、转卖,从而利用有利行情抢占市场先机;三是节约财务费用。

在国内信用证业务中,提货担保适用于买方融资的其他业务产品,一般也适用于进口贸易融资。

(三)出口贸易融资

1. 出口信用证打包贷款

出口信用证打包贷款业务是指出口商以国外开来的有效信用证作为其真实贸易背景

的证明,由银行应信用证受益人(出口商)申请向其发放的用于信用证项下货物采购、生产和装运的专项贷款。打包贷款用于满足出口商在信用证项下备货装运的短期资金融通需求,还款来源为信用证项下出口收汇,由开证行提供有条件的信用保障。

在出口商自身资金紧缺而又无法争取到预付货款的支付条件时,出口信用证打包贷款业务有利于出口商扩大和把握贸易机会,还能使出口商在生产、采购等备货阶段均不占用自有资金,从而缓解流动资金压力。

2. 出口有追索权融资

出口有追索权融资是指在出口信用证业务或托收业务项下,银行根据受益人(或委托人)的申请,在其交单后凭单据或开证行/保兑行/其他指定银行付款承诺,按照索汇金额将预期收款先行垫付给申请人,并扣除相关预估融资利息和费用,同时保留向申请人追索权利的贸易融资方式。此类融资业务一般包括出口议付、出口贴现/应收账款买入和出口押汇。

出口议付的办理条件及流程与国内信用证议付相似,议付行的议付业务对受益人保留追索权,占用开证行或保兑行的授信额度,不占用客户授信额度。

出口贴现/应收账款买入是指银行在出口信用证项下从出口商购入已经银行承兑的未到期远期汇票,或已经银行承付的未到期远期债权或在跟单托收项下购入已经银行保付的未到期远期债权的融资方式。如承兑/承付/保付银行到期不付款,银行对出口商有追索权。出口贴现/应收账款买入可用于满足出口商在远期信用证项下的短期资金融通需求。

出口押汇一般是在托收结算业务中进行,是指出口商在申请办理出口托收业务的同时,提交出口贸易中的全套正本单据和票据,银行将出口托收项下的应收账款(扣除利息和费用)先行解付,然后由银行凭单据票据向境外进口商索回货款的融资行为。

3. 出口信贷

出口信贷是指银行为支持国内企业对外出口或承包工程等,对境内出口方或境外进口方提供融资,以满足买方支付货款的需要的融资业务。对境内出口方提供的信贷称为卖方信贷,对境外进口方提供的信贷称为买方信贷。出口信贷一般用来支持符合国家产业政策、对外经贸政策等大型成套设备或产品的出口,一般会要求出口品中国内成分不低于一定比例(如50%),融资比例最高可达合同金额的85%,融资期限一般在1年以上、10年以下,多以外币币种提供。国内银行一般需要出口企业获得中国出口信用保险公司提供的出口信贷保险作为提供出口信贷融资的条件,除此之外银行还会要求境外进口方或境内出口方为融资提供各种形式的抵押、质押或保证等担保形式。

实践中,商业银行为进出口商提供贸易融资服务是与其国际结算服务紧密结合在一起的。

七、保函业务

保函业务是商业银行担保类业务的主要类型,一般是非融资性的,是指银行应一方当事人的申请,为向另一方当事人担保该交易项下某种非融资性责任或义务的履行,以保函或备用信用证等形式出具或签署的在一定期限内承担一定金额付款责任或经济赔偿责任的书面保证或承诺。保函的种类很多,用途十分广泛,可适用于商品、劳务、技术贸易,工程项目承包、承建,物资进出口报关,向金融机构融资,大型成套设备租赁,诉讼保全,各种合同义务的履行等领域。保函业务一般有以下几种类型:

(1)履约保函。它是指银行应客户申请向工程承包项目中的业主或商品买卖中的买方出具的,保证申请人严格履行承包合同或供货合同的书面文件。履约保函的作用是保证合同义务的正常履行,保证合同标的物的质量完好;解决合同双方互不信任的问题,减少资金占压。

(2)投标保函。它是指在以招标方式成交的工程建造和物资采购等项目中,银行应招标方的要求出具的、保证投标人在招标有效期内不撤标、不改标、中标后在规定时间内签订合同或提交履约保函的书面文件。投标保函以银行信用解决招、投标双方互不信任的问题,促进招标的顺利进行;用投标保函替代现金保证金,减少投标方的资金压力。投标保函适用于客户工程承包项目中的承包方或物资采购项目中的供货方。

(3)预付款保函。它是指银行应客户申请向工程承包项目中的业主或商品买卖中的买方出具的,保证申请人在业主或买方支付预付款后履行合同义务的书面文件。预付款保函有利于预付款资金及时收取到位,有利于加快工程建设或备货等环节的资金周转。

(4)付款保函。它是指银行应合同买方申请向卖方出具的,保证买方履行因购买商品、技术、专利或劳务合同而产生的付款义务而出具的书面文件。

(5)质量维修保函。它是指银行应工程承包方或供货方的申请,向业主或买方出具的保证申请人履行保修期或维修期内合同义务的书面文件。质量维修保函适用于工程承包、供货安装等合同执行进入保修期或维修期,业主或买方要求承包商、供货方如约履行保修、维修义务的情况,是合同义务正常履行的保证。

 **实例 3-15**

履约保函案例

国内某钢构公司 A(以下称 A 公司)拟承接沙特阿拉伯(以下简称沙特)一个车站钢结构工程。沙特项目方要求 A 公司缴纳履约保证金,A 公司出于自身资金安排考虑不愿接受,谈判一度陷入僵持。甲银行 S 分行了解情况后,积极介入并成功说服沙特方面接受了由甲银行替 A 公司开出的履约保函来代替履约保证金。保函开出后,双方的履约进展良好,项目完工后保函也正常失效,未被索赔。此后,A 公司新接的很多项目也通过甲银行对外开出了类似的履约保函。

资料来源:中国银行官网。

八、供应链金融业务

不同企业之间的供需和交易关系是客观存在的。在经济全球化的背景下，产业内的分工取代了产业间的分工，且分工越来越精细。同一产业内不同企业之间因为分工而形成的这种供需和交易的关系链被称为供应链，具体表现为由原材料供应商、零配件供应商、设备供应商、生产商、物流商、分销商、销售商等上下游企业组成的网链结构。供应链金融一般是从银行角度而言的，是银行针对供应链上各节点企业提供金融服务的一种业务模式。

供应链金融是商业银行应对产业界的变化趋势而推出的一种新型的、以融资为主的综合金融服务模式，是商业银行基于企业商品交易项下的应收应付、预收预付和存货融资而衍生出来的一种综合融资、结算、账款管理、风险管理等服务内容的综合业务。供应链金融以核心企业为切入点，通过对信息流、物流、资金流的有效控制或对有实力关联方的责任捆绑，针对核心企业上下游长期合作的供应商、经销商来提供金融服务。通常的供应链金融业务为"1＋N"模式，其中，"1"为核心企业，"N"则为核心企业的多家上游或下游企业。

上海浦东发展银行对供应链金融的定义是：供应链金融是指商业银行根据不同产业的特点，围绕产业供应链上的核心企业，深入了解与其上下游客户之间的商务模式、结算方式及货物流转特点，基于交易过程向核心企业和其上下游相关企业提供的综合金融服务。供应链金融业务中，银行借助强势"买方"或"卖方"的资信或风险缓释手段，基于对货物流、信息流和资金流的管控，为企业在采购或产销环节提供有针对性的信用增级、融资、结算、账款管理、风险参与、风险规避等各种金融产品组合和解决方案。根据核心企业的不同，供应链融资业务一般分为以卖方为核心和以买方为核心的两种类型。

（一）以卖方为核心的供应链金融业务

该业务是指基于卖方核心企业的资信实力和履约能力，通过卖方、银行和买方签订三方协议的形式，以控制买方向其购买的有关商品的提货权为手段，为买方提供表内外融资用于支付卖方货款，同时卖方承诺对买方未提取商品的价值对应的到期未支付融资款项提供保证、回购、连带差额付款等责任的业务模式。在业务实践中，可根据卖方承担的责任大小，附加对货物进行质押或对商品合格证等提货凭证进行控制。

在此类供应链金融业务中，作为核心的卖方企业一般是从事生产、加工的大型生产型企业（生产商）或其资信状况良好的总经销商或一级经销商。其中，生产商要有按时保质、保量交货的能力，与总经销商以及下游经销商的业务真实，且具有真实的生产能力和销售状况。作为核心的生产商或总经销商有为买方提供保证、回购、连带差额付款、调剂销售等责任的意愿和承诺,也需按照银行要求定期向银行提供买方的货物采购、运输和销售情况。处于从属地位的买方一般是进行商品销售的流通企业,与核心企业具有稳定的购销关系,购销合同项下货物的购入和销售一般是该买方企业的主营业务,且所购货物价值稳定、易于保管、市场销售状况较好。

作为核心的强势卖方企业,其资金周转状况一般较为理想,供应链金融业务是通过满足下游经销商的融资需求来稳定核心企业的销售,并加强其应收账款的回笼。银行在对供应链条上企业的授信中,一方面是有核心企业对下游经销商的信用增级;另一方面还会通过保证金、提货单等来控制经销商的提货和回款,这都可以降低银行贷款资金的信用风险。

供应链金融业务是一项综合金融业务,交易银行业务项下的几乎所有具体产品均可以被运用到该类业务中,包括银行承兑汇票、信用证、订单融资、保理、动产质押、应收账款池融资等。

 **实例 3-16**

以某汽车生产商为核心的供应链金融业务

Q 企业是一家中外合资的国际知名品牌汽车生产商,旗下多款汽车销量名列前茅,该企业系各家银行争相营销的目标客户。Q 企业的 4S 店(经销商)遍布全国,经销商在采购车辆的时候需要预付款项给 Q 企业,因此往往存在资金周转的缺口,需要银行提供资金支持。Q 企业是甲银行 S 分行(以下简称 S 分行)的重点客户,综合回报较高。针对此情况,S 分行提出与 Q 企业开展汽车金融供应链融资业务。

Q 企业从 4S 店下订单开始至销售结束的周期为 5~6 个月,分为预订、生产、检验、运输和销售 5 个阶段。其中,预订周期为 3~5 天,生产周期为 2 个月,检验合格后取得商检单和产品合格证需 10 天,运输需要 15~20 天,最后的销售周期一般需要 2~3 个月。

Q 企业的各经销商一般使用自有资金采购车辆,其中,下订单时支付 20% 定金,在所订车辆检验合格交付运输时再支付剩余的 80% 款项。此种模式对 4S 店的资金流造成较大压力,而作为核心的 Q 企业在汽车出厂运输之后整个过程中基本没有资金压力。

经过细致分析以及与 Q 企业和各经销商的积极联系,S 分行拟从控制车辆合格证入手,并通过对入库车辆进行动产质押的方式为下游经销商提供融资支持,具体方案如下:

(1) 4S 店在 S 分行存入 1 000 万元保证金,S 分行对其开立一张面额 5 000 万元、期限 6 个月的银行承兑汇票。

(2) 汽车出厂检验合格后,Q 企业将商检单和产品合格证书移交 S 分行,S 分行收到后将其移交认可的第三方物流企业,由其负责保存和监管,同时汽车动产质押正式生效。

(3) 车辆运抵 4S 店后,由第三方物流企业对车辆进行派出监管。

(4) 4S 店在提车时,必须向 S 分行提出申请。S 分行在审核确认经销商补足全额保证金之后,对符合要求的申请通知监管方发车并向经销商释放商检单和产品合格证书。

(5)在银行承兑汇票到期前30天,对于还未销售的质押车辆,S分行向Q企业提示安排调剂销售计划。在银行承兑汇票到期前15天,对于仍未销售的质押车辆,S分行将向Q企业发出正式书面通知,要求其立即进行调剂销售。

(6)各地4S店由甲银行当地分行进行授信和相应的贷后管理操作,并对其信用风险负责。

资料来源:中国银行官网,经过作者改编。

(二)以买方为核心的供应链金融业务

该业务中的核心客户为供应链中的采购商,银行为其上游供应商提供延伸金融服务,将信用风险控制主要落实在核心客户上。对上游企业着重考察其合同履约能力、商业信用及账款回购能力,对其财务和规模的要求较低。作为核心的买方企业一般是具有主导地位的、资信能力和规模实力较强的采购商,供应商N则是为核心客户提供原材料、商品或服务供应的上游企业。

在以买方为核心的供应链金融业务中,核心企业和供应商之间一般采取赊销方式交易,结算方式为先货后款,因此供应商会有较强的融资需求。银行对供应商提供的融资可以使其迅速回笼销售款,减轻资金压力,也能在一定程度上规避买方到期不付款的风险。在某些融资方式下,银行也能帮助供应商将应收账款移出资产负债表,从而优化财务报表。对核心企业而言,除能获得较有利的结算方式之外,还能稳定与供应商的合作关系。

 **实例 3-17**

以某大型连锁超市为核心的供应链金融业务

甲银行的客户L企业是一家国际知名的大型连锁超市,该企业资质优良,供应商遍布全国。L企业在收到货后的90～150天才会给供应商付款,因此供应商的资金压力很大,需要银行提供资金支持。

L企业与供应商的贸易流程大致为:①L企业与供应商签订年度供销合作框架协议,单笔采购时下达订单;②供应商根据订单备货,并交付L企业指定的第三方机构进行商检;③商检合格后,供应商将货物交付第三方物流企业发运;④供应商将相关贸易单据,包括提单、发票等寄至L企业;⑤L企业在账款到期后向供应商付款。

甲银行经过与L企业以及供应商的积极联系,决定以L企业所在地的S分行为主来为供应链上的各家企业办理融资等金融服务。在供应商应收账款转让后并控制买方付款资金流的前提下,向供应商提供卖方保理融资,具体由甲银行各地分行进行提供。

各地分行在办理具体保理业务时,甲银行要求供应商将原来寄送L企业的全套单据,包括电子订单打印件、质检单、提单、发票等,先递交各地分行,各地分行登记后再行寄送,并一同寄送符合甲银行固定格式的应收账款转让通知书,同时要求L企业签回一份。

在回款监控上,账款到期前7天,各地分行指定人员向供应商进行催款提示;账款到期后10天,各地分行产品经理和客户经理向供应商催收及了解账款回收情况;账款到期后15天,产品经理和客户经理向L企业询问原因,若发生商业纠纷的,则要求供应商回购应收账款,发生商业纠纷3次以上者,取消与该供应商的授信合作。

资料来源:上海浦东发展银行官网,经过作者改编。

第三节 投资银行业务

广义上的投资银行业务是指涉及资本市场的金融活动,包括证券承销与交易、证券投资咨询、兼并收购服务、私募发行、风险投资、资产管理、资产证券化、项目投融资等业务。金融学理论上一般是将投资银行业务和商业银行业务并立的,两种金融活动的性质和内容均有很大不同。投资银行业务一般是直接融资的金融中介业务,在投资、融资过程中金融机构极少承担,甚至不承担来自筹资者的信用风险。投资银行业务是把专门的单一或为特定目的募集的"小池子"资金对应地用于某一专项投资或资产,实现两端客户资金的对接,更多的是行使信息中介职能。传统商业银行业务是间接融资活动,银行通过存款和贷款活动来间接连接存款人和贷款人,并亲自承担来自贷款人的信用风险,行使信用中介职能。传统商业银行业务是把储蓄或企业存款等资金来源通过银行信誉汇集在"大池子"中进行贷款、投资等运用,其对储户起到的是风险隔离和信誉保障的作用。

商业银行的投资银行业务与传统的投资银行业务既有联系,也有区别。两者的共同之处在于其业务范围大致相同,商业银行也可以从事证券承销和交易、投资咨询、资产管理、并购贷款、资产证券化、项目投融资等。但两者从事业务的侧重点和服务对象不同。第一,商业银行的投资银行业务主要侧重于债权方面的融资和服务,而传统的投资银行则以股权投融资服务为主。第二,商业银行的投资银行业务服务的客户范围更广泛,包括上市公司、非上市公司、中小企业等,而传统的投资银行业务则以上市公司和准上市公司为主要服务对象。第三,商业银行的投资银行业务以间接融资为主,从事直接融资的比重相对不大,但传统的投资银行业务则是以直接融资业务为主。

在中国,商业银行的投资银行业务与传统的投资银行业务的领域有较为严格的区分,前者主要是在债权市场进行债务工具的发行和交易,集中在中国银行间市场;而后者主要是在股权市场(上海和深圳证券交易所)进行股票的发行和交易。两类业务的监督管理机构也不同,前者是中国人民银行下属的中国银行间市场交易商协会和中国银行业监督管理委员会;而后者是中国证券业监督管理委员会。这种状况主要是由于中国金融市场仍然存在一定程度的分割造成的。

商业银行投资银行业务并没有一个统一的定义。我国各家商业银行所从事的自称为投资银行业务的内容也各不相同。按照某些从业者的说法,商业银行投资银行业务主要是指商业银行按照以客户为中心的经营理念,将产品的组合创新与对经济资本的合理使用相融合,整合银行、信托、资产管理公司、融资租赁公司、基金公司、保理公司等资源,运用创新方案设计,向融资企业和资金提供者提供专业化、个性化、交叉化、定制化的系列金融服务,进行多维度的配置安排,实现资源的最优配置。有些银行把非短期的间接融资业务、直接融资业务以及对公的顾问咨询类业务等均视作投资银行业务,这一观点是从与交易银行业务对称的角度来看的。这种对投资银行业务内涵的界定亦有道理,因为与交易银行业务的自偿性、低风险特点相比,中长期贷款的还款依赖于筹资人更长时期内的经营现金流,其业务不确定性更大,因此,银行的资金融出是一种着眼于长远的投资行为。本书按照这种观点来介绍中国商业银行的投资银行业务,主要有以下八种类型的业务。

一、固定资产贷款业务

固定资产贷款是指银行为解决企业固定资产投资活动的资金需求而发放的贷款。企业固定资产投资活动包括:基本建设、技术改造、科技开发及其他固定资产购置等。基本建设是指基础设施、市政工程、服务设施和新建或扩建生产性工程等活动;技术改造是指现有企业以扩大再生产为主的技术改造项目;科技开发是指用于新技术和新产品的研制开发并将开发成果向生产领域转化或应用的活动;其他固定资产购置是指不自行建设而直接购置生产、仓储、办公等用房或设施的活动。对银行而言,固定资产贷款的目标客户是为扩大生产能力需要,有新建、扩建工程项目的企业,或需要对现有设施进行技术改造,或有配套辅助性生产设施工程建设的客户等。

固定资产贷款产品的特点有四点:一是贷款金额较大,少则数千万元,多则数十亿元;二是贷款期限较长,大多为中期或长期贷款,且大部分采取分期偿还;三是在贷款保障方式上,除了要求提供必要的担保外,一般要求以项目新增固定资产作抵押;四是在贷款方法上,一般采用逐笔申请、逐笔审核的方法。

固定资产贷款一般采用浮动利率,按照中国人民银行有关中长期贷款利率政策和各银行自身的贷款利率管理规定执行,可以按月度、季度结息,按月度、季度或年度调息。固定资产贷款的还款主要依赖于企业进行固定资产更新后未来新增的经营收入和利润,因此,在发放时需要对企业进行固定资产更新前后的经营状况和现金流变动作出细致的测算。固定资产贷款和流动资金贷款的区别,如表3-3所示。

表 3-3　固定资产贷款和流动资金贷款的区别

项　目	固定资产贷款	流动资金贷款
用途	解决企业固定资产投资活动的资金需求	满足企业短期的资金需求
期限	1～5 年的中期贷款或 5 年以上的长期贷款	多为 1 年以内的短期贷款,1～3 年期的中期贷款较少
审核方式	逐笔申请,逐笔审核	逐笔申请,逐笔审核,或在银行规定时间及限额内随借、随用、随还的流动资金贷款额度
还款来源	固定资产更新后的新增现金流或企业自有资金	主要为企业短期经营收入
风险	外部影响因素多,不确定性和不稳定性因素多,风险较大	集中在借款人、担保人或抵(质)押的风险
收益	长期、稳定收益	短期收益

 **实例 3-18**

河北 Z 钢铁公司固定资产贷款案

河北 Z 钢铁公司(以下简称 Z 公司)是大型国有企业,注册资本 120 亿元。Z 公司产品有钢坯、高速线材、带肋钢筋、热轧中薄板、冷轧薄板等。2011 年 3 月,Z 公司准备新上马冷轧钢板生产线,预计项目投资 20 亿元,其中,自筹资金 8 亿元,其余拟向银行申请固定资产贷款。

某股份制商业银行石家庄支行(以下简称石家庄支行)对该项目进行了认真评估。经过分析,Z 公司具备年产 500 万吨钢材的能力,在板材生产方面技术实力强,新上线冷轧钢板属国内新型产品,同业竞争弱,市场前景良好,预期产品竞争力强。盈利能力方面,2008 年至 2010 年,Z 公司的业务利润率、息税前利润率、总资产收益率、净资产收益率等指标都高于行业中位值。运营能力上,Z 公司的存货周转天数、应收账款周转天数、总资产周转率等指标也好于行业均值。石家庄支行决定向 Z 公司发放 12 亿元固定资产贷款,其中包括 5 亿元银行承兑汇票。石家庄支行要求 Z 公司必须在本行开立结算账户,在采购设备时必须使用买方付息银行承兑汇票,并由本行办理代理贴现业务。

二、项目贷款业务

项目贷款又称项目融资,是指项目的发起人(即股东)为经营项目成立一家项目公司,以该项目公司作为借款人筹借贷款,以项目公司本身的现金流量和全部收益作为还款来源,并以项目公司的资产作为贷款担保物的融资方式。该融资方式一般应用于发电设施、高等级公路、桥梁、隧道、铁路、机场、城市供水以及污水处理厂等大型基础建设项目,以及其他投资规模大、具有长期稳定预期收入的建设项目。

项目融资可以按追索权划分为无追索权的项目融资和有追索权的项目融资。无追索权的项目融资也称为纯粹的项目融资,在这种融资方式下,贷款的还本付息完全依靠项目本身的经营效益。同时,贷款银行为保障自身的利益必须从该项目拥有的资产取得物权担保。如果该项目由于种种原因未能建成或经营失败,其资产或收益不足以清偿全部的贷款时,贷款银行无权向该项目的主办人追索。有追索权的项目融资是指除了以贷款项目的经营收益作为还款来源和取得物权担保外,贷款银行还要求有项目实体以外的第三方提供担保,贷款行有权向第三方担保人追索。

对于项目融资的融资人来讲,该项产品有三个优势:一是实现融资的无追索或有限追索。在通常情况下,在设计项目融资产品时,项目发起人除了向项目公司注入一定股本外,不以自身的资产来保证贷款的清偿。因此,发起人将有更大的空间和更多的资源去投资其他项目。二是可以实现表外融资。如果项目发起人直接从银行贷款,则会增加负债比率,恶化部分财务指标,从而增大未来融资成本。如果项目发起人通过成立具有法人资格的项目公司,由该项目公司负责项目的融资与建设,那么只要项目发起人在项目公司中的股份不超过一定比例,项目公司的融资就不会反映在项目发起人的合并资产负债表上。三是享受税务优惠的好处。项目融资允许高水平的负债结构,由于贷款利息的"抵税"作用,在某种程度上将带来资本结构的优化和资本成本的降低。

项目融资的利率会根据项目所属行业、所在地区、股东情况、担保情况等具体而定。项目融资贷款一般期限较长,大多为中期(3～5 年)或长期(5 年以上),一般采取分期偿还和浮动利率。凡是能够取得可靠的现金流并且对银行有吸引力的项目,都可以通过项目融资方式筹集资金。使用项目融资方式的企业通常处于行业领先地位,主要集中于以下领域:能源开发、石油管道、炼油厂、矿藏资源开采、收费公路、污水处理、通信设施建设、房地产开发等。表 3-4 列出了项目融资与普通公司融资的区别。

表 3-4　项目融资与普通公司融资的区别

区别	项目融资	普通公司融资
贷款对象	项目公司	项目发起人
追索性质	有追索权或无追索权	完全追索
还款来源	项目投产后的收益及项目本身的资产	项目发起人所有资产及其收益
担保结构	担保结构复杂	单一担保结构
成　本	高	低

 **实例 3-19**

广东粤能火力发电厂项目融资安排

广东电力开发公司(简称 A 方)与香港电力(中国)有限公司(简称 B 方)合资建设广

东粤能火力发电厂项目公司(简称 C 方),总装机容量为 70 万千瓦,总投资约 42 亿港元。合作期间,A 方负责提供土地、员工聘用、煤炭供应和部分设备购买,总投资 15 亿元人民币;B 方负责安排提供全部的外汇资金 26 亿港元,组织项目建设,并在建成后经营电厂 10 年。作为回报,B 方在扣除项目经营成本、原材料成本后,10 年共获得 30 亿港元的回报。合作期满时,B 方将 C 方资产的所有权和控制权无偿转让给 A 方。

A 方自筹资金 5 亿元人民币,其余 10 亿元人民币拟向建设银行广东分行(简称广东分行)申请贷款。广东分行经分析认为,该地区经济活跃,未来的电力销售前景看好,贷款项目可行。该项目的风险集中在 C 方经营的两端,即原材料供应和产品销售,只要这两端有了保障,项目贷款本息收回的可能性就很高。

经过广东分行的精心策划,在其他参与各方积极配合下,确定了如下的项目融资模式:

(1) C 方和 A 方签订 10 年期的电力购售协议,协议规定 A 方在项目经营期间按照既定价格每年从 C 方购买确定最低金额的发电量。

(2) 贵州煤炭集团公司(简称 D 方)与 C 方签订 10 年期煤炭供应协议。D 方在项目经营期间按照既定价格每年向 C 方供应发电所需全部煤炭。

(3) 广东省基础设施投资公司(简称 E 方)为电力购买协议和煤炭供应协议提供担保。

(4) 广东省政府为上述三项安排出具支持信。

(5) 设备供应商的设备供应合约,以及承包项目工程的建设公司的建设合同,其中,后者需要出具为其提供担保的银行履约保函。

(6) 与该项目有关的政府批准文件和相关基础设施建设安排等由 A 方负责提供。

(7) 广东分行与 C 方签订 10 亿元人民币项目融资协议,以 C 方的全部资产担保,并由 C 方承诺未来使用经营收入优先偿还银行贷款。

三、贷款承诺业务

贷款承诺是指商业银行在未来一定的时期内或某一时间,按照约定条件向借款人提供不超过一定限额的贷款的承诺。贷款承诺分为可撤销贷款承诺和不可撤销贷款承诺两种。

可撤销贷款承诺是指银行在法律文书中书面列明有权随时无条件撤销承诺,且撤销不会引起争议或变相产生成本的非实质性承诺。该承诺不作为具体贷款等融资或信用支持业务发放的凭据。可撤销贷款承诺一般附有客户在取得贷款前必须履行的特定条款,在银行承诺期内,客户如没有履行条款,则银行可撤销该项承诺。可撤销贷款承诺包括立项用贷款承诺、意向性贷款承诺、协议形式可撤销贷款承诺等。

立项用贷款承诺是指银行在政府有关部门批复项目可行性研究报告前，在尚未完成贷款审批手续的情况下，经银行对客户的项目初步审查后认为确属应该争取的项目，而对外出具贷款承诺函的贷款承诺。该类承诺函一般作为政府部门批复项目可行性研究报告之用。

意向性贷款承诺是指银行向客户出具不具备法律约束力的贷款承诺函的贷款承诺，主要用于企业向国家有关部门申请财政贴息、专项补贴、高新技术项目等。

协议形式可撤销贷款承诺是指银行为满足借款人未来一定时期的融资或信用支持需求，通过与借款人签订合同的形式出具不具有法律约束力的贷款承诺函数的贷款承诺。

不可撤销贷款承诺是指不经客户允许银行不得随意取消的贷款承诺，该承诺具有法律约束力。在有效承诺期内，按照双方约定的条件、金额、利率等，银行随时准备应客户需要提供贷款。不可撤销贷款承诺可以分为循环信用额度和非循环信用额度两种。

在循环信用额度下，商业银行与客户之间签订有不可撤销的正式协议，按照协议条款，商业银行需在约定时间向客户提供贷款。协议上列明借款条件，包括最高贷款金额、利率、到期日、费率等，这种贷款协议时间较长，借款人可以在有效期内多次使用，并且可以反复使用因贷款已偿还而空余出来的信用额度。非循环信用额度的借款人在使用贷款承诺额度后，占用的额度不再恢复使用。

商业银行主要是通过收取承诺费的形式来从贷款承诺业务中获取收益。承诺费率一般维持在总承诺额的 0.1%～0.25%，一般不超过 0.5%，可以用总承诺金额或未使用余额作为计费基础，具体由双方协商。风险控制方面，银行对外提供贷款承诺函应按照对固定资产贷款、项目贷款或流动资金贷款管理的有关要求，对项目和授信主体进行认真全面的调查和评估。在项目审批获得通过后，银行应在当初约定的授信条件满足时方可发放贷款，贷款发放后银行业务人员也应及时跟进项目建设情况，防止项目发生重大方案调整或业主出现重大经营变故。

贷款承诺业务与满足项目融资需求的产品和服务联系较为紧密。银行在前期为客户开具贷款承诺函之后，若项目审批获得通过，则可根据项目进程和客户融资需求，为客户提供包括固定资产贷款、项目贷款、流动资金贷款、银团贷款、结构性融资、非金融企业债务融资工具、财务顾问等产品或服务。若项目未获有关部门审批，银行也可通过该产品加深与客户的合作关系，为后续营销其他产品打下良好基础。

 **实例 3-20**

立项用贷款承诺函

2010 年 4 月，甲银行客户 A 法人的一个高速公路建设项目拟上报国家发改委审批。经过甲银行 S 分行对该项目的长期追踪和积极营销，A 法人接受甲银行出具的立项用贷款承诺函。该项目受国家和地方政策支持，投资规模大，项目评估结论较好。根据 A 法人的要求，甲银行为其出具了 30 亿元的非标准格式立项用贷款承诺函。为争取 A 法人开展后续贷款业务,该次业务免收承诺费。

资料来源:上海浦东发展银行官网。

四、银团贷款和并购贷款业务

(一)银团贷款

银团贷款又称辛迪加贷款(Syndicated Loan),是指由一家或数家银行牵头,多家银行与非银行金融机构参加组成银行集团(以下简称银团),按相同的贷款条件、采用同一贷款协议,共同向一位或一位以上的借款人提供贷款的业务。通常会选定一家银行作为代理行代表银团成员负责管理贷款事宜。银团贷款主要由牵头行、安排行、经理行、参加行、代理行、协调行等成员共同组成,各个成员按照合同约定或各自的放款比例履行职责、享受权益和承担风险。银团贷款一般用于交通、能源、电信、电力等行业新建项目贷款或者大型设备租赁、企业并购融资等项目。2007年,中国银监会发布了《银团贷款业务指引》,用以规范我国商业银行的银团贷款业务。

从借款人的角度看,银团贷款产品的优势有三:一是贷款金额大、期限长,可以满足借款人长期、大额的资金需求。二是融资所花费的时间和成本较少。借款人与安排行商定贷款条件后,由安排行负责银团的组建。在贷款的执行阶段,借款人无需面对所有的银团成员,相关的提款、还本付息等贷款管理工作由代理行完成。三是银团贷款叙作形式多样。在同一银团贷款内,可根据借款人需要提供多种形式贷款,如定期贷款、周转贷款、备用信用证额度等;同时,还可根据借款人需要,选择不同币种组合贷款。

从银行角度看,银团贷款一方面可以通过多家银行的合作增加信息透明度,防范贷款欺诈,从而有效地分散贷款风险;另一方面也可以获取贷款利息之外的各种费用收入。

银团贷款期限短则3~5年,最长可达20年。银团贷款的资金价格由贷款利息和费用两部分组成,相关费用主要包括安排费、包销费/承销费、代理费、承诺费等。

与银团贷款较为相似的一种贷款方式是联合贷款。联合贷款也是多家银行共同向同一借款人发放贷款,但在银行间关系、贷款合同安排、贷款发放、贷款管理等方面与银团贷款有所不同。表3-5列出了两种贷款方式的区别。实践中联合贷款方式的应用较银团贷款方式为少。

表3-5 银团贷款与联合贷款的区别

区　别	银团贷款	联合贷款
银行间关系	结成统一体,通过牵头行和代理行与借款人联系	各行相互独立,分别与借款人联系
贷款评审	各银行以牵头行提供的信息备忘录为依据进行贷款决策	各行分别收集资料,多次评审

（续表）

区　别	银团贷款	联合贷款
贷款合同	统一合同	每家银行均与借款人签订合同
贷款条件（利率、期限、担保方式等）	统一的条件	每家银行均与借款人分别谈判，贷款条件可能不同
贷款发放	通过代理行、按照约定的比例统一划款	分别放款，派生存款分别留在各行
贷款管理	由代理行负责	各行分别管理自己的贷款部分
贷款本息回收	代理行负责按合同收回本息，并按放款比例划到各行指定账户	各行按照自己与借款人约定的还本付息计划，分别收本收息

实例 3-21

上海中心大厦银团贷款项目

据相关机构统计，在上海陆家嘴地区写字楼的租户中有 43% 是金融公司。随着陆家嘴金融城的建设，对办公商务楼宇的需求将继续增加。

为建设和开发"上海中心大厦"项目，上海中心大厦建设发展有限公司于 2007 年 12 月注册成立，注册资本为 86 亿元。上海中心大厦位于陆家嘴金融城中心区，地块面积为 30 370 平方米，建筑主楼高 632 米，总建筑面积为 56.59 万平方米，是一幢集商务办公、酒店、商业、娱乐观光等功能为一体的综合型超高建筑。上海中心大厦从 2009 年开工建设，建设期至 2014 年年底，项目总投资为 179 亿元。本项目建设所需资金由项目法人自筹和申请银行贷款解决。项目法人从注册资本中提取 79 亿元作为项目资本金，占总投资的 44.2%，其余 100 亿元拟申请银团贷款。

从 2007 年 12 月开始，交通银行组建了总分支三级联动工作小组，对"上海中心大厦"项目进行长期跟踪营销，并主动为项目设计银团融资方案供业主方参考。最终，本次银团贷款确定由交通银行、中国银行和农业银行牵头组建银团，代理行由该三家银行分工担任。2009 年 7 月，这三家代理行与上海中心大厦建设发展有限公司签订银团贷款框架协议，同年 10 月，银团贷款协议正式签署。

本次银团贷款由交通银行、中国银行和农业银行联合牵头筹组，银团贷款总额度为 100 亿元，贷款期限为 20 年，担保方式为项目抵押。银团成员及角色安排，如表 3-6 所示。

表 3-6　"上海中心大厦"项目银团贷款结构

银团成员	银团角色	承贷额度（亿元）
交通银行上海分行	牵头行/还款代理行	20
中国银行上海分行	牵头行/放款代理行	20

（续表）

银团成员	银团角色	承贷额度(亿元)
中国农业银行上海分行	牵头行/抵押代理行	20
中国工商银行上海分行	参加行	9
中国建设银行上海分行	参加行	9
上海浦东发展银行上海分行	参加行	9
国家开发银行上海分行	参加行	9
上海银行	参加行	4
合　计		100

"上海中心大厦"项目贷款的担保方式为项目土地及在建工程抵押，工程竣工借款人取得所建物业的房屋产权证后，在建工程抵押转为相关物业抵押。各参贷银行均为第一顺位抵押权人，按照实际参贷比例分享处分抵押物所得款项，承担依法应由抵押权人承担的费用。

（二）并购贷款

并购(M & A)是兼并(Merger)和收购(Acquisition)的合称，是指两家或多家企业以兼并或收购的手段完成股权或资产的所有权更替的行为。2008 年中国银监会发布的《商业银行并购贷款风险管理指引》，对并购的定义是境内并购方企业通过受让现有股权、认购新增股权，或收购资产、承接债务等方式实现合并或实际控制已设立并持续经营的目标企业的经营行为。而并购贷款是指商业银行向并购方或其子公司发放的，用于支付并购交易价款的贷款。并购贷款是针对境内外优质客户在改制、重组过程中，有偿兼并、收购国内其他企事业法人、已建成项目及进行资产、债务重组过程中产生的融资需求而发放的贷款。并购贷款是一种特殊形式的项目贷款。

我国商业银行发放并购贷款的操作模式主要有四种：第一种是受让现有股权式并购贷款，即银行将贷款发放给并购方，并购方以获得的贷款及自有资金向目标公司原股东支付转股价款。并购后目标公司的注册资本金保持不变，股东结构发生了变化。第二种是认购新增股权式并购贷款，即银行将贷款发放给并购方，并购方以获得的贷款及自有资金向目标公司增资，并获得目标公司的相应股权。并购后目标公司的注册资本金会增加，并购方成为新股东并取得对公司的控制权。第三种是资产收购式贷款，即银行将贷款发放给并购方，并购方以获得的贷款及自有资金收购目标公司全部或大部分资产，然后运营这些资产，收购后目标公司或者解散，或者转制经营。第四种是承接债务式贷款，即收购方通过贷款获得的资金及自有资金，替目标公司清偿原有债务，再将以此方式获得的对目标公司的债权转换为对目标公司的股权，达到并购目标公司的目的。

根据《商业银行并购贷款风险管理指引》的规定，商业银行并购贷款的主要业务流程包括业务受理、尽职调查、审查审批、贷款合同设计、提款条件落实与贷款发放、贷后管理、贷款回收等。

企业间的并购是推动行业重组,提高企业经营效率和核心竞争力的重要手段。对于数量庞大的非上市公司而言,并购贷款是获得较低成本融资的一种重要方式。

 **实例 3-22**

东方财信集团收购天津华侨城公司贷款案

天津东方财信投资集团有限公司(简称东方财信公司)及其下属子公司天津东方鸿业物业管理有限公司(简称东方鸿业公司)拟收购天津华侨城投资有限公司(简称天津华侨城公司)全部股权项目,并拟就此收购项目向商业银行 A 申请并购贷款。该收购项目交易价款总额达 10.048 亿元,根据《商业银行并购贷款风险管理指引》第十八条的规定"并购的资金来源中并购贷款所占比例不应高于 50%",即本项目最高贷款额度为 5.024 亿元。

鉴于贷款金额较大,商业银行 A 拟通过组建银团的方式来发放并购贷款 4 亿元。A 银行作为牵头行承担 2 亿元贷款额度,B 银行和 C 银行作为参加行各承担 1 亿元贷款额度。前期牵头行对东方财信公司、东方鸿业公司和天津华侨城公司进行了深入的尽职调查,了解企业的基本状况、历史沿革、股权结构、管理层资料、财务状况、贷款用途、还款来源、抵押物价值等。之后 A 银行准备了相关文件,并向 B 银行和 C 银行发出邀请,共同参与行内审批工作。参与行通过授信审查后,正式组建银团。由牵头行就贷款合同条款与东方财信公司进行商谈,最终签署相关合同文本,包括银团贷款协议、抵押合同、质押合同、担保合同等。

此项银团贷款期限为 5 年,贷款发放后将以东方财信公司收购目标公司后开发建设项目所产生的收益作为第一还款来源。发放的 4 亿元贷款采取 100% 股权质押和土地质押的双重担保措施。同时,东方财信公司所属地区财政局承诺将本次银团贷款的全部本息纳入还款年度的财政预算支出。在牵头行的多次沟通下,所属地区区政府指定该区基础设施投资有限公司为本次并购贷款本息偿还的连带担保责任人。

五、债务工具承销业务

商业银行为企业承销债务或股权融资工具是最接近于传统投资银行服务的业务。从企业角度来看,发行债务融资工具或股权融资工具筹集资金是直接融资的主要形式,与银行贷款相比可以降低融资成本。从商业银行角度来看,承销企业的债务融资工具和股权融资工具可以改变收入结构,分散经营风险,对这些工具的投资也能增强资产业务的流动性。从监管层的角度来看,发展直接融资市场和多层次金融市场有助于提高金融业服务实体经济的效率。因此,自 21 世纪初以来,我国的商业银行以承销非金融企业债务融资工具业务为开端,逐渐发展出一个规模庞大的银行间交易市场,其年度发行额和交易量要远远超过上海和深圳的股票交易所。

除了可以承销非金融企业债务融资工具外,我国商业银行还可以在银行间市场上承销金融债券。

(一)非金融企业债务融资工具承销

2005 年以来,我国银行间债券市场上为非金融企业进行融资的工具创新频繁。其中以债务工具为主,基本上覆盖了债券市场的各个层次,主要表现为在期限上从短期到中长期,在发行方式上从公开发行到私募发行,在风险程度上从低到高等。中国人民银行于 2008 年 4 月发布了《银行间债券市场非金融企业债务融资工具管理办法》,用以规范企业在银行间市场上的债务融资行为。非金融企业债务融资工具是指具有法人资格的非金融企业在银行间债券市场发行的,约定在一定期限内还本付息的有价证券。这些债务融资工具主要有短期融资券、超短期融资券、中期票据、私募债、中小企业集合票据等。

可以在银行间市场上承销非金融企业债务融资工具的金融机构以商业银行为主。截至 2017 年 1 月底,中国银行间市场交易商协会公布的主承销商共有 51 家,其中,A 类主承销商 35 家,以大型国有商业银行、股份制商业银行、部分规模较大的城市商业银行和少部分证券公司组成,它们可以在全国范围内开展非金融企业债务融资工具主承销业务。B 类主承销商 16 家,全部为城市商业银行和农村商业银行,它们可以在注册地所在的省、自治区、直辖市范围内开展非金融企业债务融资工具主承销业务。此外,还有 52 家承销商,主要由城市商业银行、农村商业银行、外资银行、证券公司、财务公司等组成。

1. 短期融资券和超短期融资券

短期融资券是指具有法人资格的非金融企业在银行间债券市场发行的,约定在 1 年内还本付息的有价证券。短期融资券实质上是由企业发行的无担保短期本票。实践中其发行期限通常为 6 个月、9 个月和 12 个月,募集资金主要用于补充企业流动资金。发行短期融资券进行融资可以降低企业的融资成本,扩大融资渠道,增强融资灵活性。

根据监管规定,企业发行短期融资券需要由具有承销资格的专业投资银行提供财务顾问服务,一般会根据发行范围的大小选择经银行间市场交易商协会认可的 A 类或 B 类主承销商。此外,也需要会计师事务所、律师事务所、信用评级机构等提供中介服务。短期融资券的发行利率通常为固定利率,利率高低取决于发行人的信用评级结果、市场投资人认购意向和发行时的市场资金状况等多方面因素。商业银行收取的短期融资券承销费费率一般为 0.3%～1%。

企业通过短期融资券筹资的优势包括筹资金额较大、筹资成本较低、筹资便利快捷等。企业发行短期融资券的单次申请额度最高可达净资产的 40%,而融资成本一般低于同期贷款利率,发行时采用备案制,不需要经过类似银行贷款程序的前期调查和审批过程。

超短期融资券是指具有法人资格、信用评级较高的非金融企业在银行间债券市场发行的，期限在270天以内的短期融资券。超短期融资券有别于短期融资券，本质上为商业票据，是一种货币市场工具，因此，注册额度不受《中华人民共和国证券法》发行企业累计债券余额不能超过其净资产的40%的规定限制。超短期融资券期限可为7天、14天、21天、1个月、3个月、6个月、9个月。超短期融资券对发行主体的信用等级要求更高，在首次注册成功后，后续发行采取事后报备办法。其他发行程序与短期融资券相同。

2. 中期票据

中期票据是指由具有法人资格的非金融企业在银行间债券市场按照计划分期发行的、约定在一定期限还本付息的有价证券。中期票据的期限为1～5年（通常为3～5年），募集资金主要为满足企业中长期资金需求。发行中期票据可以降低企业融资成本、扩大融资渠道，增强资金使用灵活性、改善债务期限结构等。

中期票据的发行程序、发行条件和发行主体范围与短期融资券基本相同，募集资金的用途并无严格限制，资金使用较为自由，可用于改善企业资金来源结构，调整负债结构，并不排斥用于支持企业的并购和资产重组等事由。

中期票据的承销费费率一般为0.3%～1%。

3. 私募债

私募债全称为非公开定向债务融资工具。非公开定向发行是指具有法人资格的非金融企业，向银行间市场特定机构投资人发行债务融资工具，并在特定机构投资人范围内流通转让的行为。非公开定向发行不是一种单纯的创新类品种，而是基于中国银行间债券市场发行流通的债券品种，相对于公开发行模式所作出的一种发行方式的创新。在银行间债券市场以非公开定向发行方式发行的债务融资工具称为非公开定向债务融资工具。

私募债的发行可以引入风险偏好型投资者，化解一些新兴企业或中小企业因规模小、风险大而难以进入银行间债券市场的困境。私募债的发行也需要由承销商等机构提供中介服务，而且由于其非公开定向发行的性质，私募债发行更为灵活，便于满足发行人和投资人个性化的需求。

4. 中小企业集合票据

中小企业集合票据是指2个（含）以上、10个（含）以下具有法人资格的中小非金融企业，在银行间债券市场以统一产品设计、统一券种冠名、统一信用增进、统一发行注册方式共同发行的，约定在一定期限还本付息的债务融资工具。2009年11月，银行间市场交易商协会发布了《银行间债券市场中小非金融企业集合票据业务指引》，明确了中小非金融企业集合票据的产品框架、注册发行、发行规模上限、募集资金用途、偿债安排和信用增进、信用评级、投资者保护机制、信息披露、承销、后续管理、流通转让等业务规则。

中小企业集合票据能够解决单个企业独立发行规模小、流动性不足的问题，降低了融资门槛，对单一企业的要求较低，通过集合发债有利于提升单一企业的信用等级，降低融资成本。中小企业能在银行间债券市场融资，也可提升企业知名度，树立良好的信用形象。发行中小企业集合票据须委托符合条件的承销商。中小企业集合票据发行规模总体较小,相对于资金实力雄厚的大银行来说,因需要授信等内部管理的流程所限,总体上对中小企业集合票据的兴趣并不大,但对于中小金融机构和投资者来说,中小企业集合票据则是很好的投资品种。

除以上 4 种类型的融资工具主要由以商业银行为主的主承销商在银行间债券市场发行之外,企业债券的发行由国家发展和改革委员会监管,发行主体以中央企业和大型地方国有企业为主,可以同时在银行间市场和沪深交易所市场同时发行,但其承销商主要以具有承销资格的证券公司为主,能够参与承销的商业银行较少,且以大型银行为主。银行也可通过与证券公司合作,为客户在境内发行企业债券提供财务顾问、承销、资金托管和资产监管等服务。公司债券的发行主体限于上市公司,由证监会监管,承销机构为证券公司,交易场所为上海和深圳证券交易所。

(二)金融债券承销

金融债券是指我国的金融机构法人在全国银行间债券市场发行的、按约定还本付息的有价证券。其中,金融机构法人包括政策性银行、商业银行、保险公司、企业集团财务公司、金融租赁公司、汽车金融公司及其他金融机构。金融债券的发行由中国人民银行核准,可以在全国银行间债券市场上公开发行或定向发行。2005 年发布的《全国银行间债券市场金融债券发行管理办法》规定,发行人应组建承销团,承销人可在发行期内向其他投资者分销其所承销的金融债券,承销可采用协议承销、招标承销等方式。商业银行将为金融债券发行提供尽职调查、发行策划、发行人辅导、市场发行等专业投资银行服务。

除了普通的金融债券外,商业银行次级债券、混合资本债券等也可以在银行间市场上发行。金融机构在银行间市场上发行金融债券的目的包括改善自身的流动性状况、扩大资金来源规模、降低资金来源成本、解决中长期的资金需求等。作为承销商的商业银行在承销金融债券业务中,不仅可以获取承销费收入,还可以推动负债业务规模的扩大。

六、股权投融资服务业务

为数众多的非上市企业和中小型企业均具有股权融资需求,而有些非银行类金融机构虽然可以对这类企业进行股权投资,但受限于自身营业范围、客户基础等条件的不足,仍然需要商业银行提供除股权融资之外的一系列相关服务。商业银行的此类服务可称为股权投融资服务,也是投资银行业务的一部分。

经过多年的发展,我国多层次的资本市场初步形成。第一层次是沪深证券交易所的主板及中小企业板市场,主要为大中型、成熟企业的融资和转让提供服务。第二层次是深圳证券交易所的创业板市场,主要为处于成长初期和产业化阶段初期的中小企业和高新技术企业提供资金融通的股票市场。第三层次是全国中小企业股份转让系统,俗称新三板市场,是为非上市公司股份的公开转让、融资、并购等相关业务提供服务的全国性证券交易平台。第四层次为区域性股权交易市场,俗称四板市场,是为特定区域内的中小企业提供股权、债权的非公开转让的场所。

对各层次资本市场进行投资的金融机构以股权投资基金为主。股权投资基金是指以私募方式向少数机构投资者或者个人募集资金,投资于企业上市前各阶段或者上市公司非公开交易股权,通过被投资企业上市、并购、管理层回购等方式实现退出的一种权益性投资基金。股权投资基金覆盖了企业生命周期的各个阶段,包括对种子期、初创期、成长期、成熟期、IPO前期、IPO后期等各个时期企业进行的投资。我国的股权投资基金包括了产业投资基金、创业投资基金、政府引导基金、地产投资基金、并购基金、夹层资本等多种类型。

多层次的资本市场为解决不同规模、不同发展阶段的企业的股权融资需求和不同类型金融机构的投资需求提供了一个较为完善的平台。商业银行在连接股权投资基金的投资需求和不同阶段企业的股权融资需求方面可以提供多种类型的服务。下面我们将以工商银行和上海浦东发展银行(简称浦发银行)为例来介绍其股权投融资服务业务。

(一)工商银行的股权投融资服务

工商银行的股权投融资服务分为五种,包括私募股权主理银行、股权私募顾问、直接投资顾问、企业上市/挂牌顾问、可认股安排权财务顾问等五类业务。

私募股权主理银行是指向与工商银行签约合作的私募股权集合投资工具管理机构提供的,包括推荐投资人与股权投资项目、协助开展项目投后及投资退出管理等的股权投融资服务。该业务的服务对象是具备相应业务资格的私募股权集合投资工具管理机构,包括合伙制或公司制基金投资管理公司、信托公司、证券公司、证券投资基金管理公司及其子公司等法律主体。

股权私募顾问是指工商银行通过协议转让、股权私募、定向增发以及法律、法规允许的其他方式为具有股权融资需求的境内企业提供顾问及咨询服务,协助企业引进境内外战略投资者、财务投资者等的股权投融资服务。具体内容包括寻找资金来源并协助商务谈判、评估股权私募方案的可行性、企业估值、推荐会计师事务所和律师事务所等中介机构等。

直接投资顾问是指工商银行为境内的机构投资者提供财务顾问服务,协助其寻找潜在的目标投资企业,协助其实施投资战略,统筹协调有关事宜的股权投融资服务。具体内容包括寻找潜在的目标投资企业并协助商务谈判、评估投资方案的可行性、对目标企业进行估值、协调交易团队等。

企业上市/挂牌顾问是指工商银行为境内具有上市/挂牌潜力的企业实现上市/挂牌目标提供顾问服务,并帮助企业实施战略规划、整体重组计划、改制方案、股本私募安排,推荐上市/挂牌保荐人、挂牌主办券商/承销商及其他中介机构,统筹协调上市/挂牌等的综合性咨询顾问服务。

可认股安排权财务顾问,是指工商银行在为目标企业客户提供股权私募顾问服务的同时,由目标企业及其控股股东或实际控制人赋予工商银行一项权利(可认股安排权),使工商银行有权在约定的时间内指定第三方投资机构按照约定的条件对目标企业客户进行股权投资的股权投融资服务。该业务的适用对象是具备高成长性和存在潜在股权投资价值的企业客户。

在上述各项业务中,工商银行与客户签订股权投融资服务协议,按约定的收费标准收取相应的服务费。

(二)浦发银行的股权投融资服务

浦发银行把私募股权(以下简称PE)投融资综合金融服务方案概括为"智""融""投""贷""管""退""保"七项,即PE咨询服务方案、PE融资支持服务方案、PE项目投资服务方案、PE投贷联动服务方案、PE投资后管理支持方案、PE投资退出支持服务方案、PE托管支付服务方案。投融资综合服务方案能满足PE在投融资领域的各种个性化需求,为股权投资基金在募集设立、账户管理、资金托管、项目投资、配套信贷支持、投资退出的整个产业链各环节中提供一站式、综合性金融增值业务,帮助其实现预期目标。

PE咨询服务方案是指浦发银行为股权投资基金、投资企业、投资者和第三方服务机构提供基金设立咨询、行政服务、投资者服务、项目推出等全方面、全流程的融智服务,并为基金投资对象提供顾问服务支持,充分发挥投资乘数效应的股权投融资服务方案。

PE融资支持服务方案是指浦发银行遴选优秀的股权投资基金,根据其特点和要求,寻找潜在的合格机构投资者和高净值个人客户,促成股权投资基金和潜在投资者合作的股权投融资服务方案。此外,浦发银行还在对股权投资基金及其拟投资项目进行审慎的尽职调查和严格的风险控制的前提下,基于股权投资基金和受资项目的业务特征、融资需求、风险控制能力等,通过设计多种融资工具组合,利用银行各方面资源和优势为股权投资基金的拟投资目标企业提供结构化融资服务。

PE项目投资服务方案是指浦发银行依托于股权投资基金的良好合作关系及对企业融资需求的深入理解,帮助股权投资基金选择合适的投资项目,帮助企业进行股权融资、协助尽职调查及推进投资进程,并配套相应的金融服务支持,缩短股权投资基金投资周期,提高企业融资效率,协助股权投资基金促进被投资项目的快速成长的股权投融资服务方案。

PE投贷联动服务方案是指浦发银行与股权投资基金结成战略联盟,以高科技、高成长性中小企业为目标客户,在股权投资基金投资或承诺投资的前提下浦发银行以债权形式为目标企业提供融资支持,形成股权投资和银行债权投资之间的联动融资模式,通过股债结合的模式拓宽被投资企业的融资渠道,共同促进被投资企业快速成长的股权投融资服务方案。

PE投资后管理支持方案是指浦发银行积极与基金管理公司合作,为被投资的中小企业提供包括公司战略规划、公司治理结构优化、人力资源管理、市场营销网络拓展、资本市场运作等财务顾问服务,综合支持被投资企业的持续快速发展,全面提升被投资企业价值,为基金投资顺利退出创造条件的股权投融资服务方案。

PE投资退出支持服务方案是指浦发银行作为股权投资基金及其管理公司的财务顾问,借助其综合资源平台,发挥其中目标企业境内外上市挂牌交易、并购重组、股权转让等方面的专业优势,协助基金管理公司利用资本市场运作,为基金顺利推出被投资企业提供全方位金融服务的股权投融资服务方案。

PE托管支付服务方案是指浦发银行接受股权投资基金或委托人的委托,按照托管合同的约定,根据"全程全额托管、集中运作、风控优先、就近服务"的指导思想来开展的股权投融资服务方案。它主要包括安全保管基金财产,根据投资人的合规指令及时办理清算、交割事宜;负责委托资产的会计核算和估值以及审查投资管理人计算的资产净值;及时与投资管理人核对报表、数据,按照规定监督投资管理人的投资运作;定期向委托人和有关监管部门提交托管报告和财务会计报告,履行法律、法规规定的其他职责以及提供相关金融服务。

七、资产证券化业务

资产证券化是指将缺乏流动性、但未来能够产生可预期稳定现金流的资产汇集形成资产池,以池内资产所产生的现金流作为偿付基础,通过风险隔离、信用增级、资产重组等技术处理,在金融市场上发行资产支持证券的过程。对于发行人来讲,资产证券化可以将缺乏流动性的中长期资产转换为现金;对于投资人来讲投资资产支持证券可以获得更高的收益率,且风险程度相对较低。目前我国商业银行开展的资产证券化业务有信贷资产证券化和企业资产证券化两种,以前者为主。

信贷资产证券化的基础资产发起机构是商业银行、政策性银行、资产管理公司、汽车金融公司等金融机构的信贷资产。企业资产证券化的基础资产发起机构是大型公司或机构类客户的债权类或收益权类资产项目,如水电气资产、路桥港口收费权、融资租赁资产等。资产证券化产品的存续期一般根据基础资产的期限确定。

信贷资产证券化业务中参与机构众多。根据监管规定,信贷资产证券化的发起机构原则上应担任信贷资产证券化的贷款服务机构。贷款服务机构的职责是将信贷资产委托给信托公司设立特殊目的信托,在资产支持证券成功发行后提供后续贷款服务。信托公司的职责是发行资产支持证券并对受托资产进行管理。证券公司的职责是整体协调项目、尽职调查、交易结构和产品设计,以及承销资产支持证券等。律师事务所负责起草相关交易文件和出具法律意见。会计师事务所负责出具审计报告、会计意见和税务意见。评级公司负责对债券进行信用评级。此外,还会涉及登记托管机构、资金保管机构等。实践中,一些大型商业银行除了承担贷款服务机构的职责外,还可能承担交易结构和产品设计、证券承销等功能。

商业银行作为发起机构开展信贷资产证券化业务的好处有:一是可以增强资产的流动性,减少风险资产,优化信贷结构,实现资本的集约化运作;二是可以扩大中间业务收入,从而改善收入结构;三是可以通过投资资产支持证券中的次级债券来获得较高收益。

目前我国已有案例的企业资产证券化业务主要是以证券公司作为发行人的专项资产管理计划产品,即证券公司以专项资产管理计划为特殊目的载体,以计划管理人身份面向投资者发行资产支持受益凭证,按照约定用受托资金购买原始权益人能够产生稳定现金流的基础资产,将该基础资产的收益分配给受益凭证持有人的专项资产管理业务。这类业务中,商业银行可以担任财务顾问、账户监管人和专项计划专户托管人的角色。

 **实例 3-23**

建元®2005-1 个人住房抵押贷款证券化信托资产支持证券

建设银行是国内最早开展资产证券化研究的商业银行,是国内首家获得信贷资产证券化试点资格的商业银行,也是国内目前唯一开办个人住房抵押贷款证券化业务的商业银行。作为国内首批信贷资产证券化试点机构,建设银行和证券化领域活跃的信托公司、评级机构、律师事务所、会计师事务所等中介机构一直保持着密切的联系。建设银行发行第一笔信贷资产证券化产品的详情如表 3-7 所示。

表 3-7　建元®2005-1 个人住房抵押贷款证券化信托资产支持证券发行情况

证券种类	评级	金额(亿元)	占比	预计到期日	发行利率*
优先 A 级	AAA	26.698	88.50%	2021 年 5 月 26 日	基准利率+1.10%
优先 B 级	A	2.036	6.75%	2024 年 6 月 26 日	基准利率+1.70%
优先 C 级	BBB	0.528	1.75%	2027 年 8 月 26 日	基准利率+2.80%
次级	无评级	0.905	3.00%	2037 年 11 月 26 日	NUM

* 发行利率中的基准利率是中国外汇交易中心公布的 7 天回购加权利率 20 个交易日的算术平均值。

发行时间:2005 年 12 月 19 日;发行金额:30.167 亿元。

基础资产:建设银行上海、江苏和福建三家分行的共计 15 162 笔个人住房抵押贷款。

建元®2005-1 个人住房抵押贷款证券化信托资产支持证券是建设银行发行的国内第一单个人住房抵押贷款证券化产品。该产品的推出使建设银行成为国内第一家在银行间债券市场完成交易结构设计、成功发行证券化产品的金融机构。

资料来源:中国建设银行官网。

八、财务顾问业务

商业银行的财务顾问业务是指根据客户需求,综合运用多种金融产品和服务手段,为客户的投融资、资本运作、资产管理、债务管理、财务管理等活动提供诊断、咨询、分析、设计等一揽子解决方案的业务。

财务顾问业务有不同分类。可以根据是投资还是融资，以及是否涉及资金交易的标准分为投资顾问、融资顾问和管理咨询业务，其中，投资顾问的主要业务有私募股权投资顾问、兼并收购顾问、财务股权投资顾问等；融资顾问业务有 IPO 顾问、夹层融资顾问、债券融资顾问、优先股融资顾问等；管理咨询业务包括常年财务顾问、税务筹划、行业分析与信息等。

在实践中，商业银行一般是根据财务顾问业务的具体内容来分类的。

建设银行将其分为常年财务顾问业务、专项财务顾问业务和新型财务顾问业务。常年财务顾问业务是指为企业提供日常咨询、管理等的传统服务，主要包括财务分析、专业刊物信息、日常信息咨询、行业分析、政策咨询等服务。专项财务顾问业务是指为客户设计具有针对性的特色服务，包括一揽子金融产品方案设计、税务筹划、风险管理、资产负债管理、关系协调、企业战略规划等服务。新型财务顾问业务是指依托资本市场和新型融资产品，根据政府机构、大型企业、中小企业及个人客户的不同情况和投融资需求，为其提供投资银行全面金融解决方案的服务，主要包括境内外 IPO、并购重组、股权投资、买壳上市、理财产品、产业基金、资产管理、债券发行、股票增持等服务。

中国银行把财务顾问业务分为大型建设项目财务顾问业务、企业并购财务顾问业务和常年财务顾问业务三大类。大型建设项目财务顾问业务是指银行为大型建设项目的融资结构、融资安排提出专业性方案的服务。企业并购财务顾问业务是指银行为企业的兼并和收购双方提供的财务顾问业务。银行不仅参与企业兼并与收购的过程，而且作为企业的持续发展顾问，参与企业结构调整、资本充实和重新核定，以及对陷于破产和困境局面的企业重组事项的策划和操作过程。常年财务顾问业务是指银行为企业的持续发展提供顾问服务，为企业在日常经营和管理中提供银行法律、法规咨询、行业发展情况、财务报表分析、投融资咨询等顾问服务，并根据国内外金融热点等问题，为企业提供相关评述及分析的服务。

浦发银行把财务顾问业务分为并购财务顾问、企业上市财务顾问、企业融资财务顾问、项目财务顾问、企业设立及重组财务顾问、企业理财顾问、政府财务顾问、企业咨询顾问、清洁发展机制（CDM）项目财务顾问和常年财务顾问等业务。

第四节　资产托管与养老金业务

商业银行的资产托管业务是指信誉卓著的商业银行接受投资者的委托，对投资者委托资产管理人管理的财产进行保管并监督资产管理人的运作，防范委托资产风险并根据资产运作的特点提供相应的投资清算、会计核算、资产估值、信息报告等金融服务的业务。资产托管业务是在资产所有权与处置权相分离下的制度性安排,是资本市场稳定发展的必然要求。国际上,商业银行开展资产托管业务已经有80多年的历史,而我国的商业银行从事资产托管类业务始于1998年的证券投资基金托管业务。

商业银行的养老金业务一般是指对企事业单位所委托的企业(职业)年金基金、员工福利计划基金等进行账户管理和托管的业务。商业银行养老金业务托管服务的功能与资产托管业务相近,但养老金业务的服务对象是企事业单位及其员工,这与资产托管业务一般仅面向代替投资者进行资产管理的金融机构不同。因此,在我国,商业银行业务一般将资产托管业务和养老金业务分开进行管理。

一、资产托管人职责

资产托管业务有三方当事人,即投资者、托管人和管理人。投资者是委托资产的真正所有人;托管人是委托资产的保管人,要确保委托资产的安全;管理人负责对委托资产进行经营或投资。在我国,资产托管人的职责主要有以下四个方面:

一是安全保管托管的全部资产。资产保管是托管人的基本服务之一,委托人或管理人将资产交付托管人托管后,由资产托管人负责安全保管托管资产,保证被托管资产的完整、独立及安全。托管资产不是托管人的自有资产,托管人不得挪用托管资产。资产保管的对象可分为现金类资产、证券类资产、直接股权类资产、债权类资产、应收资产及其他资产权利凭证。不同类型的资产分别存放于银行账户、证券公司账户、交易所证券账户、基金交易账户、银行间债券托管账户中,而场外市场交易的债券,以债券凭证的方式进行实物保管。

二是负责投资资金的清算与交收。资金清算是托管人的基本职责之一。在资产管理人对受托资产进行投资运用而引起的资金划拨与证券交割由托管人负责办理,托管人应该严格按照资产管理人的投资指令、资金划拨指令等办理资金清算,未经管理人同意,不得擅自动用托管资产账户中的资产。资金清算的特点是准确性、安全性、及时性。

三是对托管资产进行会计核算和资产估值。会计核算是托管人的基本职责之一,委托人或管理人将资产交付给托管人托管后,托管人应该依据托管资产的运作情况进行会计核算并编制相应的会计报告。不同类型的托管资产,其适应的会计核算制度也不同。托管人的核算服务有两块:一块是每日进行的对账服务;另一块是在一段会计期间内托管人需要出具或复核的各类报表报告。资产估值是指通过对托管组合所拥有的全部资产及所有负债按一定原则和方法进行估算,进而确定资产公允价值的过程。资产估值的对象是托管组合所拥有的股票、债券、股息红利、债券利息、银行存款本息等资产。

四是对管理人的投资运作进行监督,并进行信息披露和报告。托管人根据委托资产管理合同和托管协议的有关规定,监督管理人在投资运作过程中的行为,一旦发现管理人有违规行为,应及时采取措施维护投资者的利益。信息披露是托管人就托管资产运营情况向投资者进行信息通告或发布的服务。在证券投资基金和信托资产的托管业务中,托管人还有义务定期发布托管报告。

我国商业银行作为资产托管人所能托管的资产类型众多,其所提供的服务一般也至少包括以上各项。资产托管业务的收费会受到托管资产的类型、托管资产的规模、托管服务的范围、托管资产投资所面对的市场状况等因素的影响。目前,我国商业银行资产托管的服务费费率往往参照证券投资基金托管的收费标准,按照投资对象的不同,其费率在0.8‰~2.5‰。

二、托管资产类型

近年来,我国资产托管业务凭借适应直接融资资本市场和财富管理市场需要的内在发展动力,已从传统证券投资基金市场快速渗透覆盖到非证券类资产管理领域,并逐渐向社会保障、财政、实体经济、跨境投资等非金融领域延伸。到目前为止,我国商业银行可以进行托管的资产类型大致有以下几种。

(一)证券投资基金托管

证券投资基金是指通过发行基金单位(份额)集中具有共同投资目的的资金,委托专业金融机构分别进行保管资产和运用资产,由投资者风险共担、收益共享的一种集合证券投资方式。专业保管基金资产的机构称为基金托管人,在我国一般由商业银行担任;专业运用基金资产的机构是基金管理公司。证券投资基金是我国商业银行最早进行托管的资产类型。

根据我国《证券投资基金法》的规定,证券投资基金的直接当事人有三方,即基金份额持有人、基金托管人和基金管理人,三方根据法律的相关规定行使权利和承担义务。商业银行作为基金托管人,其为基金份额持有人和基金管理人所提供的服务主要有以下数项:一是资产保管,即为基金资产开设资金账户和证券账户,保证基金资产的完整、独立和安全。二是会计核算与估值,即对基金资产进行完整规范的会计记录,定期制作会计报表,与基金管理人定期核对账务,保证会计记录与账务规范、准确;定期对基金资产的市场价值进行估算,与基金管理人核对估值结果,使基金份额持有人能够及时、准确地了解基金资产的价值波动情况。三是资金清算,即根据基金管理人的划款指令,完成基金资产投资活动涉及的资金清算与证券交收。四是交易监督,即按照基金合同和托管协议的规定,监督基金资产的投资运作。五是其他增值服务,即根据基金份额持有人和基金管理人的要求提供各项增值服务。

(二)证券公司客户资产管理计划托管

证券公司客户资产管理业务是指证券公司作为受托投资管理人,与投资委托人签订资产管理合同,根据合同约定的方式、条件、要求及限制进行投资运作,通过把委托人委托的资产投资于证券市场上的股票、债券、收益支持证券及其组合等金融产品,为客户提供证券及其他金融产品的投资管理服务,以实现委托资产在不同风险偏好下的收益最大化的一种专业性投资代理业务。我国的证券公司客户资产管理业务始于1993年,当前监管部门将该业务分为三种类型,即为单一客户办理定向资产管理业务、为多个客户办理集合资产管理业务和为客户办理特定目的的专项资产管理业务。证券公司会为不同类型的资产管理业务制定资产管理计划,并委托给商业银行进行托管。

相应地,商业银行为证券公司客户资产管理计划提供的托管服务也分为以下三种:

第一种是定向资产管理计划托管,即托管银行接受单一客户和证券公司委托,安全保管客户委托资产,对证券公司就委托资产的投资行为进行交易监督,并提供会计核算、资产估值等相关服务的金融业务。托管服务的对象是委托人和证券公司。

第二种是集合资产管理计划托管,即托管银行按照中国证监会等监管部门的有关规定和集合资产管理合同的约定,履行安全保管集合计划资产,办理资产估值、资金收付和会计核算等事项,监督证券公司投资行为等职责的金融业务。托管服务的对象是设立集合资产管理计划的证券公司及资产管理子公司。

第三种是专项资产管理计划托管。专项资产管理计划是证券公司基于客户特定目的而设计的资产管理计划,具体是指证券公司以非金融企业客户拟进行证券化的存量资产(如有收费权的市政基础设施、高速公路收费权、港口收费权、电信运营网络收费权、企业经营性应收账款资产等)为基础资产来发行收益支持证券,从而实现目标公司项目资产证券化的方案。项目承接资金来源于证券公司作为发行人向投资者发行专项资产管理计划份额所募集的资金。根据监管规定,专项资产管理计划必须委托给商业银行进行托管,由托管银行为计划开立专门账户,保管专项资产管理计划资产,确保其独立和安全,以保护委托人的财产权益。

托管银行为证券公司客户资产管理计划提供的托管服务也包括资产保管、资产估值、资金清算、会计核算、交易监督、信息披露等具体内容。此外,托管银行一般还可以为证券公司和委托资产客户提供投资评价、报表定制和信息咨询服务。

 **实例 3-24**

海通稳健成长集合资产管理计划(见表 3-8)

表 3-8　海通稳健成长集合资产管理计划

集合计划简称	海通稳健成长	集合计划类型	非限定性
存续期(年)	5 年	开放期	计划成立起 3 个月后每工作日开放
管理人	海通证券股份有限公司	托管人	中国工商银行股份有限公司

（续表）

集合计划简称	海通稳健成长	集合计划类型	非限定性
管理费费率	1.2%（年费率）	托管费费率	0.25%（年费率）
业绩报酬	年化收益率小于5%时，管理人不提取业绩报酬；年化收益率大于5%时，管理人提取超过5%部分的10%作为业绩报酬		
投资范围	本集合计划的投资范围为具有良好流动性的金融工具，包括国内依法公开发行的各类股票、证券投资基金、权证、国债、央行票据、金融债、企业债、公司债、可转债、短期融资券、资产支持证券、债券逆回购及中国证监会认可的其他投资品种		
资产组合比例	（1）权益类资产：20%～90%，权益类资产包括股票、股票型和偏股型基金、权证等，其中，股票型和偏股型基金不超过20%，权证占计划净值的比例不超过3%		
	（2）固定收益类资产：0～30%，固定收益类资产包括国债、央行票据、金融债、企业债、公司债、可转债、债券型基金、资产支持证券、短期融资券等		
	（3）现金及准现金类资产：不少于10%，现金及准现金类资产包括现金、银行存款、货币市场基金、不超过28天的债券逆回购等		
集合计划特点	（1）管理团队具有丰富的资金运作和账户投资经验，业绩优秀		
	（2）精选个股、均衡配置成长与价值股票，降低组合风险，提高组合整体收益水平		
	（3）管理人参与，与投资者共担风险		
	（4）年化收益率不足5%不提取业绩报酬		
	（5）每日开放，提供充分流动性		

资料来源：中国工商银行官网。

（三）基金公司特定客户资产管理计划托管

基金公司特定客户资产管理计划是指基金管理公司或其子公司向特定客户募集资金或者接受特定客户财产委托担任资产管理人，由托管机构担任资产托管人，为资产委托人的利益，运用委托财产进行投资的活动方案。基金公司从事特定客户资产管理业务始于2012年9月中国证监会发布《基金管理公司特定客户资产管理业务试点办法》之后，其投资领域从基金公司原有的上市证券类资产拓展到了未通过证券交易所转让的股权、债权以及其他财产权利等实体资产，且在随后两年内其业务规模呈现爆发式增长。

基金公司特定客户资产管理计划受托资金可以投资三类资产：第一类是现金、银行存款、股票、债券、证券投资基金、央行票据、非金融企业债务融资工具、资产支持证券、商品期货及其他金融衍生品；第二类是未通过证券交易所转让的股权、债权及其他财产权利；第三类是中国证监会认可的其他资产。根据监管要求，投资于第二类、第三类资产的，必须设立专门的基金子公司，通过设立专项资产管理计划开展业务。实业界一般将基金子公司专项资产管理计划称为基金专户业务。

基金公司特定客户资产管理计划分为两类：一是为特定单一客户办理特定资产管理

业务；二是为特定的多个客户办理特定资产管理业务。特定单一客户包括初始委托资产不低于 3 000 万元的公司、机构和个人，特定多个客户包括初始委托资产不低于 100 万元的公司、机构和个人。

基金公司特定客户资产管理计划按照规定需要由托管人托管，即由商业银行来担任，一般简称为基金专户托管。托管银行提供的托管服务包括资产保管、会计核算与估值、资金清算、交易监督、绩效考评、信息披露等具体内容。

（四）银行理财产品资金托管

银行理财产品是银行针对特定目标客户群体开发设计并销售的资金投资和管理计划。银行接受投资人的授权来管理资金，投资收益和风险由银行与投资人按照约定方式分享或承担。按照不同的标准，银行理财产品可以分为多种不同的类型。

银行理财产品资金托管是指具备托管资格的商业银行接受理财产品发行银行的委托或本行理财产品发行部门的内部委托，为其发行和管理的理财产品提供资产保管、资金清算、会计核算、资产估值、投资监督、报表报告等的托管服务。

我国商业银行的理财业务从 2004 年开始起步。2009 年 7 月中国银监会发布通知，要求商业银行发售理财产品应委托具有证券投资基金托管业务资格的商业银行托管理财资金及其所投资的资产。截至 2017 年 1 月，我国具备托管资格的商业银行有 27 家。因此，对于那些不具备托管资格的商业银行（以城市商业银行、农村金融机构、外资银行等为主），其所发行的理财产品必须委托给具备资格的银行进行托管。近年来，银行理财产品资金托管已成为资产托管业务中规模最大的托管品种。

（五）信托财产保管

信托是指委托人基于对受托人的信任，将其财产权委托给受托人，由受托人按委托人的意愿以自己的名义，为受益人的利益或者特定目的，进行管理或者处分的行为。信托业务具有融通资金的性质，且信托财产具有独立性，因此需委托给第三方进行保管。按照不同的标准，信托业务可以分为多种不同的类型。

信托财产保管业务是指托管银行受信托公司（信托计划受托人）委托，为其发行的资金信托计划提供保管信托财产、资金清算等服务，维护信托计划受益人的合法权益，履行保管人职责并收取保管费的一种业务。信托财产保管的服务对象是信托公司或信托投资公司，以及有投资理财需求的企事业单位和高净值个人客户。具体来看，信托财产保管的服务内容包括保管信托财产、核算信托权益、办理资金收付、监管信托投资、信托财产估值、定期披露信息、核实费用支付和信托利益分配方案、归集支付等。

2004 年以前，我国信托计划没有引入信托财产保管或托管机制，2004 年 10 月之后，我国信托财产保管制度经历了形成、托管制度、保管制度三个阶段。在形成阶段，监管部门要求房地产类信托必须由商业银行担当资金保管人；2006 年 6 月之后又规定集合资金信托业务项下资金必须由商业银行进行托管;2009 年 2 月之后,监管规定要求信托计划资金实行保管制,信托公司应该选择经营稳健的商业银行担任保管人。

（六）保险资产托管

保险资产托管业务产生的前提是保险资产的委托管理。所谓保险资产委托管理是指保险公司将保险资金委托给专业投资管理机构(管理人)实施投资运作,并对保险资产实行独立第三方(托管人)托管的保险资金运用模式。保险资产托管业务是指商业银行作为托管人,与保险公司签署保险资产托管协议,依据法律、法规和合同要求,安全保管保险资产,办理保险资产名下资产清算和证券交收,监督保险公司或经保险公司授权的投资管理人的投资运作,进行保险资产风险分析和绩效评价,并收取托管费的业务。

保险资产托管业务的服务对象是保险公司、保险资产管理公司或保险经纪公司。银行托管服务的主要内容包括资产保管、资产清算、证券交割、会计核算、资产估值、绩效评估、信息报告等。2003 年 7 月,中国人保成立了第一家专业保险资产管理公司。截至 2016 年年底,根据中国保险资产管理业协会的统计,已有 32 家综合性或专业性的保险资产管理公司、11 家保险资产管理公司香港子公司、6 家养老基金管理(或养老保险)公司、2 家私募股权投资管理公司和 1 家财富管理公司。

（七）全国社会保障基金托管业务

全国社会保障基金在 2000 年 8 月设立,是中央政府集中的国家战略储备基金,由中央财政拨入资金、国有股减持所获资金或转持所获股权资产、经国务院批准以其他方式筹集的资金及其投资收益构成。全国社会保障基金托管是指具有托管资格的商业银行受全国社会保障基金理事会委托,安全保管全国社会保障基金资产,执行全国社会保障基金投资管理人的投资指令,负责办理全国社会保障基金委托管理资产名下的资金清算,监督投资管理人的投资运作,提供投资管理绩效评估等托管服务的金融业务。

托管机制的引入有利于完善全国社会保障基金营运管理机制,分享银行业专业托管的比较优势,促进全国社会保障基金的稳健发展。托管银行提供的基本服务有资产保管、资金清算、会计核算、资产估值、投资监督、托管报告等,增值服务有绩效考评、债券交易服务、电子银行服务、个性化全国社会保障基金报表提供、相关信息资讯、异动监控等。

（八）私募投资基金托管

私募投资基金是指以非公开方式向少数机构投资者和高净值个人投资者募集资金而设立的基金。按照投资类别标准,私募投资基金可以分为私募证券投资基金、私募股权投资基金、创业投资基金等类型。私募证券投资基金以公开发行交易的证券类资产为主要投资对象。私募股权投资基金以已经形成一定规模的、处于扩张期和成熟期的、并能产生较为稳定现金流的中小企业的股权投资为主要业务。创业投资基金主要投资于处于种子期和初创期的企业股权。

私募投资基金托管是指由具备资质的商业银行担任资产托（保）管人，为通过私募发行所募集资金进行投资的基金从事托管服务的业务。托管银行的服务内容一般包括账户开立、资产保管、资金清算、资产估值、会计核算、交易监督、信息披露等。托管人制度的引入，有利于确保私募投资基金客户资产的独立性和安全性，降低基金管理人的违规操作风险，有效保护投资者利益。

（九）QDII 和 QFII 资金托管

2006 年 4 月，监管部门允许境内机构和居民个人委托境内商业银行在境外进行金融产品投资，合格境内机构投资者（Qualified Domestic Institutional Investor，QDII）制度开始全面推出。同时相关要求规定，QDII 业务运作必须引入托管机制。银行提供 QDII 托管服务的主要对象为商业银行、保险公司、基金管理公司、信托投资公司、证券公司等。

合格境外机构投资者（Qualified Foreign Institutional Investors，QFII）制度是在我国实行外汇管制和人民币未完全实现自由兑换的情况下，有限度地开放资本市场、引进外资的一种重要措施。2006 年 9 月，新修订的《合格境外机构投资者境内证券投资管理办法》正式实施，要求合格投资者应当委托境内商业银行作为托管人托管资产。银行提供 QFII 托管服务的主要对象为境外基金管理机构、境外保险公司、境外证券公司、境外商业银行、境外养老基金、慈善基金、捐赠基金、信托公司及政府投资管理公司等其他机构投资者，以及符合监管部门资质要求的其他境外机构。

此外，相继实行的合格境外有限合伙人（Qualified Foreign Limited Partner，QFLP）制度、合格境内有限合伙人（Qualified Domestic Limited Partner，QDLP）制度、人民币合格境外机构投资者（RMB Qualified Foreign Institutional Investors，RQFII）制度下的投资资金，按照监管要求也须委托给有资质的境内商业银行进行托管。

三、养老金业务

商业银行的养老金业务主要有三种类型，即企业（职业）年金基金托管业务、员工福利计划托管业务和企业年金养老金托管业务。

企业（职业）年金是指企业及其职工在依法参加基本养老保险的基础上，依据国家政策和本企业经济状况，自愿建立的补充养老保障计划。企业年金基金托管业务是商业银行受企业年金基金受托人（企业年金理事会或法人受托机构）委托，根据法律、法规和托管合同规定，安全保管企业年金基金资产，办理年金基金资金清算、证券交收、会计核算、资产估值、投资监督等事项的业务。根据所服务企业是一个还是多个，企业年金基金托管分为企业年金单一计划和企业年金集合计划两种。其中，前者是单个企业及其员工建立的年金计划，主要由大中型企业采用，具有个性化定制和过程控制便捷的特点；后者是具有企业年金法人受托机构资格的受托人设立的,将多个委托人交付的企业年金基金集中进行受托管理的企业年金计划,主要由中小型企业采用。

我国从 1991 年开始建立企业补充养老保险制度,在 2004 年 5 月原劳动和社会保障部发布《企业年金试行办法》后,企业年金已经逐渐成为一种较为普遍实行的企业补充养老金计划。2015 年 4 月,国务院办公厅发布《机关事业单位职业年金办法》,规定从 2014 年 10 月 1 日起实施机关事业单位工作人员职业年金制度。职业年金是机关事业单位及其工作人员在参加机关事业单位基本养老保险的基础上建立的补充养老保险制度。职业年金基金应当委托具有资格的投资运营机构作为投资管理人,负责职业年金基金的投资运营;应当选择具有资格的商业银行作为托管人,负责托管职业年金基金。

员工福利计划是指企事业单位为员工提供的非工资收入福利的综合计划,主要包括由企业出资的补充医疗保障计划、人寿保险、意外及伤残保险、中长期激励计划、薪酬延期支付计划、股权和期权计划、非企业年金的补充养老计划、住房教育交通津贴等。在商业银行内部,员工福利计划托管一般采用类似企业年金基金托管的方式运营,所提供的服务有账户开立、资产保管、核算估值、资金清算、信息披露等。

企业年金养老金是由企业年金投资管理人发行的、面向企业年金基金定向销售的企业年金基金标准投资组合。根据投资对象的不同,企业年金养老金可以分为股票型、混合型、固定收益型和货币型四种类型。企业年金养老金托管业务是具有资质的商业银行受企业年金养老金投资管理人委托,根据法律、法规和托管合同规定,安全保管企业年金养老金资产,办理企业年金养老金资金清算、证券交收、会计核算、资产估值、投资监督等事项的业务。

复习思考题

1. 为何银行把对各类企业、机关团体、事业单位、政府部门等具有公众性质的单位所开展的业务称为公司银行业务?

2. 结合本书第二章的内容,并查找相关资料,深入分析零售银行业务和公司银行业务的不同特点。

3. 为何对公司等单位客户的存款账户服务要比对个人的服务更为多样化和复杂化?

4. 现金管理业务和交易银行业务之间的联系和区别是什么?

5. 查找资料,对比交易银行业务在我国不同银行内部的不同称呼,并分析其内在原因。

6. 选择一家银行,查找资料和数据,了解其交易银行业务各具体种类的开展情况。

7. 什么是商业银行的投资银行业务?商业银行所开展的投资银行业务是否符合投资银行业务的广义定义?

8. 我国的大中型商业银行一般都设有投资银行部,查找资料,了解其关于投资银行的定义。

9. 任意选择一家银行,查找资料和数据,了解其投资银行业务各具体种类的开展情况。

10. 商业银行所开展的交易银行业务和投资银行业务的不同特点是什么?

11. 商业银行为何能以中间人的身份办理资产托管业务?

12. 商业银行养老金业务的含义是什么? 其与资产托管业务之间的共同点是什么?

13. 任意选择一家银行,查找资料和数据,了解其资产托管和养老金业务各具体类型以及近年来的发展情况。

14. 从五大银行和十二家股份制商业银行中任选一家,介绍其公司银行业务的类型和近年来的发展。要求:①必须有各类业务近年来经营的数据及对其的分析总结,必须包含一级目录;②正文字数在3 000~4 000字。

第四章 金融市场交易业务

　　商业银行金融市场交易业务是指在传统存贷市场之外,综合运用利率、汇率、信用、商品、权益等构成的基础及衍生金融工具,通过在国内外金融市场上进行本外币资金的投融资运作与交易,满足商业银行自身或客户的投融资、交易与避险需求的一种新兴业务。在推动银行业务转型的过程中,金融市场交易业务规模和效率的提高对银行自身的流动性、收益性和安全性经营目标的实现具有重大意义。与此同时,金融市场业务产品线的快速发展对于满足客户的多样化需求,提升银行的核心竞争力与综合服务水平也具有很大意义。金融市场交易业务产品具有综合面广、专业性强、技术含量高、同业竞争日趋激烈等特点。

　　与零售银行业务主要面向个人客户、公司银行业务主要面向企业客户不同,金融市场交易业务首先是商业银行为满足自身对流动性、收益性和安全性的需要而进行的业务,其次才是为满足企业或个人客户(主要是企业客户)对资金管理的流动性、收益性和安全性需求而提供相应的服务。

　　本章将先介绍商业银行金融市场交易业务的基础,然后以业务所属的不同市场类型为标准来介绍具体业务,包括货币市场业务、债券交易业务、外汇交易业务、基础商品交易类业务。

第一节　金融市场交易业务基础

本节将对商业银行从事金融市场交易业务的市场类型、交易场所和中国银行业金融市场交易业务的发展进行介绍。

一、交易所市场和场外市场

商业银行所参加的金融市场交易活动是在二级市场上进行的。二级市场根据其组织形式可以分为场内市场和场外市场。场内市场又称交易所市场（Exchange Market），是指在固定的、有形的交易所内通过集中竞价方式进行交易的市场。股票、商品期货和某些标准化金融衍生品的交易多采用场内交易方式。场外市场（Over-the-Counter Market）是指没有固定的、集中的交易场所，而是在一个分散的、无形的市场，由许多各自独立经营的证券经营机构依靠电话、电报、传真和计算机网络分别进行交易的市场。场外市场交易通常在证券经营机构之间或是证券经营机构与投资者之间直接进行，不需要中介人。场外交易市场的组织方式采用做市商制，即证券经营机构先行垫入资金买进若干证券作为库存，然后开始挂牌对外进行交易。它们同时报出证券的买入价和卖出价，从中赚取差价。证券经营机构既是交易的直接参加者，又是市场的组织者，它们制造出证券交易的机会并组织市场活动，因此被称为"做市商"（Market Maker）。债券、外汇和一些非标准化金融衍生品的交易通常在场外市场进行。

二、我国商业银行金融市场交易业务的场所

我国商业银行在金融二级市场上进行交易的产品包括资金拆借、债券、票据、外汇、贵金属和大宗商品、金融衍生品等，交易场所则由银行间市场、交易所市场和商业银行柜台市场三部分组成，其中以银行间市场为主。

（一）银行间市场

银行间市场是机构投资者进行大宗交易的场外市场，是我国同业拆借交易、债券交易、票据交易和外汇交易等的主体交易场所。1984 年我国开始出现了银行间的信用拆借

业务,1985年开始出现票据贴现业务,1988年开始建立国库券的二级市场,1991年开始试行国债回购业务。但是,由于体制不顺、机制不灵、投资者观念落后、组织策划不严密、经验不足等原因,这些金融二级市场的发展均不成熟,无法摆脱"一管就死、一放就乱"的恶性循环。1996年4月,中国人民银行决定依托中国外汇交易中心组建全国银行间同业拆借中心,建立全国统一的银行间同业拆借市场。1997年6月,中国人民银行发文要求商业银行将其在沪深两个证券交易所托管的全部债券转到中央国债登记结算有限公司(简称中债登),并允许商业银行使用其在中债登托管的国债、央行票据和政策性金融债等自营债券通过全国银行间同业拆借中心提供的交易系统进行回购和现券交易,这标志着我国银行间债券市场的正式创立。在此之后,国债、央行票据、金融债、企业债以及一些创新型的非金融企业债务融资工具等的发行和交易几乎全部转移到银行间债券市场进行,上海和深圳证券交易所只承担上市公司债券的发行和交易业务,其在整个债券市场中所占的比重越来越小。到2016年年底,银行间债券市场的发行额、托管额、交易额等占债券市场的比重均超过95%[①]。

当前我国几乎所有类型的债务融资工具均可以在银行间市场发行和交易,包括政府债券(包括地方政府债券)、政策性银行债、政府支持机构债、商业银行债、非银行金融机构债、企业债、集合企业债、短期融资券、超短期融资券、资产支持债券、中期票据、国际机构债、银行二级资本工具等。此类债务融资工具的承销商以商业银行为主,其投资者则包含了银行间市场上的全部机构投资者,除商业银行之外,还有非银行金融机构(主要指信托公司、金融租赁公司、企业集团财务公司等)、证券公司、保险公司、基金公司、信用社以及少部分非金融企业和机构等。截至2017年11月底,在中债登开立一级托管账户的甲类成员(具有结算代理资格和柜台业务资格的机构)合计118个,其中,商业银行55家;开立一级托管账户的乙类成员(只能办理自营业务的机构)共17 301家,其中,商业银行1 126家[②]。

(二)交易所市场

我国的交易所市场主要指的是上海证券交易所(简称上交所)和深圳证券交易所(简称深交所)。20世纪90年代初期至1997年,交易所市场是我国债券交易的主要场所,但随着1997年银行间债券市场的创立,大量的债券发行和交易业务便逐渐转移到银行间市场。近些年来,通过交易所市场达成的债券交易只占整个债券市场的很小部分,一般不超过5%[③]。

中国证券登记结算有限责任公司(简称中证登)是交易所市场上固定收益证券指定的登记、托管和结算机构,中国证券监督管理委员会负责对交易所市场进行监督管理。交易

---

① 根据中央国债登记结算有限公司和中国证券登记结算有限责任公司发布的数据计算所得。
② 资料来源于中央国债登记结算有限公司发布的数据。
③ 同注释①。

所市场上发行和交易的主要券种有国债、政策性金融债、企业债券、可转换债券、公司债、可分离式可转债、中小企业私募债等,其中,上市公司债是交易所市场发行和交易的主体,2016 年的发行量占全部发行量的 78.5%①。

(三)商业银行柜台市场

商业银行柜台市场是指由商业银行提供做市业务,参与金融投资的个人或企业通过商业银行柜台按照各家银行报价进行交易的市场。商业银行柜台市场也属于场外市场,与银行间市场是机构间的大宗批发市场不同,其是面向社会投资者(包括个人和普通企业)的小额零售市场。在商业银行柜台市场上交易的金融产品主要是各种类型的债券。银行通过营业网点(含电子银行系统)与投资人进行债券买卖,并办理相关托管与结算等业务。在营业网点柜台挂出债券的买入和卖出价,可以保证个人和企业投资者按自身需要买卖债券,参与债券市场交易。商业银行的资金和债券余缺则通过银行间债券市场买卖加以平衡。

目前商业银行柜台市场所交易的债券规模占整个市场的比重可以忽略不计。

三、中国银行业金融市场交易业务发展简介

由于法律、法规和监管要求的限定,我国商业银行所从事的金融市场交易业务的标的以各种固定收益产品为主,基本不涉及权益类金融工具。固定收益产品是一大类重要金融工具的总称,一般是代表拥有对未来发生的一系列确定数额收入流的要求权,是一种要求借款人按预先规定的时间和方式向投资者支付利息和偿还本金的债务合同。我国的固定收益产品包括各种类型金融产品(如资金拆借、债券、票据等),提供服务和进行交易的场所主要是在银行间市场,一般也会涉及交易所市场。

如前所述,我国银行间市场最早是外汇交易市场和同业拆借市场,1997 年之后开始引入债券交易,再之后票据交易、贵金属交易、金融衍生品交易等金融交易逐渐展开。其中,同业拆借、债券的回购交易(质押式回购和买断式回购)、票据交易属于货币市场范畴,交易的主要目的是满足流动性的需要。以持有到期为目的的债券投资则基本属于资本市场范畴,商业银行既可以在一级市场上进行认购,也可以在二级市场上进行各类现券的买卖、行权等。外汇交易、贵金属交易、金融衍生品交易等则由于其交易标的物的特殊性,一般作为单独类型的市场来理解。

只要是在银行间市场和交易所市场发行的以债务工具为主的各种金融产品,商业银行在经过了监管部门和行业协会的批准或进行了备案,均可进行交易。2000 年之前,我国银行间市场的参与者均为金融机构,其中又以商业银行为主,市场参与者性质单一,交

---

① 根据中证登发布的数据计算所得。

易需求雷同,因而市场流动性不强。2000 年之后,中国人民银行多次下发文件,推出了金融机构的结算代理业务,引入了非金融机构参与银行间市场,并按照参与主体的性质和业务范围将市场参与者划分为甲类户、乙类户和丙类户三种,非金融机构法人数量逐年迅速增长,市场交易规模和流动性迅速上升。

以下各节将分别介绍货币市场业务、债券交易业务、外汇交易业务、基础商品交易类业务。

第二节　货币市场业务

理论界一般是根据所交易的金融工具的期限来定义货币市场,即其是指 1 年以下金融工具交易的市场。美国经济学家彼得·S·罗斯认为,货币市场提供了一个市场和机制,使短期资金盈余者可以融资给短期资金赤字者。货币市场的功能着重于弥补头寸(流动性)不足,实现市场参与者之间短期资金供求的平衡。从这些定义及其所描述的功能来看,货币市场的服务对象是银行类金融机构、非银行金融机构、证券公司、保险公司、基金公司以及部分获准进入的非金融类机构投资者,而个人投资者是不能参与货币市场交易的。

一、货币市场业务概述

货币市场一般可以分为同业拆借市场、债券回购及现券交易市场、短期债券市场、大额可转让存单市场、票据流通及贴现市场。在中国,同业拆借市场和债券回购及现券交易市场的主要参与者是以银行为主的各类金融机构,而短期债券市场、大额可转让存单市场、票据流通及贴现市场的主要参与者还包括各类普通企业。银行参与同业拆借和债券交易的主要目的是为了调节自身资金头寸,转换资金的期限结构和币种结构等,从而满足自身的流动性需要;然后才是通过市场交易追求提高资金收益率。票据流通及贴现市场的主要功能是通过企业所签发商业票据的流通和贴现来满足调节其短期资金余缺的需求。商业银行参与票据流通和贴现市场的主要作用是对商业票据进行信用增级和提供资金。在中国大多数银行中,一般把票据业务归口到公司银行业务中的交易银行业务部门进行管理(参见本书第三章第二节)。

本节主要介绍商业银行所从事的同业拆借业务和债券回购业务。根据货币市场的定义,当现券交易的期限在 1 年以下时,也可以归类为货币市场业务。但是,商业银行进行现券交易的主要目的可以是以自身多余资金进行投资,也可以是为非金融企业客户代理操作进行投资,一般不是为了对自身流动性头寸进行调节。因此,我们把现券交易放在第三节中进行介绍。

2017 年,货币市场总成交额达 695.3 万亿元,约为当年 GDP 的 8.4 倍,其中,同业拆借成交 79.0 万亿元,质押式回购成交 588.3 万亿元,买断式回购成交 28.1 亿元。[①]

二、同业拆借业务

银行同业拆借市场是指银行业同业之间短期资金的拆借市场。各银行在日常经营活动中会经常发生头寸不足或盈余的情况,银行同业间为了互相支持对方业务的正常开展,并使多余资金产生短期收益,就会产生银行同业之间的资金拆借交易。同业拆借的资金主要用于银行暂时的存款票据清算差额及其他临时性的资金短缺需要。同业拆借每笔交易的数额较大。拆借的利息也叫"拆息",其利率由交易双方自行确定,通常高于银行的筹资成本。拆息率变动频繁,灵敏地反映资金供求状况。同业拆借利率是金融市场的基准利率之一,其不仅影响货币市场,对资本市场、信贷市场和金融衍生品市场也会产生很大的影响。

我国的同业拆借市场的参与主体以各类金融机构为主,包括所有银行类金融机构和绝大部分非银行金融机构,如商业银行、国有和股份制商业银行授权分行、政策性银行、城市商业银行、城市信用社、农村商业银行、农村信用社、证券公司、财务公司、信托公司、金融资产管理公司、金融租赁公司、汽车金融公司、保险公司、保险资产管理公司、货币经纪公司、境外人民币清算行等。根据《同业拆借管理办法》(中国人民银行令〔2007〕第 3 号),金融机构进入同业拆借市场必须经中国人民银行批准,并由中国人民银行核定其拆借最长期限和拆借限额,其中以商业银行为主的存款型公司的参与程度是最高的。同业拆借全部采取信用拆借方式,必须在全国统一的同业拆借网络中进行,即通过全国银行间同业拆借中心的本币交易系统来进行。

(一)同业拆借市场的产品结构

我国同业拆借的期限按日计算,最短是 1 日,即隔夜拆借,其他产品按时间依次延长的顺序为 7 日、14 日、21 日、1 个月、2 个月、3 个月、4 个月、6 个月、9 个月和 1 年。上海银行间同业拆放利率(Shanghai Interbank Offered Rate, Shibor)公布前述标准期限的利率,其余非标准期限品种 Shibor 值根据相邻两个标准期限的报价进行线性插值计算得出。从近年来中国同业拆借市场的实际成交情况来看,隔夜拆借占 85% 左右,7 日期拆借占 10% 左右,其他合计占 5% 左右。2017 年,同业拆借市场总成交额为 79.0 万亿元。

(二)同业拆借的交易要素

表 4-1 列出了同业拆借交易的各项要素及其含义。

[①] 数据来源于中国人民银行《2017 年金融市场运行情况》。

表 4-1　同业拆借交易的要素及其含义

交易要素	含　义
拆借方向	拆入或拆出
拆借期限	拆借天数,最短 1 日,最长 360 日
拆借利率	拆入方付给拆出方的资金价格,以年利率表示
拆借金额	最低 10 万元,最小变动量为 10 万元
清算速度	达成交易到实际清算的天(工作日)数,有 T＋0(成交当日清算)和 T＋1(成交次日清算)两种
成交日	达成交易的日期
首次结算日	成交日＋清算速度(遇节假日顺延到下一个工作日),是资金从拆出方向拆入方发生实际转移的日期
到期还款日	起息日＋拆借期限(遇节假日顺延到下一个工作日),是资金从拆入方实际归还至拆出方的日期
实际占款天数	还款日－起息日
到期还款金额	还款日拆入方还给拆出方的总金额,等于成交金额与应计利息之和
交易品种	拆借期限所属的统计区间,包括 IBO001、IBO007、IBO014、IBO021、IBO1M、IBO2M、IBO3M、IBO4M、IBO6M、IBO9M、IBO1Y 共 11 个品种
资金账户信息	本方用于清算的资金账户
对手方	交易对手方成员简称
对手方交易员	交易对手方交易员姓名

三、债券回购业务

债券回购是指债券交易的双方在进行债券交易的同时,以契约方式约定在将来某一日期以约定的价格(本金和按约定回购利率计算的利息),由债券的卖方(正回购方)向买方(逆回购方)再次购回该笔债券的交易行为。从交易发起人的角度出发,凡是卖出债券、借入资金的交易就称为进行正回购;凡是主动借出资金、获取债券的交易就称为进行逆回购。

(一)债券回购业务类型和品种

按照标的债券所有权是否发生转移,债券回购业务可以分为质押式回购和买断式回购两种。在质押式回购交易中,资金融入方(也是债券持有人,又称正回购方,在交易系统中委托显示"融资")在将债券出质给资金融出方(也是资金所有人,又称逆回购方,在交易系统中委托显示"融券")融入资金的同时,双方约定在将来某一日期由正回购方向逆回购方返还本金和按约定回购利率计算的利息,逆回购方向正回购方返还原出质债券。在质押式回购的交易过程中债券所有权不发生转移,该券一般由第三方托管机构进行冻结托管,并在到期时予以解冻。买断式回购是指债券持有人(正回购方)将债券卖给债券购买方(逆回购方)的同时,双方约定在未来某一日期由正回购方再以约定价格从逆回购方买回相等数量同种债券的交易行为。与质押式回购相比,买断式回购在即期和到期时均采取买断债券所有权的方式,双方要在债券托管登记机构(即中债登)办理债券过户,逆回购方对这部分债券具有完全的支配权。两种回购业务各有其优缺点。

我国银行间债券市场于 1997 年推出了质押式回购交易,2004 年又推出买断式回购业务。2013 年,经中国人民银行授权,中国银行间交易商协会正式对外发布了《中国银行间市场债券回购交易主协议》,对债券回购市场进行了统一的法律文本安排。2017 年全年,质押式债券回购市场成交 588.3 万亿元,买断式债券回购成交 28.1 万亿元。

质押式回购与同业拆借的期限相同,最短是 1 日,即隔夜回购,其他产品按时间依次延长的顺序为 7 日、14 日、21 日、1 个月、2 个月、3 个月、4 个月、6 个月、9 个月和 1 年。买断式回购的期限最长不超过 91 日,其他期限与质押式回购相同。银行间市场交易商协会根据银行的报价发布上述标准期限的债券回购利率,非标准期限交易的利率一般是根据相邻两个标准期限的报价进行线性插值计算得出。与同业拆借交易类似,不管是质押式回购还是买断式回购,均是以隔夜回购交易为主,近年来占比 85% 左右。7 日期回购占比 10% 左右,其他期限合计占比 5% 左右。

(二)质押式回购业务的交易要素

表 4-2 列出了债券质押式回购交易的各项要素及其含义。

表 4-2　债券质押式回购交易要素及其含义

交易要素	含　义
回购方向	正回购或逆回购,即融入或融出资金
回购期限	最短 1 日,最长不超过 365 日
回购利率	正回购方付给逆回购方的资金价格,以年利率表示
对手方	交易对手方成员简称及对手方交易员姓名
债券代码名称	质押债券的代码、名称
券面总额	质押债券的券面总额,最低 10 万元,最小变动单位为 10 万元
折算比例	实际融入金额占质押债券券面总额的百分比
交易金额	正回购方实际融入金额
到期结算金额	到期日正回购方返回的金额,等于成交金额与利息之和
清算速度	达成交易到实际清算的天(工作日)数,有 T+0(成交当日清算)和 T+1(成交次日清算)两种
成交日	达成交易的日期,由系统自动显示

（续表）

交易要素	含　义
首次结算日	成交日＋清算速度（遇节假日顺延到下一个工作日），是开始计息的日期，由系统自动显示
到期结算日	起息日＋回购期限（遇节假日顺延到下一个工作日），是到期清算的日期，由系统自动计算显示
实际占款天数	到期交割日—首次交割日
首次结算方式	首次交割时的结算方式，有见券付款、见款付券和券款对付三种
到期结算方式	到期交割时的结算方式，有见券付款、见款付券和券款对付三种
资金账户信息	本方用于清算的资金账户
托管账户信息	本方用于清算的债券托管账户
报价有效时间	系统自动撤销报价的时间，默认为交易当日的 19：00
补充条款	可填入交易双方协商的非格式化条款
交易品种	根据质押式回购交易期限，由系统自动计算并显示的回购期限所属统计区间，包括 R001、R007、R014、R021、R1M、R2M、R3M、R4M、R6M、R9M、R1Y

（三）买断式回购业务的交易要素

表 4-3 列出了债券买断式回购交易的各项要素及其含义。

表 4-3　债券买断式回购交易要素及其含义

交易要素	含　义
回购方向	正回购或逆回购，即融入或融出资金
回购期限	交易双方约定的回购期限
对手方	交易对手方成员简称及对手方交易员姓名
债券代码名称	回购债券的代码、名称
券面总额	回购债券的券面总额，最低 10 万元，最小变动单位为 10 万元
报价有效时间	系统自动撤销报价的时间，默认为交易当日的 19：00
成交日	双方订立成交合同的日期
清算速度	从达成交易到实际清算的实际间隔，有 T＋0（成交当日清算）和 T＋1（成交次日清算）两种
首期结算日	正回购方将回购债券过户到逆回购方而逆回购方将资金划付至正回购方的日期。首期结算日＝成交日＋清算速度（遇节假日顺延到下一个交易日）
到期结算日	正回购方将资金划付至逆回购方而逆回购方将回购债券过户到正回购方的日期。到期结算日＝起息日＋回购期限（遇节假日顺延到下一个交易日）
首期应计利息	上次付息日（或起息日）至首期结算日（不含）为止累计的按百元面值计算的债券发行人应付给债券持有人的利息

(续表)

交易要素	含　义
到期应计利息	上次付息日(或起息日)至到期结算日(不含)为止累计的按百元面值计算的债券发行人应付给债券持有人的利息
首期净价	首期结算时逆回购方对回购债券支付的净价
首期全价	首期净价与首期应计利息之和
首期收益率	以首期交易全价买入债券并持有至到期的收益率
到期净价	到期结算时正回购方对回购债券支付的净价
到期全价	到期净价与到期应计利息之和
到期收益率	以到期交易全价买入债券并持有至到期的收益率
回购利率	根据首期资金支付额和到期资金支付额计算出的参考利率
实际占款天数	首期结算日(含)至到期结算日(不含)的实际天数(最长不能超过91天)
交易品种	回购期限所属的统计区间,由系统自动计算并显示
首期结算方式	交易双方约定采用首期结算时资金支付和债券交割方式,有见券付款、见款付券和券款对付三种
到期结算方式	交易双方约定采用到期结算时资金支付和债券交割的方式,有见券付款、见款付券和券款对付三种
资金账户信息	本方用于清算的资金账户
托管账户信息	本方用于清算的债券托管账户
补充条款	可填入交易双方协商的非格式化条款

四、货币市场业务交易流程

货币市场相关业务的交易可以分为前台、中台和后台三个交易流程,分别对应交易前、交易中、交易后三个阶段的相关操作。

(一)前台交易流程

前台交易流程分为交易前准备、交易询价与完成、交易确认、交易撤销或更改四个步骤。

根据市场资金面和银行自身流动性情况,商业银行需要事先拟订当天所有资金交易的计划,包括融资方向、金额、期限、划款途径等要素。交易价格主要以询价方式确认,具体询价方式有公开报价、双向报价、小额报价等方式。前台交易员可通过电子交易系统公开向市场发送意向报价,也可向特定交易对手发送特定报价,双方讨价还价之后达成交易。在同业拆借交易中,还可以在规定交易数量范围和对手方范围内发送小额报价,由系统进行单向撮合成交。公开报价和双向报价需要确认的交易细节包括金额、利率、期限、清算方式、抵押券种、折算比例等要素。买卖意向达成后,前台交易员可以通过本币交易系统或书面协议等形式完成交易。交易确认是指完成交易后及时对有关交易要素进行核对,确保交易的各项指标符合中国人民银行要求以及银行自身的风险控制等要求。前台交易确认以后,双方如果想要更改交易要素或撤销交易,均须在交易系统当天收市之前向交易中心发出书面申请,注明更改规则和撤销原因,由交易中心场务人员代替交易员完成更改、撤销等操作。

(二)中台交易流程

为控制货币市场交易对手的对手方风险,商业银行的交易监控部门常常会根据对手方资信情况、本方交易需要等因素设定本机构与各对手方机构间的货币市场交易限额。在额度的使用上,当交易量相同时,期限长的交易往往会占用更多额度,超过限额的交易是不被允许的。在各交易日,交易监控人员会实时或定期检查交易限额的使用情况,确保额度的占用在设定的限额范围内。

(三)后台交易流程

交易达成后,商业银行根据自身的内部流程完成录入内部系统、审核等工作,进入后台结算流程。其中,同业拆借主要是资金的清算,而回购交易既涉及资金的划拨,也包括债券的过户或冻结。

资金清算方面,大量的货币市场交易通过大额支付系统完成资金的收付。在券款对付方式的交易中,债券和资金的清算主要是通过中债登和银行间市场清算所股份有限公司(以下简称上海清算所)的债券结算平台同时进行,可以不使用大额支付系统。在非券款对付方式的交易中,需要分别使用债券结算平台和资金结算平台(如大额支付系统)进行债券结算和资金清算。在拆借和回购交易到期时,可采取与上述流程类似的方式完成资金收付和债券的过户、解冻。

第三节　债券交易业务

债券交易也称现券交易,是一种即期债券买卖行为,交易双方以债券为交易标的,一方付出资金,另一方出让债券,交易达成后约定在当日或次日转让债券所有权的交易行为。可在全国银行间市场上进行债券交易的是以商业银行等金融机构为主的机构投资者,非金融企业客户可以通过具有结算代理资格的商业银行进行现券买卖。与债券的质押式回购和买断式回购业务不同,现券交易的主要目的是获取投资收益,而非满足投资者流动性调节的需要。

一、债券交易业务简介

对商业银行而言,既可以在债券一级市场上参与新发行债券的认购,也可以在二级市场上与对手方进行债券的买卖。在我国,商业银行主要在银行间市场进行债券买卖,在与银行间市场交易中心联网后,银行总行及其授权分行可投资市场上发行的各类债券资产。商业银行在交易所市场上买卖债券的规模占比很小。

债券交易实行做市商制度。做市商是指经中国人民银行批准在银行间市场上开展做市业务,享有规定权利并承担相应义务的金融机构。做市商必须按照中国人民银行规定对做市券种的数量、类型、待偿期等有关要求连续报出现券买、卖双边价格,并按其报价与其他市场参与者达成交易。除自身可以参与债券交易外,2000 年之后,商业银行还可以作为非金融机构法人的委托人参与市场交易并代为其办理结算等业务。

商业银行进行债券交易之后的选择一般有二:一是持有至到期获取利息收益;二是根据对市场走势的判断在债券到期前转让债券以获取买卖差价。因此,实践中商业银行一般根据债券是否持有至到期把债券交易业务分为交易账户交易和银行账户交易两大类。交易账户交易是指银行运用自有资金,从实际或预期的买卖价差或利率波动中获利的债券交易。交易账户所持有的债券一般不持有至到期,持有期限较短。银行账户交易是指银行运用自有资金对一级市场发行的债券进行认购,或者在二级市场上对已发行债券进行交易或转让,通过持有至到期或在到期前出售的方式,获得相应票息以及价差收入的行为。银行账户所持有的债券一般会持有至到期,或者持有较长期限。根据是运用自有资金还是客户资金的标准,也可以把债券交易分为自营交易和代客交易两类。

商业银行进行债券交易的主要目的当然是获取投资收益,但交易本身也可以在一定程度上满足银行流动性调节的需要,还可以满足银行对资产种类配置分散化和资产期限结构安排合理化的要求。

二、债券交易方式和交易流程

目前,银行间市场债券交易在报价和成交上采用格式化的询价交易方式为主,点击成交交易方式为辅的交易格局。交易员根据系统定制的格式,进行交易要素的填写和选择。

(一)报价方式

询价交易有意向报价、双向报价和对话报价三种报价类型。意向报价是指向一定范围内发送的、表明自身交易意向的报价。意向报价只需填写交易方向、标的等关键性要素即可,对报价方无约束力,无须承担必须以报价成交的义务。双向报价是指交易员同时报出买方和卖方交易意向的报价方式。双向报价必须同时报出买、卖双向报价，但不能选择报价发生范围，是针对整个市场发出的报价，是一种特殊形式的意向报价，报价方亦无须承担以报价成交的义务。对话报价是针对单个交易成员发送的实价报价，所有采用询价交易方式的交易最后必须经由对话报价成交，因此对报价方具有约束力，必须填写达成交易必需的所有交易要素。

点击成交交易方式是指报价方发送点击成交报价，受价方点击报价、填写交易量后直接成交的交易方式，其本质是交易双方询价过程的简化。点击成交交易方式下有双边报价、单边报价和限价报价三种报价类型。

双边报价是指在债券市场上，做市商公开向全体交易成员同时报出自己愿意成交的债券买入价和卖出价，以及相应价格下所愿意成交金额的点击成交报价。做市商进行双边报价，主要是为了对某些特定债券进行做市，是为市场提供流动性义务的体现。单边报价是指交易成员向其他全体成员发送的、列明了交易价格和交易量的点击成交买价或卖价。所有市场成员均可发送单边报价，交易成员点击即可成交，但没有标的债券、存续时间、买卖价差的限定。限价报价是指在现券交易时，交易成员发送的约定了交易价格、交易数量、交易方向等交易要素的指令，当有优于或等于该限价报价的双边报价或单边报价出现时，指令以双边报价或单边报价价格成交的报价。

（二）交易要素

债券买卖交易要素及其含义，如表4-4所示。

表4-4 债券买卖交易要素及其含义

交易要素	含 义
交易方向	买入或卖出
对手方	交易对手方成员简称及对手方交易员姓名
拆分标示	该笔报价是全额成交还是拆分成交，仅限于限价报价
债券代码名称	交易债券的代码、名称
净价	不含应计利息的价格，单位为元/百元
到期收益率	以全价买入并持有至到期的收益率
行权收益率	含权债券的内嵌选择权在行使时的收益率
券面总额	交易债券的券面总额，单位为万元
最大显示券面总额	在点击成交报价窗口或实时订单窗口显示的券面总额，在点击成交交易方式下可手工输入
成交券面总额变动单位	达成现券买卖成交的券面总额变动单位，对手方填入的券面总额必须是成交券面总额变动单位的整数倍
清算速度	成交日到结算日之间的工作日天数，有T+0（成交当日清算）和T+1（成交日下一个工作日清算）两种

交易要素	含　义
结算方式	有见券付款、见款付券和券款对付三种
报价有效时间	系统自动撤销报价的时间，默认为交易当日的闭市时间
结算日	债券交割和资金支付的日期。结算日＝成交日＋清算速度
应计利息	上一付息日（或起息日）至结算日之间累计的按百元面值计算的债券发行人应付给债券持有人的利息
应计利息总额	总的应计利息金额，（应计利息×券面总额）/100，单位为元
全价	未来现金流现值之和，为净价与应计利息之和，单位为元/百元
交易金额	按净价计算出来的成交金额，（净价×券面总额）/100，单位为元
结算金额	按全价计算出来的成交金额，（全价×券面总额）/100，单位为元
清算账户	本方用于清算的资金账户
托管账户	本方用于清算的债券托管账户
补充条款	可填入交易双方协商的非格式化条款

（三）前中后台交易流程

前台交易流程包括交易前准备、交易询价与完成、交易确认、交易录入、交易撤销和更改五个步骤。

交易前准备的内容包括根据交易账户的年度投资指引与风险限额等，确认每笔交易符合既定投资策略、可投资产品、期限、集中度、发行量等要求；确认每笔交易前后，各项业务指标均处于风险限额内；确认每笔交易完成前，相关业务人员均已获得充分授权等。交易询价包括交易员通过本币交易系统发送意向报价、双向报价、对话报价进行交易询价，也包括通过网上、电话等询价方式与市场成员进行二级市场交易意向沟通。买卖意向达成后，前台交易员可通过本币交易系统或书面协议等中国人民银行认可的形式完成交易。交易员完成交易后要及时对有关交易要素进行核对，在完成交易确认后，需要在本方交易管理系统录入交易要素。前台交易确认以后，交易双方如果想更改交易要素，或是撤销交易，均需向交易中心发出申请，注明更改细则和撤销原因。

中台交易流程包括交易监控和交易评估两步。各个机构对账户都有风险指标的限制，同时对交易员也有授权，因此，中台人员需要实时对前台进行监控。根据监控的内容，中台人员需要对交易进行评估，一旦有潜在风险，中台人员需要视情况及时向前台出具风险指示，或者向上级出具监控报告。

后台交易流程包括交易清算和交易后续两步。后台运营部门通过从前台交易管理系统接收的数据，对照交易单或买卖协议，完成清算和账务处理。在债券付息和到期日，后台需要在当日通过支付系统，对需要收付的金额进行确认。

三、交易账户和银行账户债券业务

商业银行进行交易账户交易的目的是获取价差收益,一般不会持有债券至到期。只要具有银行间市场等参与资格,商业银行都可以亲自在市场上进行债券交易或通过委托代理的方式委托他行进行买卖。此类债券交易业务以人民币债券自营交易业务为主,即商业银行运用自有资金,从实际或预期的买卖价差中或利率波动中获利的债券交易业务。银行间市场上的人民币计价债券由政府、金融机构或企业发行,主要券种包括国债、央票、政策性银行债、企业债、短期融资券、中期票据、集合票据、商业银行债、资产支持证券等。

参与做市商业务的商业银行还必须在银行间市场上承担做市商义务。按照有关要求,做市银行须连续报出做市券种的现券买、卖双边价格,并按其报价与其他市场参与者达成交易。做市的券种包括政府债券、央行票据、政策性金融债、信用债券等。债券做市商通过买卖报价的差额来补偿所提供服务的成本,并实现一定的利润。

一些经批准可以进入交易所债券市场的商业银行还可以在该市场从事债券交易业务,即商业银行与交易对手以约定的价格在当日或次日转让现券的所有权的业务,其中,现券包括中国证券登记结算有限公司登记托管的国债、企业债、公司债等债券品种,以及经相关监管部门批准的其他品种。

商业银行所从事的银行账户交易买入的债券一般会持有至到期,并以人民币计价债券的交易为主,包括在一级市场上承销或分销国家信用债(包括国债、地方政府债、政策性金融债)和各种利率债,以及以投资为目的的债券认购,以及在二级市场上进行的各类现券买卖、行权等。

一些商业银行还可以进行外币债券投资,即以外币资金在境内外金融市场买入外币债券、获取利息收益的投资行为,也包括根据价格、信用等因素变化,对外币债券投资组合进行调整的卖出行为。此类外币债券主要有四类:一是中国财政部在境外发行的债券;二是中国政策性银行在境外发行的金融债;三是美国国债;四是银行的授信客户在海外发行的外币债券。

少数具有代理资格的商业银行可以代理境外的央行在中国银行间市场进行债券交易,在境外央行的核准投资额度内,以其开展货币互换、跨境贸易或投资人民币业务获得的人民币资金,可以委托国内银行在银行间债券市场进行投资交易,国内银行从中获取价差收入或手续费收入。

四、利率和信用衍生品业务

2005 年之后,我国银行间市场也陆续推出了一些主要以债券为标的物的衍生品交易业务,包括债券远期、远期利率协议、利率互换、信用风险缓释工具等,这些工具的主要开发者和交易者是以商业银行为主的各类金融机构,其已成为市场参与者管理风险和完善资产负债结构的重要工具。

(一)债券远期交易业务

债券远期交易是指交易双方约定在未来的某一日期,以约定价格和数量买卖标的债券的行为。远期交易标的债券券种主要为已在全国银行间债券市场进行现券交易的中央政府债券、中央银行债券、金融债券等。远期交易的市场参与者为进入全国银行间债券市场的机构投资者,市场参与者进行远期交易,应签订远期交易主协议。市场参与者开展远期交易应通过同业中心交易系统进行,并逐笔订立书面形式的合同,其书面形式的合同为同业中心交易系统生成的成交单。交易双方认为有必要时,可签订补充合同。

2005 年 5 月,中国人民银行发布《全国银行间债券市场债券远期交易管理规定》,并在同年 6 月正式在银行间债券市场推出债券远期交易。在债券远期交易推出至今的十几年间,政策性金融债已经成为最重要的交易标的物;从期限结构上看,主要以短期为主,其中,7 天期交易占比历年来均在 7 成左右;从投资者类型来看,商业银行是主要参与者,成交占比一般在一半左右。

债券远期交易的要素及其含义如表 4-5 所示。

表 4-5 债券远期交易要素及其含义

交易要素	含　义
买卖方向	买卖标的债券的方向
债券代码名称	债券远期标的债券的代码、名称
远期交易期限	成交日至结算日的实际天数,含成交日,不含结算日(最长不超过 365 日)
券面总额	标的债券的面值总额,最低 10 万元,以万元为单位变动
远期收益率	交易双方在成交日约定的标的债券在结算日的到期收益率
远期交易净价	交易双方在成交日约定、在结算日进行交割的标的债券净价,单位为元/百元
结算金额	远期交易结算时买方向卖方支付的资金额。结算金额＝[(远期交易净价＋结算日应计利息)×标的债券券面总额]/100,单位为元
期限品种	根据远期交易期限,由系统自动计算并显示的远期期限所属统计区间,包括 BFD0007、BFD0014、BFD0021、BFD1M、BFD1M、BFD2M、BFD3M、BFD4M、BFD5M、BFD6M、BFD7M、BFD8M、BFD9M、BFD1Y 共 14 个期限品种
结算日应计利息	上次付息日(或起息日)至结算日(不含)之间累计的按百元面值计算的债券发行人应该付给债券持有人的利息,单位为元/百元
结算方式	交易双方约定采用的资金支付和债券交割方式,有见券付款、见款付券和券款对付三种

（二）远期利率协议交易业务

根据中国人民银行 2007 年 9 月发布的《远期利率协议业务管理规定》中的定义,远期利率协议是指交易双方约定在未来某一日,在交换协议期间内一定名义本金的基础上分别以合同利率和参考利率计算利息的金融合约。其中,远期利率协议的买方支付以合同利率计算的利息,卖方支付以参考利率计算的利息。远期利率协议的参考利率应为经中国人民银行授权的全国银行间同业拆借中心(简称交易中心)等机构发布的银行间市场具有基准性质的市场利率或中国人民银行公布的基准利率,具体由交易双方共同约定。

全国银行间债券市场参与者中,具有做市商或结算代理业务资格的金融机构可与其他所有市场参与者进行远期利率协议交易,其他金融机构可以与所有金融机构进行远期利率协议交易,非金融机构只能与具有做市商或结算代理业务资格的金融机构进行以套期保值为目的的远期利率协议交易。市场参与者开展远期利率协议业务应签署由中国银行间市场交易商协会制定并发布的中国银行间市场金融衍生产品交易主协议,交易既可以通过交易中心的交易系统达成,也可以通过电话、传真等其他方式达成。市场参与者进行远期利率协议交易时,应订立书面交易合同。书面交易合同包括交易中心交易系统生成的成交单,或者合同书、信件、数据电文等。交易合同应至少包括交易双方名称、交易日、名义本金额、协议起止日、结算日、合同利率、参考利率、资金清算方式、争议解决方式等要素。交易双方认为必要时,可签订补充合同。

表 4-6 列出了远期利率协议交易的要素及其含义。

表 4-6　远期利率协议交易要素及含义

交易要素	含义
交易方向	买方收取参考利率,支付固定利率;卖方收取固定利率,支付参考利率
产品名称	产品名称表明了产品类型,用于区分常务定义的标准产品、双向报价产品和用户自定义产品
名义本金	远期利率协议中用于计算利息的本金总额,单位为万元,最小交易量为 10 万元,最小变动单位为 10 万元
固定利率	本方愿意支付/收取的固定利率值,单位为以百分比计的年利率(%)
参考利率	用于计算浮动利率的参考利率。参考利率应为经中国人民银行授权的全国银行间同业拆借中心等机构发布的银行间市场具有基准性质的市场利率或中国人民银行公布的基准利率,具体由交易双方共同约定
起息日	远期利率协议开始计息的日期,系统默认起息日＝成交日＋1 个工作日＋远期期限,可以更改
到期日	远期利率协议到期日,到期日＝起息日＋合约期限
期限	采用"远期期限"×"远期期限＋合约期限"的表达方式,单位可以为年、月、日
参考利率确定日	确定参考利率的日期,一般默认为起息日的前一工作日,即 T-1

（续表）

交易要素	含　义
支付日	远期利率协议进行结算金额支付的日期，一般默认为起息日
合约期限（天）	起息日至到期日的实际天数
贴现率	对双方利息差额从到期日贴现到支付日采用的利率，一般即采用参考利率
计息基准	计算应计利息时采用的日计数基准，一般包括 Act/360[①]、Act/365、Act/Act、30/360
计算机构	双方约定的进行远期利率协议结算金额计算的机构名称
补充条款	对格式化询价要素的补充说明或特殊要求，为文本格式，最多可输入 128 个汉字

我国的远期利率协议主要以 Shibor3M（A/360）作为参考利率，期限分布以 3×6 和 6×9 的月份合约为主。

（三）利率互换交易业务

我国金融市场上的人民币利率互换业务于 2006 年年初开始试点。2008 年 1 月，中国人民银行发布《关于开展人民币利率互换业务有关事宜的通知》，意味着利率互换交易的全面铺开。人民币利率互换是指交易双方约定在未来一定期限内，根据约定的人民币本金和利率计算利息并进行利息交换的金融合约。利率互换的参考利率一般为经中国人民银行授权的全国银行间同业拆借中心等机构发布的银行间市场具有基准性质的市场利率或中国人民银行公布的基准利率。全国银行间债券市场参与者中，具有做市商或结算代理业务资格的金融机构可与其他所有市场参与者进行利率互换交易，其他金融机构可与所有金融机构进行出于自身需求的利率互换交易，非金融机构只能与具有做市商或结算代理业务资格的金融机构进行以套期保值为目的的利率互换交易。市场参与者开展利率互换交易应签署由中国人民银行授权中国银行间市场交易商协会制定并发布的中国银行间市场金融衍生产品交易主协议。中国银行间市场金融衍生产品交易主协议中关于单一协议和终止净额等的约定适用于利率互换交易。利率互换交易既可以通过交易中心的交易系统进行，也可以通过电话、传真等其他方式进行。

表 4-7 列出了人民币利率互换交易的要素及其含义。

表 4-7　人民币利率互换交易要素及含义

交易要素	含　义
产品名称	产品名称表明了产品类型，用于区分标准产品、双向报价产品和用户自定义产品
名义本金	利率互换中用于计算利息的本金总额，单位为万元，最小交易量为 10 万元，最小变动单位为 10 万元

---

① Act 为"Actual"的简写，表示实际天数，"360"表示 1 年按 360 天计算。

（续表）

交易要素	含　义
固定利率	本方愿意支付/收取的固定利率值，单位为以百分比计的年利率（％）
参考利率	用于确定浮动利率水平的利率指标。参考利率应为经中国人民银行授权的全国银行间同业拆借中心等机构发布的银行间市场具有基准性质的市场利率或中国人民银行公布的基准利率，具体由交易双方共同约定
起息日	利率互换开始计息的日期，系统默认起息日＝成交日＋1个工作日，可以更改
到期日	利率互换到期日，到期日＝起息日＋合约期限
期限	利率互换合约期限，单位可以为年、月、日
参考利率确定日	确定参考利率的日期，根据参考利率类型的不同而不同
重置频率	确定新的参考利率水平的频率
支付频率	利率互换中支付相应利率水平下利息的频率
支付日	利率互换中利息支付的日期，首次支付日为起息日＋支付频率
合约期限（天）	起息日至到期日的实际天数
计息基准	计算应计利息时采用的日计数基准，一般包括 Act/360、Act/365、Act/Act、30/360
计息方式	复利或单利计息
计息天数调整	支付日根据营业日准则发生调整时，确认计息天数是否按实际天数进行调整
计算机构	双方约定的进行远期利率协议结算金额计算的机构名称
补充条款	对格式化询价要素的补充说明或特殊要求，为文本格式，最多可输入128个汉字

目前，我国银行间利率互换市场主要以7天回购定盘利率、隔夜 Shibor、3个月 Shibor、1年定期存款利率和1年贷款利率的五种浮动指标为主。为满足市场化的直接融资利率和间接融资利率风险管理需求，我国先推出了以7天回购定盘利率和1年定期存款利率为浮动指标利率的互换产品，之后又推出了基于 Shibor 和贷款利率的互换产品。由于7天回购定盘利率的市场化程度较高，反映了银行间货币市场的资金供求情况，因此，7天回购定盘利率互换是银行间交易最活跃的产品，交易量几乎占总交易量的一半。由于1年定期存款利率和贷款利率的互换产品的指标利率与银行存贷款利率相关性较高，市场上又产生了1年定期存款浮息债，适合定期存款浮息债投资者锁定资产收益和银行贷款企业锁定融资成本。

（四）信用风险缓释工具交易业务

2010年10月29日，中国银行间市场交易商协会公布的《银行间市场信用风险缓释工具试点业务指引》创设了一种信用衍生品，即信用风险缓释工具（Credit Risk Mitigation，CRM）。信用风险缓释工具是指信用风险缓释合约（Credit Risk Mitigation Agreement，CRMA）、信用风险缓释凭证（Credit Risk Mitigation Warrant，CRMW）及其他用于管理信用风险的简单的基础性信用衍生产品。信用风险缓释合约是指交易双方达成的,约定在未来一定期限内,信用保护买方按照约定的标准和方式向信用保护卖方支付信用保护费用,由信用保护卖方就约定的标的债务向信用保护买方提供信用风险保护的金融合约。信用风险缓释凭证是指由标的实体以外的机构创设的,为凭证持有人就标的债务提供信用风险保护的,可交易流通的有价凭证。

信用风险缓释工具标的债务为债券或其他类似债务,其标的债务的债务人为标的实体。参与者开展信用风险缓释工具交易应签署由中国银行间市场交易商协会发布的中国银行间市场金融衍生产品交易主协议。信用风险缓释工具可通过中国人民银行认可机构的交易系统达成,也可通过电话、传真等其他方式达成。2010 年 11 月 5 日,中债信用增进投资股份有限公司(以下简称中债公司)与中国工商银行签署贷款信用风险缓释合约交易确认书,正式达成了以银行贷款为标的的信用风险缓释合约交易,合计名义本金 5 亿元人民币,期限小于等于 1 年。这是我国第一笔贷款信用风险缓释合约。2010 年 11 月 5 日,中债公司与光大银行、兴业银行等交易对手达成了首批以银行间市场已发债券为标的的信用风险缓释合约交易。这既是中国银行间市场交易商协会发布《银行间市场信用风险缓释业务指引》后,中国银行间市场上出现的首批信用风险缓释工具,也是中债公司继可选择信用增进合约(中债Ⅰ号)、贷款信用风险缓释合约(中债Ⅱ号)之后,推出的又一款管理、缓释信用风险的创新产品——债券信用风险缓释合约(中债Ⅲ号)。中国银行间市场交易商协会 2010 年 11 月 19 日称,3 家创设机构正式发布信用风险缓释凭证创设公告,首批 4 只信用风险缓释凭证共计名义本金 4.8 亿元,这是我国第一批信用风险缓释凭证。

第四节　外汇交易业务

外汇交易业务是指商业银行为服务客户需求或调节自身外汇头寸而进行的货币兑换业务。一国商业银行外汇交易业务开展的程度和该国国际交往的程度以及外汇市场发展程度的高低有着密切关系。

一、外汇交易业务概述

外汇交易业务是两种货币之间相互兑换的业务。外汇交易产生于国际贸易、投资等国际交往活动中经济主体对非本国货币的需求和供给。由于外汇交易的参与者很难直接找到交易对手方,因此,几乎全部的外汇交易都是通过以商业银行为主的金融机构为中介来进行的。

从交易场所来看,外汇交易的绝大部分是在无形的场外市场上进行的,只有小部分标准化的外汇衍生品交易在有形的交易所内进行。外汇市场上的参与者有商业银行、非金融机构、个人、中央银行、外汇经纪人、外汇投机者等。根据交易金额大小和交易对象来看,可以把外汇市场分为零售市场和批发市场两大类。其中,银行与普通客户(个人客户和非金融机构等单位客户)之间的外汇交易属于外汇零售市场,一般在银行的柜台或内部系统上进行交易,交易金额一般较小;而银行等金融机构之间的大额外汇交易属于外汇批发市场,一般在银行间市场通过交易中心的公共交易系统进行,也可以通过电话、传真等其他方式单独进行,交易金额一般较大。在诸如伦敦、纽约、东京、中国香港、新加坡等全球主要的外汇交易中心,金融机构之间的单笔交易金额最低通常为 100 万美元。从外汇交易的期限和品种来看,有即期外汇交易、远期外汇交易、外汇掉期交易、外汇互换、外汇期权等。

中国的外汇市场一般是指由中国外汇交易中心组织的银行间外汇交易市场,这属于外汇批发市场范畴。中国外汇交易中心暨全国银行间同业拆借中心(以下简称中国外汇交易中心)于 1994 年 4 月成立,是中国人民银行总行直属事业单位,其主要职能是为银行间货币市场、债券市场、外汇市场的现货及衍生产品提供交易、交易后处理、信息、基准、培训等服务。银行间外汇市场实行会员管理和做市商制度,由人民币外汇市场、外币对市场、外币拆借市场及相关衍生品市场组成,是机构之间进行外汇交易的市场。中国外汇交易中心为银行间外汇市场提供统一、高效的电子交易系统,该系统提供竞价、询价、撮合等模式,并提供交易分析、做市接口和即时通信工具等系统服务。截至 2018 年 5 月,中国外汇交易中心所推出的交易产品有人民币外汇即期交易、人民币外汇远期交易、人民币外汇掉期交易、人民币外汇货币掉期交易、人民币外汇期权交易、外币拆借交易等 8 种,交易币种涉及美元、欧元、日元、港元、英镑、澳大利亚元、新西兰元、新加坡元、瑞士法郎、加拿大元、挪威克朗、韩元、泰铢、马来西亚林吉特、俄罗斯卢布等 20 多种货币。

对于商业银行而言,在零售市场上可以与普通客户进行外汇交易,而在银行间市场上只与外汇市场会员进行交易。金融机构及其分支机构在经过中国外汇交易中心批准后,均可成为外汇市场会员。外汇市场会员分为自营会员和代理会员,自营会员可以兼营代理业务,而代理会员只能从事代理业务。大中型商业银行一般均为自营会员,而小型银行一般为代理会员。

商业银行开展的外汇交易业务一般分为人民币交易产品和外汇交易产品两大类。前者是指人民币与某一外汇之间的交易;后者是指不同外汇币种之间的交易。本节将分别介绍这两类外汇交易业务。

二、外汇交易产品

当前我国商业银行的外汇交易产品一般分为两大类,即人民币和外币的交易产品以及纯粹外币之间的交易产品。此两类产品按具体内容再分类的交易品种大致相同,个别品种仅适合某一类型的交易。

(一)即期外汇交易

人民币与外币之间的即期交易一般被中国的商业银行称为即期结售汇。即期结售汇是指商业银行根据汇率报价和客户交易指令,为客户办理外币与人民币之间的转换,并于当日交割的业务。结汇是指客户向银行卖出外汇、买入人民币的业务,售汇是指客户向银行买入外汇、卖出人民币的业务。结售汇业务中的银行卖出或买入的外币资产一般是现汇,有时也会与客户买卖外币现钞。

即期结售汇业务适用于有外汇收支的境内个人和机构客户。客户在贸易项下的外汇收支可以向银行办理结售汇,非贸易项下的部分外汇收支,包括偿还银行自身的境内外汇贷款、偿还境外借款以及经外汇管理局批准的其他外汇收支等也可办理即期结售汇。当前我国商业银行可以办理的即期结售汇外币品种包括美元、欧元、日元、港元、英镑、澳大利亚元、新西兰元、新加坡元、瑞士法郎、加拿大元、挪威克朗等,交易日当天完成资金交割。

对银行而言,即期结售汇名义上不收取手续费,实际上是通过在同一时间所报出的外汇买卖价差来获得差价收入。对客户而言,即期结售汇业务可以满足其支付结算需要,如在进出口贸易、海外投标和工程承包以及外汇贷款获得和归还等产生的结售汇需求等,也可以满足客户资产保值增值的需要,如在人民币汇率变动时适时买入或卖出外币资产。

纯粹外币之间的即期交易被称为即期外汇买卖,是银行根据客户指令,按照即期市场价格买卖外汇,并在交易日之后的两个工作日(含)之内交割的业务。即期外汇买卖的交易币种与人民币即期结售汇币种相同,适用于有外币转换需求的公司或个人客户。

(二)远期外汇交易

人民币与外币之间的远期交易被中国的商业银行称为远期结售汇。远期结售汇是指商业银行与客户约定将来某一时间办理结汇或售汇的外汇币种、金额、汇率、期限等,等外汇收入或支出到期发生时,双方按照合同中约定条件进行交割的业务。远期结售汇的期限自交易日后第三个营业日(含)起至1年以内的任意工作日,可根据客户实际需求进行调整。1年期以上的结售汇需求,银行也可根据市场情况受理。

我国商业银行办理远期结售汇的外币币种与即期结售汇相同,目标客户也基本相同,主要是进出口贸易、海外工程项目和部分资本金融项目下有外汇供给和需求的客户。远期结售汇是银行客户最常用的外汇风险管理工具之一。对客户而言,远期售汇可以提前锁定收汇收益,远期购汇则可以提前锁定购汇成本,从而规避汇率波动给自己带来的损失。不过,客户在规避汇率变动可能带来的损失的同时,也放弃了汇率向有利方向波动可能带来的收益。

远期结售汇业务中银行也不收取手续费,而是通过外汇买卖价差来获得收入。

纯粹外币之间的远期交易是银行和客户约定,在交易日后两个工作日以上按合同约定币种、金额和汇率进行外汇买卖交割的业务。其交易期限一般在 2 个工作日到 1 年之间,也可根据客户需要确定具体交易期限。

（三）择期结售汇

择期结售汇是指客户与商业银行约定,有权在未来确定的时间段内选择可进行资金交割的银行工作日为交割日,按照约定汇率进行人民币和外汇交割的远期业务。择期结售汇的交易期限自交易日后第 3 个营业日(含)起至 1 年以内;对 1 年以上的客户,银行将根据市场情况来决定是否受理。择期区间原则上不超过 1 个月。择期结售汇的可交易外币包括美元、欧元、日元、英镑、瑞士法郎、澳大利亚元、加拿大元、港元、瑞典克朗、新加坡元等。

择期结售汇的目标客户是有远期结售汇业务需求,但不确定外币实际收支时间的客户。客户通过择期业务确定未来某段时间内的外汇收支结售汇汇率,规避汇率风险。择期结售汇业务支持客户在约定期限内多次、分批交割,灵活性高。同样,择期结售汇业务在规避汇率变动可能带来损失的同时,客户也放弃了汇率向有利方向波动可能带来的收益。

（四）均价远期结售汇

均价远期结售汇是指客户与商业银行约定对将来一系列收汇(或者付汇)以同一汇率进行结汇(或者购汇)的远期结售汇组合合约。均价远期结售汇的交易期限自交易日后第 3 个营业日(含)起至 1 年以内;对 1 年以上的客户,银行将根据市场情况来决定是否受理。均价远期结售汇的可交易外币与择期结售汇相同,其目标客户是未来有一系列结汇或购汇需求并希望价格均一的客户。

均价远期结售汇可以帮助企业客户锁定汇率,从而固定付汇成本或收汇收益,有效规避汇率风险。特别是在外汇市场变化趋势不明朗的情况下,采用该业务可以确保企业安心组织生产和经营。

 **实例 4-1**

均价远期结汇业务

2014 年 12 月,某公司与境外某企业签订了货物出口协议,合同约定自本月 20 日起公司每月向境外企业出口货物,并于次月的 8 日收取货款 45 万美元,为期 1 年。客户预期人民币对美元将持续升值,于是与甲银行叙做一笔均价远期结汇业务,将 1 年内 12 笔美元结汇汇率定在 6.248 5,意图规避美元贬值带来的损失。

（五）人民币与外汇掉期

人民币与外汇掉期业务是指客户与银行约定在期初以指定汇率进行人民币与外汇的交割,在期末按照另一指定汇率价格进行一次相反方向的交易,期初与期末交易对应外币金额相同。到期外汇收入或支出发生时,按照合同中订明的币种、金额、期限、汇率办理结售汇业务。掉期业务的近端是指期初(前一次)的资金交换,远端是期末(后一次)的资金交换。

掉期业务的交易期限一般在1年以内,对1年以上的客户,银行将根据市场情况来决定是否受理。掉期业务所涉及的外币包括美元、欧元、日元、英镑、瑞士法郎、澳大利亚元、加拿大元、港元、瑞典克朗、新加坡元等。人民币外汇掉期业务为方向相反、外币本金相同的两笔交易,可以认为是一笔即期结售汇和远期结售汇或两笔不同期限远期结售汇业务的组合。

掉期业务适用于有结售汇需求且贸易背景符合外汇管理规定的客户。客户掉期近端换出的外汇资金,限于按照外汇管理规定可以办理即期结汇的外汇资金;掉期远端换出的外汇资金限于近端换入的外汇资金。客户通过掉期业务可以直接以人民币换入外汇,换入外汇资金的支付使用应符合外汇管理规定。客户掉期远端换入外汇资金原则上应进入原换出外汇资金账户;对于近端来自外商投资企业资本金账户、外债专户、外债转贷款专户的外汇资金,远端换入可以进入经常项目外汇账户,不得再进入上述三类资本项目外汇账户。

掉期业务的功能包括调整币种期限结构、调整起息日和规避汇率风险等。例如,客户目前持有外币而需要使用人民币,但经过一段时间后又需要将人民币换回外币,则可通过叙做人民币与外币掉期来调整币种的期限结构。但是,掉期业务在规避汇率变动可能带来的损失的同时,客户也放弃了汇率向有利方向波动可能带来的收益。

 **实例 4-2**

人民币外汇掉期业务

2014年8月,某公司向美国出口产品,收到货款100万美元,同时该公司需要从美国进口原材料,并将于3个月后支付100万美元原材料款项。目前,该公司需要支付630万元人民币国内采购货款、员工工资等,3个月后国内销售应收货款回收680万元人民币。此时,该公司向银行提出叙做一笔3个月人民币与外币掉期交易,即期卖出100万美元,买入630万元人民币;3个月后买入100万美元,卖出680万元人民币。通过该笔人民币与外币掉期交易,解决了公司币种期限错配问题,满足了支付及规避汇率风险的需求。

纯粹外币之间的掉期业务可称外汇掉期,是指客户与银行以约定汇率在某一交割日(近端交割日)以货币甲交换一定数量的货币乙,并以另一个约定汇率在此交割日后的约定日期(远端交割日)用货币乙反向交换同样数量的货币甲的业务。外汇掉期业务期限一般在 1 年以内,交易货币包括主要的可自由兑换货币,目标客户是需要调整外币期限结构或调整外汇交易起息日的客户。

(六)人民币与外汇货币互换

人民币与外汇货币互换业务是指客户与银行约定,客户将原有的外币(或人民币)计价资产或债务转换为人民币(或外币)计价的资产或债务的业务。人民币与外汇货币互换包括本金交换和利息交换两个过程。本金交换是指在协议生效日客户和银行双方按约定汇率交换人民币与外币本金,在协议到期日双方再以相同汇率、相同金额进行一次本金的反向交换。利息交换是交易双方定期向对方支付以换入货币计算的利息金额,双方可以按照固定利率计算利息,也可以按照浮动利率计算利息。当前我国商业银行可提供互换的外币币种包括美元、欧元、日元、港元和英镑五种。

人民币与外汇货币互换在期初和期末也并非一定交换本金,其本金交换的形式包括:一是在协议生效日双方按约定汇率交换人民币与外币的本金,在协议到期日双方再以相同的汇率、相同金额进行一次本金的反向交换;二是在协议生效日和到期日均不实际交换人民币与外币的本金;三是在协议生效日不实际交换本金、到期日实际交换本金。

人民币与外汇货币互换和人民币与外汇掉期交易的主要区别:一是人民币与外汇货币互换既涉及本金交换,也涉及利息交换,而人民币与外汇掉期只涉及本金交换;二是人民币与外汇货币互换中两次本金交换的汇率通常相同,而人民币与外汇掉期中两次交易的汇率通常不同。

人民币与外汇货币互换的期限一般在 5 年以内,主要面向有控制中长期汇率风险要求尤其是收支货币不匹配的客户。例如,以人民币借债但主要收入为美元的客户,将面临人民币升值所导致的企业债务负担增加的风险。另外,对于企业在境外有子公司需要融资,但融资成本较高的客户,可以在境内以人民币融资并在银行进行人民币与外币之间的互换业务,付出外币利息收入人民币利息,结果相当于以外币融资,且融资成本一般会有所降低。

人民币与外汇货币互换是一项常用的债务保值工具,通过把以外币(人民币)计价的资产或债务转换为以人民币(外币)计价,可以规避汇率风险,降低资金成本。但是,若换入的债务升值或者利率上升,则客户财务成本可能增加;若换入的资产贬值或者利率下降,则客户资产价值可能减少。

 **实例 4-3**

人民币与外汇货币互换业务

A 公司从甲银行获得一笔人民币贷款,因其主要收入为美元,故将面临人民币升值导致企业债务成本增加的风险。A 公司与乙银行叙做人民币外汇互换业务,以对冲负债与流动资金收入币种不匹配的风险。

A公司在甲银行提款日与乙银行互换本金,将从甲银行提取的贷款本金支付给乙银行,乙银行按照约定汇率向A公司支付相应的美元。付息日,A公司与乙银行互换利息,乙银行按A公司人民币贷款利率水平向其支付人民币利息,A公司将人民币利息支付给原借款甲银行,同时按照约定的美元利率水平向乙银行支付美元利息。到期日,A公司与乙银行再次互换本金,乙银行向A公司支付人民币本金,A公司将人民币本金归还甲银行,同时按照约定汇率水平向乙银行支付相应的美元资金。

纯粹外币之间的互换业务称为外汇货币互换,是指客户将原有的外币债务或者资产转换为另一种外币计价的债务或者资产,也包括本金交换和利息交换两个过程。外汇货币互换的交易期限在5年之内,交易币种包括主要可自由兑换货币,以美元、欧元、日元、英镑等为主。外汇货币互换主要面向有控制中长期汇率、利率风险的客户,尤其是收支货币不匹配的客户。

(七)人民币外汇期权

人民币外汇期权交易是指在未来某一交易日以约定汇率买卖一定数量外汇资产的权利。期权买方以支付期权费的方式拥有权利;期权卖方收取期权费,并在买方选择行权时履行义务(普通欧式期权)。期权交易币种、金额、期限、定价参数(波动率、执行价格、即期价格/远期汇率、本外币利率等)、成交价格(期权费)、结算安排等事项由交易双方协商议定。

人民币外汇期权的交易期限一般在3年以内,主要面向有规避人民币对外币汇率波动风险的需求,同时又希望获得汇率向有利方向变动时带来好处的客户。外汇期权可以分为买权和卖权两种,买权的买方(一般为公司客户)可以向银行按照约定价格买入约定数量的外汇,而卖权的买方则可以向银行按照约定价格卖出约定数量的外汇。客户一旦付出期权费,可以为其未来资金头寸的成本或收益提供风险保障,拥有实际交割的权力,但无必须交割的义务。客户面临的最大风险是损失全部期权费。

 **实例 4-4**

人民币外汇期权业务

2014年9月10日,某国内进口商从欧洲进口一批货物,3个月后将付款1 000万美元。该进口商主要收入为人民币,客户对人民币汇率走势判断不明确,但希望规避美元汇率上涨的风险,同时获得美元汇率下跌的益处。针对该情况,甲银行为该进口商提供买入看涨期权,期权费20万元人民币,期权合约面值1 000万美元,约定美元兑人民币的汇率为6.385 0,行权日为2014年12月10日。

到期日,假设美元兑人民币汇率为6.45,则该进口商会选择执行期权。该进口商为购买1 000万美元所付出的人民币资金总计为6 405万元(1 000×6.385 0+20)。若12月10日的美元兑人民币汇率为6.30,则该进口商会选择放弃行权,以当日汇率从市场购入1 000万美元,所支出人民币资金总计为6 320万元(1 000×6.30+20)。

我国商业银行也可叙做纯粹外币买卖的期权业务,除交易币种不同之外,其与人民币外汇期权业务操作的各项要素基本相同。

(八)范围远期合约

范围远期合约是指客户和银行双方在达成外汇远期交易时,对远期交割汇率作出一个弹性约定,设定汇率波动上下限,使合约购买者在外汇远期交割价格处在一个范围之内。范围远期合约一般只涉及外币与外币之间的交易。与纯粹远期外汇交易合约只有一个远期交割汇率相比,范围远期合约到期执行价格在一个范围之内,较前者更为灵活。而且,范围远期合约无需支付费用或者只需支付较少的期权费,而普通期权交易的买方需要支付相对较高的期权费。

范围远期合约的目标客户是有规避汇率波动风险需求,同时又希望获得汇率向有利方向波动时的部分收益,但又不愿意支付期权费或者仅愿意支付少量期权费的客户。但是,范围远期合约在锁定未来汇率,提供外汇保值和更高灵活性的同时,客户可能无法享受到市场向有利方向波动,且波动幅度超出设定区间的收益。

 **实例 4-5**

范围远期合约业务

某外贸公司6个月后需要将美元转换为欧元用于对外支付货款。为了规避风险,该公司除了叙做远期外汇买卖、期权合约,还向银行选择叙做范围远期合约,将欧元兑美元(EUR/USD)的远期交割汇率锁定在一个区间[1.30,1.33]。

到期时,若EUR/USD的汇率大于1.33,则该公司以1.33美元的价格买入欧元;若EUR/USD的汇率小于1.30,则该公司以1.30美元的价格买入欧元;若EUR/USD的汇率处于[1.30,1.33],该公司则以市场汇率买入欧元。

(九)外汇利率互换

外汇利率互换业务是指客户与银行约定,将其自身所持有的固定(浮动)利率债务(资产)转换为浮动(固定)利率债务(资产)的业务。外汇利率互换的期限一般在五年之内,交易币种包括主要可自由兑换货币,以美元、欧元、日元、英镑等为主。和外汇货币互换相比,外汇利率互换是相同币种的外币债务或资产间的利息支付方式调换,而外汇货币互换是不同货币债务或资产间利息、本金的调换。

外汇利率互换业务适用于有 1 年期以上中长期外币负债或资产的客户,该类客户对国际资本市场利率变动及利率互换产品有较高认识,了解产品风险并希望锁定成本(收益)或愿意承担风险博取更高收益(更低成本)。

将浮动利率转换为固定利率的客户,因锁定利率成本,而无法享受市场利率向有利方向波动时带来的额外收益。将固定利率转换为浮动利率的客户,可能会承担市场利率向不利方向波动时带来的额外成本。

 **实例 4-6**

外汇利率互换业务

某公司 2014 年拟在华投资建厂,向甲银行借入中长期美元贷款 400 万美元,利率为美元浮动利率,以 3 月期 LIBOR 为基准,每季度付息。鉴于当前美元利率处于历史低位,该公司希望规避利率上升的风险,与乙银行又签订了美元利率互换业务。合约中规定,以 400 万美元为名义本金,该公司向乙银行支付固定利率 3.25%,乙银行向其支付 3 月期 LIBOR+2.75%,每季度进行利息支付。通过利率互换业务,该公司将浮动利率的美元负债转换成固定利率负债,规避了利率波动的风险。

(十)人民币外汇期权组合产品

除单一的外汇期权产品外,我国商业银行还向客户提供多种外汇期权组合产品。此外,以浦发银行的"区间赢"期权组合产品为例来说明。

"区间赢"期权组合是指客户同时买入和卖出一个币种、期限、合约本金相同的人民币对外汇普通欧式期权所形成的组合。其具体包括以下两种类型:

一是结汇"区间赢",即客户针对未来的实际结汇需求,买入一个执行价格较低(以一单位外汇折合人民币计量执行价格)的外汇看跌期权,同时卖出一个执行价格较高的外汇看涨期权。二是售汇"区间赢",即客户针对未来的实际售汇需求,卖出一个执行价格较低(以一单位外汇折合人民币计量执行价格)的外汇看跌期权,同时买入一个执行价格较高的外汇看涨期权。

与远期结售汇产品将客户的远期交割汇率锁定在一个点上不同,"区间赢"期权组合将远期交割汇率锁定在一个区间,从而可以灵活规避人民币汇率波动给客户带来的风险。对客户而言,通过卖出期权获得的期权费收入,部分或者全部抵销买入期权的期权费支出,甚至可以达到零期权费。但是,若到期市场汇率比锁定区间上限(远期结汇)或下限(远期购汇)更优,客户则享受不到这一好处,必须以区间上限(远期结汇)或下限(远期售汇)进行交割。与叙做远期结售汇业务相比,客户的风险是有可能获得比远期结售汇更差的价格,当然其最大损失仅在于远期结售汇汇率与期权组合区间上限(远期售汇)或区间下限(远期结汇)之间的差值。

 **实例 4-7**

人民币外汇期权"区间赢"组合

2013 年 5 月，A 公司 6 个月后有 100 万美元的结汇需求，其希望可以规避美元汇率下跌的风险，同时又希望在美元汇率上涨时能够有提高结汇水平的机会。当时市场 6 个月美元远期结汇参考汇率为 6.405 0。

A 公司叙做甲银行零成本结汇"区间赢"，合约约定：A 公司买入看跌期权，面值 100 万美元，执行美元兑人民币（USD/CNY）汇率 6.360 0，期限 6 个月；A 公司卖出看涨期权，面值 100 万美元，执行美元兑人民币汇率 6.445 0，期限 6 个月。交易到期日情境分析如下：

（1）如果到期时 USD/CNY 市场汇率低于 6.360 0，A 公司按照 6.360 0 的汇价进行结汇，规避市场汇率下跌风险。

（2）如果到期时 USD/CNY 市场汇率位于 6.360 0 和 6.445 0 间，A 公司可以按照市场汇率结汇，有可能获得比远期结汇汇率 6.405 0 更好的汇率，也有可能以比远期结汇汇率 6.405 0 更差的汇率结汇，最大的损失为 450 个基点（6.405 0～6.360 0）。

（3）如果到期时 USD/CNY 市场汇率高于 6.445 0，A 公司按照 6.445 0 的汇价进行结汇，不能享受市场汇率更大程度上涨所能带来的好处。

可以看出，叙做零成本结汇"区间赢"的 A 公司锁定了未来结汇的最差汇率水平，规避市场汇率下跌风险的同时，还有可能以比远期汇率更好的水平进行结汇。当然，A 公司也可能以劣于远期汇率的水平结汇。

第五节 基础商品交易类业务

对于一些特定基础商品的生产加工以及贸易企业，如各种贵金属、基本金属、农产品、能源等产品的生产加工及贸易企业，由于这类商品市场供给和需求量大，标准化程度高，深加工层次多，其国际和国内市场的价格波动较大。因此，商业银行开发了众多基础商品的交易类业务来满足这类企业对价格波动所导致成本和收益变化风险进行对冲的需求。此外，对于少数愿意承担风险的个人客户来讲，也可以运用银行的业务系统进行此类基础商品业务的投机性交易。

一、基础商品交易类业务概述

中国各家银行对于此类业务的称谓并不相同。例如，工商银行将其称为"对公商品交易业务"及对个人客户的各种账户类产品交易业务(包括账户外汇、账户贵金属、账户基本金属、账户能源、账户农产品等);建设银行和浦发银行将其称为"贵金属及大宗商品业务";中国银行将此类业务与外汇交易类和金融衍生品交易类业务统称为"公司金融市场服务"。本书将此类业务称为"基础商品交易类业务"。

基础商品的主要品种包括贵金属、基本金属、农产品、能源等,工商银行对此的分类较具有代表性。工商银行将基础商品分为贵金属类(包括黄金、白银、铂金、钯金等)、基本金属及矿产类(包括铜、铝、锌、铅、镍、锡、铁矿石等)、能源类(包括原油、燃料油、航空煤油、柴油、石脑油、煤、天然气、对二甲苯等)、农产品类(包括大豆、豆粕、豆油、小麦、玉米、肉牛、活牛、瘦肉、脱脂奶粉等)和软商品类(包括白糖、棉花、咖啡、纸浆、橡胶、棕榈油、可可、橙汁等)的五大类数十种商品。从商品品种来看,银行开展此类业务的主要对象是公司等企业客户,而客户的主要交易需求是套期保值。

从交易品种来看,有服务于企业和个人客户真实需求的代理商品买卖类业务,也有仅通过银行开立账户买卖标的商品的账户交易类业务,此外,还包括一些租赁类业务等。按照交易类型不同,商品交易分为商品远期交易、商品掉期交易和商品期权交易。商品远期交易是指客户与银行约定,在未来某一确定时间,按照约定的交易标的、价格及数量进行商品买卖,并以现金差额交割(不交割实物)的交易合约。商品掉期交易是指客户与银行约定,在未来按照约定的日期、交易标的及参考标准相互交换商品价格,并以现金差额交割(不交割实物)的交易合约。商品期权交易是指客户与银行约定,期权买方支付一定的期权费,获得在未来某一确定时间按约定价格购买(看涨期权)或出售(看跌期权)约定数量标的商品权利的交易合约。期权买方有权决定是否行权。按照商品交易的方式,中国工商银行将其分为实时交易、挂单交易、询价实时交易、询价挂单交易等几种类型。

本节将分别介绍以下几类基础商品交易业务。

二、贵金属代理买卖业务

贵金属代理买卖业务是指银行根据自身所具有的上海黄金交易所金融类会员资格,接受国内非上海黄金交易所会员的企业法人委托,代理其在上海黄金交易所买入或卖出贵金属的业务。银行收取委托代理业务手续费,不承担代理贵金属买卖的盈亏责任。代理业务中,银行根据客户交易需要进行上海黄金交易所挂牌的贵金属品种买卖,并向客户提供开户、清算、交割等服务。目前主要交易贵金属为黄金、白银、铂金等,具体品种有Au99.99、Au99.95、Au100g、Pt99.95、Ag99.99、Ag99.9等。

代理交易分为现货交易和延期交易两种。现货交易的买卖者委托银行买入或卖出贵金属后,须在当天收市后进行交割,到上海黄金交易所指定的交割仓库进行提货或存货。延期交易是指客户委托银行以分期付款方式进行买卖,客户可以选择合约交易日当天到期交割,也可以延期至以后的某一天进行交割,上海黄金交易所引入延期补偿费机制来平抑供求矛盾的一种交易模式。客户先交付一定比例的保证金（以 20％为例）首付款就可以买入或卖出相当于保证金 5 倍价值的贵金属，在成交后可以不立即进行交割，可以选择延期至以后某一日进行交割，如果价格发生变动，也可以通过建立相反方向的新仓来获得避免损失或者是获利的机会。目前交易品种主要包括 Au（T＋D）、Au（T＋N1）和Au（T＋N2）。现货交易为全资的即期交易，而延期交易为保证金交易，具有较大的杠杆性，可以买、卖双向交易，吸引投资者、投机者和套利者的参与，同时为产金和用金企业提供套期保值的机会。银行根据上海黄金交易所限仓制度、强行平仓制度等风险管理制度，对客户保证金及清算资金进行严格管理。客户承担黄金市场价格波动风险。此外，对持有头寸未交割的客户还需承担递延费的风险。

现货交易和延期交易的目标客户包括矿山开采企业、贵金属初级生产者、贵金属首饰零售企业、首饰加工企业、贵金属制造业者、贵金属投资企业、投资基金及其他经济组织以及个人投资者等。企业等法人单位投资者进行交易的主要目的是套期保值或投机套利，个人投资者是了解黄金市场及黄金产品的黄金投资者以及有黄金收藏、抵御通货膨胀风险进行保值增值需求的个人。

银行的代理交易按照交易价值收取手续费，手续费为费率与交易价值（或：交易量×交易价格）之积。

实例 4-8

代理企业黄金延期交易案例 1

A 企业是一家首饰加工企业，计划 2 个月后购进黄金 100 千克现货以应对 3 个月后的首饰销售旺季。目前黄金现货价和延期价均为每克 300 元。该企业担心黄金价格上涨，于是立即买入 100 千克延期产品，按照保证金比例 20％计算，只需要交付 600 万元。2个月后，黄金现货价和延期价均涨至每克 330 元。A 企业进行交割申报，交付剩余 2 400万元货款，向上海黄金交易所仓库申请提取黄金。

A 企业通过买入延期产品而锁定了未来黄金买入价格，避免了价格上涨风险。通过买入延期产品相对获利 300 万元［100×1 000×（330－300）］。

实例 4-9

代理企业黄金延期交易案例 2

B 企业为一家黄金生产企业，计划 1 个月后出手 100 千克黄金，目前黄金现货价和延期价均为每克 300 元。该企业担心黄金价格下跌，于是立即卖出 100 千克延期产品，按照保证金比例 20％计算，只需要交付 600 万元。1 个月后，黄金现货价和延期价均跌至每克270 元，B 企业已经生产出足够黄金，于是进行交割申报，向上海黄金交易所仓库交付黄金。

B 企业通过卖出延期产品而锁定了未来黄金售出价格，避免了价格下跌风险，相对获利 300 万元[100×1 000×(300－270)]。银行在代理业务中除了赚取手续费之外，还能吸收保证金存款，推动负债业务发展。

除可以代理客户在国内的上海黄金交易所进行贵金属的交易外，我国许多银行还可以代理客户进行挂钩国际主要交易所贵金属价格的交易。如在工商银行的贵金属代理交易中，黄金和白银挂钩纽约商品交易所的黄金和白银期货合约，铂金和钯金挂钩纽约商业交易所的铂金和钯金期货合约。挂钩国际市场的贵金属代理交易一般不交割实物，多是通过反向交易进行对冲，以美元进行结算。例如，中国银行的贵金属远期买卖业务是客户以美元与中国银行叙做国际贵金属远期交易（包括远期卖出贵金属或远期买入贵金属），但最迟需在远期合约到期前两个工作日，通过反向交易对冲该笔交易，并于到期日进行美元资金差额清算，而不进行贵金属实物交割。贵金属远期买卖业务为有套期保值需要的贵金属相关企业提供远期产品，帮助客户达到锁定目前价格水平、实现远期保值的目标，很好地避免了价格波动对生产经营的影响。但是，远期交易合同一旦签订，交易双方无论市场如何均须按照合同规定执行相应远期买卖。客户因此面临贵金属价格的市场风险，包括但不限于贵金属价格波动给报表估值带来的风险、追加保证金或授信额度、保值无法完全获得价格收益、过度保值时回补的可能损失等。

三、大宗商品远期、掉期及期权交易业务

对于能源类、基本金属类、农产品类等生产、加工和贸易企业而言，其也存在着锁定企业商品未来购入成本或售出收益的需求，因此也可以向银行叙做此类商品的远期交易或期权交易。由于此类产品已经形成国际统一的大市场，中国国内市场一般不占主导地位，影响力较弱，产品定价权基本上属于国际上的主要交易所。因此，国内银行提供的大宗商品代理交易业务主要挂钩国际市场价格，以美元进行结算。

以工商银行为例，其大宗商品代理交易的挂钩价格如下：铜、铝、锌、铅、镍、锡等基本金属挂钩伦敦金属交易所的铜、铝、锌、铅、镍、锡期货合约，铁矿石挂钩 TSI62％指数；原油挂钩纽约商业交易所的西德克萨斯轻质低硫原油期货合约、洲际交易所的布伦特原油期货合约、普氏能源资讯公司发布的 Dated Brent 价格指数和迪拜原油价格指数；天然气挂钩纽约商业交易所的天然气期货合约；大豆、豆粕、豆油、小麦、玉米挂钩芝加哥交易所（英文简称 CBOT）的大豆、豆粕、豆油、小麦、玉米期货合约；肉牛、活牛、瘦肉、脱脂奶粉挂钩芝加哥商业交易所的肉牛、活牛、瘦肉、脱脂奶粉期货合约；白糖、棉花、咖啡、橙汁挂钩美国洲际交易所的白糖、棉花、咖啡、橙汁期货合约；可可挂钩洲际交易所、伦敦国际金融期货及期权交易所的可可期货合约；橡胶挂钩东京工业品交易所、新加坡商品期货交易所的橡胶期货合约；棕榈油挂钩马来西亚期货交易所的棕榈油期货合约等。

商品交易的交易币种包括美元和人民币。美元报价、美元结算商品交易的资金结算单位为美元，以美元差额交割资金，不交割实物，对所涉损益客户可办理结售汇。保证金可为人民币或美元。人民币报价、人民币结算商品交易的资金结算单位为人民币，以人民币差额交割资金，不交割实物。保证金可为人民币或美元。

 **实例 4-10**

工商银行对公商品交易业务介绍

工商银行基础商品交易起点数量一般为 1 手，最小递增单位为 1 手。各品种交易单位与手的对照关系，如表 4-8 所示。

表 4-8　各品种交易单位与手的对照关系

大类	品种	单位	大类	品种	单位
贵金属类	黄金	1手黄金＝100 盎司	农产品类	大豆	1手大豆＝5 000 蒲式耳
	白银	1手白银＝5 000 盎司		豆粕	1手豆粕＝100 吨
	铂金	1手铂金＝50 盎司		豆油	1手豆油＝60 000 磅
	钯金	1手钯金＝100 盎司		小麦	1手小麦＝5 000 蒲式耳
基本金属及矿产类	铜	1手铜＝25 吨		玉米	1手玉米＝5 000 蒲式耳
	铝	1手铝＝25 吨		活牛	1手活牛＝40 000 磅
	锌	1手锌＝25 吨		瘦肉	1手瘦肉＝40 000 磅
	铅	1手铅＝25 吨		肉牛	1手肉牛＝50 000 磅
	镍	1手镍＝6 吨		脱脂奶粉	1手脱脂奶粉＝44 000 磅
	锡	1手锡＝5 吨	软商品类	白糖	1手白糖＝112 000 磅
	铁矿石	1手铁矿石＝500 吨		棉花	1手棉花＝50 000 磅
能源类	原油	1手原油＝1 000 桶		可可	1手可可＝10 吨
	燃料油	1手燃料油＝1 000 桶		咖啡	1手咖啡＝37 500 磅
	航空煤油	1手航空煤油＝1 000 桶		纸浆	1手纸浆＝100 吨
	柴油	1手柴油＝1 000 桶		橡胶	1手橡胶＝5 000 千克
	石脑油	1手石脑油＝1 000 桶		棕榈油	1手棕榈油＝25 吨
	煤	1手煤＝1 000 吨		橙汁	1手橙汁＝15 000 磅
	天然气	1手天然气＝10 000 百万英热单位			

工商银行在综合考虑全球商品市场价格走势、市场流动性等因素的基础上向客户提供交易报价，并可根据市场情况对交易报价进行调整。商品交易产品的报价包括银行买

入价(即客户卖出价)、银行卖出价(即客户买入价)。

客户开办美元报价商品交易,须指定本企业在中国工商银行开立的美元账户作为商品交易的资金结算账户;客户开办人民币报价商品交易,须指定本企业在中国工商银行开立的人民币账户作为商品交易的资金结算账户。在办理商品交易时可根据需要为每笔交易分别指定保证金存款账户。资金结算账户用于核算客户商品交易的资金收付。中国工商银行账户管理的相关规定适用于资金结算账户。保证金存款账户用于客户开展商品交易时扣划保证金和交易到期正常清算后退还保证金。保证金存款账户和资金结算账户可为同一账户。

客户办理商品交易之前应充分认识并完全理解可能遇到的各类风险。以下仅为中国工商银行基于目前市场情况和商品交易特点列举的主要风险种类和对风险因素的客观分析,并不保证涵盖商品交易的全部风险种类,同时也不代表中国工商银行对市场情况的预测。

政策风险:商品交易是根据当前相关法律、法规和监管规定设计的产品,如遇国家宏观政策、法律法规或监管规定发生变化,可能影响客户正常交易,并可能造成业务关停,进而导致客户受到损失。

市场风险:受全球相关商品市场的影响,如商品交易价格发生不利波动,可能导致客户受到损失。

操作风险:客户因泄露身份识别信息、误用身份认证方式或操作失误等原因,可能造成不必要损失。

不可抗力及突发事件风险:受自然灾害、战争等不能预见、不能避免、不能克服的不可抗力事件影响,或受国际上各种政治、经济、突发事件等因素的影响,或受通信故障、系统故障、电力中断、市场停止交易等意外事件或金融危机等因素的影响,可能对客户正常办理商品交易造成影响,进而可能使客户受到损失。

资料来源:中国工商银行官网,有删减。

商品类的交易主要有三种,即远期交易、掉期交易和期权交易。三种交易的目标客户均为有色金属及矿产、能源、农产品等行业内企业,包括上游矿山或资源生产企业、中游贸易及加工制造企业及下游消费企业,以及大宗商品投资企业、投资基金及其他经济组织,以及个人投资者等。

(一)大宗商品远期交易

大宗商品远期交易是指客户和银行交易双方签订商品远期合同,约定在未来某一日期按照约定的固定价格买入或卖出一定数量的标的资产,在合约到期时按照约定的固定价格与标的资产浮动价格之间的差额进行现金轧差的交易方式。

这类交易只有买卖价差,无手续费、保管费及税收等,无需提货,可以进行买、卖双向交易和杠杆交易,对客户而言资金使用效率高。

实例 4-11

大宗商品远期业务案例

客户 A 为电缆生产企业,需要锁定 3 个月后的铜采购成本,于是与甲银行进行商品远期交易,约定以 7 135 美元/吨的价格买入 3 个月后到期的 1 000 吨铜。双方约定交易采用现金交割,参考价格为伦敦金属交易所 3 个月期铜价。3 个月后,伦敦金属交易所的铜官方结算价为 7 335 美元/吨。据此价格,甲银行支付客户 A 20 万美元[(7 335－7 135)×1 000],即客户收入 20 万美元。此时客户对外支付采购款实际为 733.5 万美元(7 335×1 000),则可用甲银行支付的 20 万美元补贴采购费用,从而起到锁定采购成本的作用。

(二)大宗商品掉期交易

大宗商品掉期交易是指客户与银行约定,在未来按照约定的日期、交易标的及参考标准相互交换商品价格,并以现金差额交割(不交割实物)的交易方式。所谓掉期,是指交易当事人之间约定在未来某一期间内相互交换他们认为具有等价经济价值的现金流的交易方式。

商品掉期也可称为商品互换,是一种特殊类型的金融交易,交易双方为了管理商品价格风险,同意交换与商品价格有关的现金流,最为常见的是固定价格及浮动价格的商品价格互换。举例说明,假设 A 是钢铁公司,B 是铁矿石生产商。A 为了锁定铁矿石购买成本,通过与银行签订的掉期合约定期支出固定的采购成本,并转成固定价格支付给 B。

2014 年 8 月,浦发银行与上海清算所推出了以人民币计价的人民币铁矿石掉期和动力煤掉期业务,随后,浦发银行根据该类服务出台了一系列大宗商品综合金融服务方案。

(三)大宗商品期权交易

大宗商品期权交易是指期权买方在向期权卖方支付相应期权费后获得一项权利,即期权买方在支付一定数额的期权费后,有权在约定的时间内按照双方事先约定的协定价格和金额同期权卖方买卖约定的商品,同时权利的买方也有权不执行上述买卖合约的交易方式。

客户付出一定期权费,可以为其未来大宗商品头寸的成本或收益提供风险保障,且不需要承担交割的义务。在期权合约的交割日,如果大宗商品价格变动对客户有利,则客户通过执行期权获得较高收益;如果大宗商品价格变动对客户不利,则客户可选择不执行期权,损失仅限于期权费。

实例 4-12

大宗商品期权业务案例

2014 年 9 月,某国内进口商从欧洲进口 5 000 吨阴极铜,3 个月后支付货款,但其对铜价未来走势判断不明确,希望规避货款支付增加的风险。针对该情况,甲银行为该进口商提供买入看涨期权,期权费为 10 万元,约定铜价为 6 600 美元/吨(以伦敦金属交易所 3 个月期铜价为参照标的),行权日为 2014 年 12 月 10 日。到期日情况分析:

如果伦敦金属交易所铜价为 7 000 美元/吨,客户将选择执行期权,收到甲银行支付的资金为 200 万美元[(7 000-6 600)×5 000]。

如果伦敦金属交易所铜价为 6 400 美元/吨,客户将选择放弃行权,仅损失 10 万元期权费。

在对市场走向判断不清的情况下,期权是比较好的选择,损失仅限于期权费,收益空间则不受限制。

四、其他类业务

(一)代销实物贵金属

该业务是指银行代理除上海黄金交易所外的第三方公司自行设计的、经过专业机构认证的金/银条、金/银章等贵金属制品的业务。业务的目标客户了解黄金市场及黄金产品的黄金投资者,以及有黄金收藏、抵御通货膨胀风险进行保值增值需求的企业、个人和金融机构。

该业务的优势与特色在于,采用标准工艺,造型相对固定,主要体现贵金属本身的市场价值。客户购买此类产品既可抵御通货膨胀风险,也可随市场价格波动获取投资收益。该业务对银行来说,具有不占用资金、风险小和收益高的特点。但是客户需承担贵金属市场价格下跌的风险,且银行一般不回购所售实物贵金属。

除代销第三方公司设计的贵金属制品之外,一些银行也销售本行自行设计、委托合格黄金精炼企业铸造、具有自身品牌名称的实物贵金属。

(二)个人账户基础商品交易

该业务是指银行为个人投资者开设的账户基础商品交易业务。个人客户可以其在银行所持有的人民币或外币储蓄存款作为保证金,在银行规定的交易时间内,通过指定的营业机构柜面、电话银行、网上银行、手机银行或手机应用客户端,按银行对外公布的商品交易报价,买卖商品。该业务是纯粹的账户交易,以现金结算差额,不交割实物,主要客户为了解基础商品市场及基础商品产品的投资者,以及有抵御通货膨胀风险、抵御所消费商品价格波动风险或进行保值增值需求的个人客户。

根据所交易商品的类型,可以分为账户贵金属交易、账户能源产品交易、账户农产品交易等数种类型。客户本人需承担商品价格波动的风险,银行通过商品价格的买卖差价来获取手续费收入。

实例 4-13

浦发银行个人账户商品交易业务

1. 产品定义

个人账户商品交易业务是指个人客户以其在浦发银行所持有的人民币或外币储蓄存款作为保证金,在浦发银行规定的交易时间内,通过指定的营业机构柜面、电话银行、网上银行、手机银行或客户端,按浦发银行对外公布的大宗商品交易报价,进行买卖交易的业务。

2. 目标客户

账户原油起点仅为 0.1 桶,折合人民币仅 30 元,适宜各种类型客户参与交易,其推出时点正值油价屡创新低,为长期价值投资者提供了低位建仓的机会;为石油相关产品的消费者提供了低位套期保值的机会,开车族可以逢国际油价低迷时分期买入,对冲零售汽油价格上升的风险;根据原油市场波动较大等特点,交易型投资者可以通过把握国际油价走势进行操作,赚取原油价格的波动差价。

大豆和铜是大宗商品中具有代表性的农产品和基本金属,在经济扩展周期具有抗通胀的功能。浦发银行的账户大豆和账户铜价格紧贴芝加哥商品交易所、NYMEX 等国际主流市场的报价。本次浦发银行推出的所有账户交易类品种,都支持多空双向交易,即使在大宗商品处在下跌趋势的情况下,投资者亦可以通过做空来赚取收益。

3. 产品优势与特色

账户商品业务的推出正值大宗商品市场大幅波动行情,起点门槛低、可做多做空双向交易、近乎 5×24 小时交易紧紧把握市场脉搏,最大限度地满足了具有套期保值需求的客户和交易型客户的多样化需求。

4. 风险提示

客户将承担大宗商品价格波动的风险。

资料来源:上海浦东发展银行官网。

复习思考题

1. 什么是商业银行的金融市场交易业务?金融市场交易业务对银行的意义是什么?

2. 金融市场交易业务的服务对象是谁?其与零售银行业务和公司银行业务的服务对象有何不同?

3. 我国商业银行从事金融市场交易业务的主要场所有哪些?

4. 商业银行从事同业拆借交易业务的目的是什么?

5. 了解商业银行在同业拆借市场上交易的产品类型、交易要素和交易流程。

6. 商业银行从事债券交易业务的目的是什么?

7. 了解商业银行在债券交易市场上交易的产品类型、交易要素和交易流程。

8. 商业银行从事外汇交易业务的目的是什么?

9. 了解商业银行所开展的外汇交易业务的主要产品类型和特点。

10. 商业银行开展基础商品交易类业务的目的是什么?

11. 了解商业银行所开展的基础商品交易类业务的主要类型和业务内容。

12. 从五大银行和十二家股份制商业银行中任选一家,介绍其金融市场交易业务的类型和近年来的发展。要求:①必须有各类业务近年来经营的数据及对其的分析总结;②正文字数在 3 000~4 000 字。

参考文献

［1］戴小平.商业银行学［M］.2版.上海:复旦大学出版社,2013.

［2］方堃.商业银行投资银行业务理论与实务［M］.天津:南开大学出版社,2014.

［3］贺建清.中国版巴塞尔协议Ⅲ对银行业的影响分析［J］.金融论坛,2011(8):25-32.

［4］黄鉴晖.中国银行业史［M］.太原:山西经济出版社,1994.

［5］贾志丽.商业银行零售业务［M］.北京:中国金融出版社,2008.

［6］姜建清,蒋立场.近代中国外商银行史［M］.北京:中信出版社,2016.

［7］金维虹.个人银行业务［M］.北京:中国金融出版社,2009.

［8］李国平.中国银行业:繁荣与危机［M］.厦门:厦门大学出版社,2014.

［9］李直,朱钟明,王博林.中国银行业监管发展与改革研究［M］.北京:中国发展出版社,2015.

［10］李志辉.中国银行业的发展与变迁［M］.上海:格致出版社,2008.

［11］立金银行培训中心.商业银行对公授信培训［M］.3版.北京:中国金融出版社,2013.

［12］立金银行培训中心.银行对公信贷与现金管理组合培训［M］.北京:中国金融出版社,2014.

［13］立金银行培训中心.银行零售金融授信业务培训［M］.北京:中国金融出版社,2014.

［14］立金银行培训中心教材编写组.银行对公授信方案案例培训7［M］.北京:中国经济出版社,2015.

［15］立金银行培训中心教材编写组.银行零售授信产品培训［M］.北京:中国经济出版社,2012.

［16］林力.中国货币市场运作导论［M］.2版.北京:经济科学出版社,2016.

［17］刘长江.商业银行资产托管业务［M］.北京:中国金融出版社,2009.

［18］刘伟,李刚,李玉志.外汇交易:理论、实务、案例、实训［M］.成都:西南财经大学出版社,2015.

［19］柳灯,杨董.银行理财十年蝶变［M］.北京:经济管理出版社,2015.

［20］陆岷峰,虞鹏飞.商业银行零售业务转型升级研究——基于大数据分析与挖掘［J］.西部金融,2015(3):6-10.

［21］邵汉华.银行监管的有效性［D］.重庆:重庆大学,2015.

［22］施华强.国有商业银行账面不良贷款、调整因素和严重程度:1994—2004 年[J].金融研究,2005(12):25-39.

［23］孙桂芳.商业银行经营与管理[M].上海:立信会计出版社,2011.

［24］陶士贵.中国银行业制度变迁的内在逻辑与路径选择[M].北京:人民出版社,2014.

［25］夏博辉.资产托管与托管银行[M].北京:中国财政经济出版社,2011.

［26］谢多,曹子娟.银行间市场综合知识读本[M].北京:中国金融出版社,2014.

［27］谢多,冯光华.中国银行间固定收益产品交易实务[M].北京:中国金融出版社,2015.

［28］谢多.非金融企业债务融资工具实用手册[M].北京:中国金融出版社,2015.

［29］杨凯生.银行改革攻坚:热点·难点·重点[M].北京:中信出版社,2015.

［30］张自力.中国货币市场运作实验[M].2 版.北京:经济科学出版社,2016.

［31］赵萍.中国零售银行的理论与实践[M].北京:中国社会科学出版社,2004.

［32］中国货币市场的发展与创新课题组.中国货币市场的发展与创新[M].成都:西南财经大学出版社,2015.

［33］中国银行业协会银团贷款与交易专业委员会.中国银行业银团贷款优秀案例[M].北京:中国金融出版社,2014.

［34］周载群等.银行卡业务[M].北京:中国金融出版社,2014.

［35］周兆生.中国国有商业银行不良资产的处置问题研究[J].世界经济,2004(7):17-23.

［36］纵凯.我国银行卡市场的定价策略与福利分析——基于双边市场理论的研究[D].大连:东北财经大学,2012.